# 古典文獻學經典選讀

孫海橋　著

山東大學出版社

·濟南·

**圖書在版編目(CIP)數據**

古典文獻學經典選讀 / 孫海橋著. 一濟南:山東大學出版社,2020.10

ISBN 978-7-5607-6755-0

Ⅰ. ①古… Ⅱ. ①孫… Ⅲ. ①古文獻學一中國一教材 Ⅳ. ①G256.1

中國版本圖書館 CIP 數據核字(2020)第 196289 號

**策劃編輯** 李　港
**責任編輯** 馬銀川　張　瑞
**封面設計** 周香菊

---

**出版發行** 山東大學出版社
**社　　址** 山東省濟南市山大南路 20 號
**郵遞區號** 250100
**發行熱線** (0531)88363008
**經　　銷** 新華書店
**印　　刷** 山東和平商務有限公司
**規　　格** 700 毫米×1000 毫米　1/16
13.75 印張　220 千字
**版　　次** 2020 年 10 月第 1 版
**印　　次** 2020 年 10 月第 1 次印刷
**定　　價** 49.00 圓

---

本書受到山東省一流學科曲阜師範大學中國語言文學的資助出版。

# 自　序

曲阜師範大學文學院一直有倡導本科生在學習中廣泛閲讀典籍的優良傳統，本人亦長期負責教授本科生"中國古典文獻學""文獻學名著導讀"課程，故擬根據實際的教學情况，選取經典的文獻學典籍，别爲一編，以配合課程的學習與使用，培養學生的文獻閲讀能力。中國古典文獻學是一門綜合性的學科，其主要的分支學科包括目録學、版本學、校勘學、辨僞學、輯佚學等，同時在文獻學的學習研究中，又應掌握一定的小學知識與文史知識，本書主要按照分支學科進行章節劃分，力求使學生明確學習的重點。

本書在部分篇目的選擇中，吸取了文獻學家張舜徽先生《文獻學論著輯要》、北京大學教授孙钦善先生《中國古文獻學文選》的成果，特此致敬。另外，感謝曲阜師範大學文學院院長夏静爲本書出版所提供的支持。

孫海橋

二〇二〇年九月

# 目　録

## 第一章　目録學選讀



## 第二章　版本學選讀

## 第三章　校勘學選讀



## 第四章　辨僞學選讀



## 第五章　輯佚學選讀

## 第六章　小學經典選讀



## 第七章　文史經典選讀

# 第一章　目録學選讀

## 七略佚文(節選)

劉　向

漢成帝時,劉向領銜主持整理宫廷藏書,在具體分工中,劉向校經傳、諸子、詩賦,步兵校尉任宏校兵書,太史令尹咸校數術,侍醫李柱國校方技。每校定一書,便由劉向負責撰寫該書叙録,隨書奏上。最終劉向將所撰寫的群書叙録彙集爲《别録》,後其子劉歆在《别録》的基礎上,對叙録進行分門别類,編爲《七略》。

《七略》分爲《輯略》《六藝略》《諸子略》《詩賦略》《兵書略》《數術略》《方技略》,其中《輯略》總論群書,實際上是將圖書分爲六類。六略之下又各有分類,即大類之下細分小類,《六藝略》分易、書、詩、禮、樂、春秋、論語、孝經、小學九種;《諸子略》分儒、道、陰陽、法、名、墨、縱横、雜、農、小説十種;《詩賦略》分屈原賦、陸賈賦、孫卿賦、雜賦、歌詩五種;《兵書略》分兵權謀、兵形勢、兵陰陽、兵技巧四種;《數術略》分天文、曆譜、五行、蓍龜、雜占、形法六種;《方技略》分醫經、經方、房中、神仙四種。總計三十八種。

《七略》是中國最早的目録學著作,反映了漢成帝之前的學術發展情況,奠定了中國目録學發展的基礎,對後世學術發展具有深遠影響。《别録》《七略》二書皆已亡佚,故後代學者對其進行了輯佚,較爲著名者有馬國翰、嚴可均、洪頤煊、姚振宗、章太炎等人。

## 戰國策書録

護左都水使者、光禄大夫臣向言：所校中《戰國策》書，中書餘卷，錯亂相糅莒。又有國别者八篇，少不足。臣向因國别者，略以時次之，分别不以序者以相補，除復重，得三十三篇。本字多誤脱爲半字，以"趙"爲"肖"，以"齊"爲"立"，如此字者多。中書本號或曰《國策》，或曰《國事》，或曰《短長》，或曰《事語》，或曰《長書》，或曰《修書》。臣向以爲戰國時遊士輔所用之國，爲之策謀，宜爲《戰國策》。其事繼春秋以後，訖楚、漢之起，二百四十五年間之事，皆定以殺青，書可繕寫。

叙曰：周室自文、武始興，崇道德，隆禮義，設辟雍、泮宫、庠序之教，陳禮樂、弦歌、移風之化，叙人倫，正夫婦，天下莫不曉然。論孝悌之義，惇篤之行。故仁義之道滿乎天下，卒致之刑錯四十餘年。遠方慕義，莫不賓服，雅頌歌詠，以思其德。

下及康、昭之後，雖有衰德，其綱紀尚明。及春秋時，已四五百載矣，然其餘業遺烈，流而未滅。五伯之起，尊事周室。五伯之後，時君雖無德，人臣輔其君者，若鄭之子産、晉之叔向、齊之晏嬰，挾君輔政，以並立於中國，猶以義相支持，歌説以相感，聘覲以相交，期會以相一，盟誓以相救。天子之命，猶有所行；會享之國，猶有所恥。小國得有所依，百姓得有所息。故孔子曰："能以禮讓爲國乎？何有？"周之流化，豈不大哉！及春秋之後，衆賢輔國者既没，而禮義衰矣。孔子雖論《詩》《書》，定《禮》《樂》，王道粲然分明；以匹夫無勢，化之者七十二人而已，皆天下之俊也，時君莫尚之，是以王道遂用不興。故曰："非威不立，非勢不行。"

仲尼既没之後，田氏取齊，六卿分晉，道德大廢，上下失序。至秦孝公，捐禮讓而貴戰争，棄仁義而用詐譎，苟以取强而已矣。夫篡盗之人，列爲侯王，詐譎之國，興立爲强，是以傳相仿效，後生師之，遂相吞滅，並大兼小，暴師經歲，流血滿野，父子不相親，兄弟不相安，夫婦離散，莫保其命，湣然道德絶矣。晚世益甚，萬乘之國七，千乘之國五，敵侔争權，蓋爲戰國，貪饕無恥，競進無厭，國異政教，各自制斷，上無天子，下無方伯，力功争强，勝者爲右，兵革不休，詐僞並起。當此之時，雖有道德，不得施謀。有設之强，負阻而恃固，連與交質，重約結誓，以守其國。故孟子、孫卿儒術之士，棄捐於世，而遊説權謀之徒，見貴於俗。是以蘇秦、張儀、公孫衍、陳軫、代、厲之屬，生從横短長之説，左右傾側。蘇秦爲從，張儀爲横，横則秦帝，從則楚王，所在國重，所去國輕。然當此之時，秦國最雄，諸侯方弱，蘇秦結之，時六國爲一，以儐背秦，秦人恐懼，不敢窺兵於關中，天下不交兵者二十有九年。然秦國勢便形利，權謀之士，咸先馳之。蘇秦初欲横秦，弗用，故東合從。及蘇秦死後，張儀連横，諸侯聽之，西向事秦。是故始皇因四塞之固，據崤函之阻，跨隴蜀之饒，聽衆人之策，乘六世之烈，以蠶食六國，兼諸侯，並有天下。杖於謀詐之弊，終於信篤之誠，無道德之教，仁義之化，以綴天下之心。任刑罰以爲治，信小術以爲道，遂燔燒《詩》《書》，坑殺儒士，上小堯、虞，下邈三王。二世愈甚，惠不下施，情不上達，君臣相疑，骨肉相疏，化道淺薄，綱紀壞敗，民不見義而懸於不寧。撫天下十四歲，天下大潰，詐僞之弊也。其比王德，豈不遠哉！

孔子曰："道之以政，齊之以刑，民免而無恥。道之以德，齊之以禮，有恥且格。"夫使天下有所恥，故化可致也，苟以詐僞偷活取容，自上爲之，何以率下。秦之敗也，不亦宜乎？戰國之時，君德淺薄，爲之謀策者，不得不因勢而爲資，據時而爲。故其謀扶急持傾，爲一切之權，雖不可以臨國教化，兵革救急之勢也。昔高才秀士度時君之所能行，出奇策異智，轉危爲安，運亡爲存。亦可喜，皆可觀。

護左都水使者、光禄大夫臣向所校《戰國策》書録。

## 管子書録

護左都水使者、光禄大夫臣向言：所校讎中《管子》書三百八十九篇，大中大夫卜圭書二十七篇，臣富參書四十一篇，射聲校尉立書十一篇，太史書九十六篇，凡中外書五百六十四篇，以校除復重四百八十四篇，定著八十六篇，殺青而書可繕寫也。

管子者，潁上人也，名夷吾，號仲父。少時嘗與鮑叔牙遊，鮑叔知其賢。管子貧困，常欺叔牙，叔牙終善之。鮑叔事齊公子小白，管子事公子糾。及小白立爲桓公，子糾死，管仲囚，鮑叔薦管仲。管仲既任政於齊，齊桓公以霸，九合諸侯，一匡天下，管仲之謀也。故管仲曰："吾始困時，與鮑叔分財，多自予，鮑叔不以我爲貪，知吾貧也；嘗爲鮑叔謀事而更窮困，鮑叔不以我爲愚，知吾有利有不利也；公子糾敗，召忽死之，吾幽囚受辱，鮑叔不以我爲無恥，知吾不羞小節，而恥功名不顯於天下也。生我者父母，知我者鮑叔。”鮑叔既進管仲，而己下之，子孫世禄於齊，有封邑者十餘世，常爲名大夫。

管子既相，以區區之齊在海濱，通貨積財，富國強兵，與俗同好醜。故其書稱曰：“倉廩實而知禮節，衣食足而知榮辱。上服度，則六親固。四維不張，國乃滅亡。下令猶流水之原，令順人心。”故論卑而易行。俗所欲，因予之；俗所否，因去之。其爲政也，善因禍爲福，轉敗爲功，貴輕重，慎權衡。桓公怒少姬，南襲蔡，管仲因伐楚，責包茅不入貢於周室。桓公北徵山戎，管仲因而令燕修召公之政。柯之會，桓公背曹沬之盟，管仲因而信之，諸侯歸之。管仲聘於周，不敢受上卿之命，以讓高國。是時，諸侯爲管仲城穀，以爲之乘邑，《春秋》書之，褒賢也。管仲富擬公室，有三歸反坫，齊人不以爲侈。管子卒，齊國遵其政，常強於諸侯。孔子曰：“微管仲，吾其被髪左衽矣。”

太史公曰：“余讀管氏《牧民》《山高》《乘馬》《輕重》《九府》，詳哉言之也。”又曰：“將順其美，匡救其惡，故上下能相親愛，豈管仲之謂乎！”《九府》書民間無有，《山高》一名《形勢》。凡《管子》書，務富國安民，道約言要，可以曉合經義。向謹第録。

## 晏子書録

内篇諫上第一，凡二十五章。

内篇諫下第二，凡二十五章。

内篇問上第三，凡三十章。

内篇問下第四，凡三十章。

内篇雜上第五，凡三十章。

内篇雜下第六，凡三十章。

外篇重而異者第七，凡二十七章。

外篇不合經術者第八，凡十八章。

右《晏子》凡内外八篇，總二百十五章。

護左都水使者、光禄大夫臣向言：所校中書《晏子》十一篇，臣向謹與長社尉臣參校讎。太史書五篇，臣向書一篇，參書十三篇，凡中外書三十篇，爲八百三十八章。除復重二十二篇六百三十八章，定著八篇二百一十五章。外書無有三十六章，中書無有七十一章，中外皆有以相定。中書以“夭”爲“芳”，“又”爲“備”，“先”爲“牛”，“章”爲“長”，如此類者多，謹頗略椾，皆已定以殺青，書可繕寫。

晏子名嬰，謚平仲，萊人。萊者，今東萊地也。晏子博聞強記，通於古今，事齊靈公、莊公、景公，以節儉力行、盡忠極諫道齊，國君得以正行，百姓得以附親。不用則退耕於野，用則必不詘義，不可脅以邪。白刃雖交胸，終不受崔杼之劫。諫齊君，懸而至，順而刻。及使諸侯，莫能詘其辭。其博通如此，蓋次管仲。内能親親，外能厚賢，居相國之位，受萬鐘之禄，故親戚待其禄而衣食五百餘家，處士待而舉火者亦甚衆。晏子衣苴布之衣，麋鹿之裘，駕敝車疲馬，盡以禄給親戚朋友。齊人以此重之。晏子蓋短。

其書六篇，皆忠諫其君，文章可觀，義理可法，皆合六經之義。又有復重，文辭頗異，不敢遺失，復列以爲一篇。又有頗不合經術，似非晏子言，疑後世辯士所爲者，故亦不敢失，復以爲一篇。凡八篇，其六篇可常置旁御觀。謹第録。臣向昧死上。

## 漢書·藝文志（節選）

班　固

《漢書藝文志》爲《漢書》十志之一，是班固在劉歆《七略》的基礎上增補、刪削而成。該書保存了《七略》將書籍劃分爲六略三十八種的分類體系，對部分書籍所屬部類進行調整，新增了《七略》成書之後劉向、揚雄、杜林之著述，刪去部分亡佚書籍，並刪簡了《七略》各書下的叙録；原本屬於《輯略》中的内容，則散附在六略和三十八種分類的圖書之後，成爲各部類的大小序。全書總計著録五百九十六家，一萬三千二百六十九卷。

在《别録》與《七略》亡佚後，《漢書藝文志》就成爲目前現存最早的目録學文獻，並且是最早的史志目録，對後代纂修史書影響巨大，歷來爲後人所重視，漢代以後的史書多仿其體例作《藝文志》或《經籍志》。清代學者金榜曾言："不通漢藝文志，不可以讀天下書。藝文志者，學問之眉目，著述之門户也。"

## 總　序

昔仲尼没而微言絶，七十子喪而大義乖。故《春秋》分爲五，《詩》分爲四，《易》有數家之傳。戰國從衡，真僞分争，諸子之言紛然殽亂。至秦患之，乃燔滅文章，以愚黔首。漢興，改秦之敗，大收篇籍，廣開獻書之路。迄孝武世，書缺簡脱，禮壞樂崩，聖上喟然而稱曰："朕甚閔焉！"於是建藏書之策，置寫書之官，下及諸子傳説，皆充秘府。至成帝時，以書頗散亡，使謁者陳農求遺書於天下。詔光禄大夫劉向校經傳、諸子、詩賦，步兵校尉任宏校兵書，太史令尹咸校數術，侍醫李柱國校方技。每一書已，向輒條其篇目，撮其指意，録而奏之。會向卒，哀帝復使向子侍中、奉車都尉歆卒父業。歆於是總群書而奏其《七略》，故有《輯略》，有《六藝略》，有《諸子略》，有《詩賦略》，有《兵書略》，有《術數略》，有《方技略》。今删其要，以備篇籍。

## 六藝略序

六藝之文，《樂》以和神，仁之表也；《詩》以正言，義之用也；《禮》以明體，明者著見，故無訓也；《書》以廣聽，知之術也；《春秋》以斷事，信之符也。五者，蓋五常之道，相須而備，而《易》爲之原。故曰"《易》不可見，則乾坤或幾乎息矣"，言與天地爲終始也。至於五學，世有變改，猶五行之更用事焉。古之學者耕且養，三年而通一藝，存其大體，玩經文而已，是故用日少而畜德多，三十而五經立也。後世經傳既已乖離，博學者又不思多聞闕疑之義，而務碎義逃難，便辭巧説，破壞形體，説五字之文，至於二三萬言。後進彌以馳逐，故幼童而守一藝，白首而後能言，安其所習，毁所不見，終以自蔽。此學者之大患也。序六藝爲九種。

## 諸子略序

諸子十家，其可觀者九家而已。皆起於王道既微，諸侯力政，時君世主，好惡殊方，是以九家之術蜂出並作，各引一端，崇其所善，以此馳説，取合諸侯。其言雖殊，辟猶水火，相滅亦相生也。仁之與義，敬之與和，相反而皆相成也。《易》曰："天下同歸而殊塗，一致而百慮。"今異家者各推所長，窮知究慮，以明其指，雖有蔽短，合其要歸，亦《六經》之支與流裔。使其人遭明王聖主，得其所折中，皆股肱之材已。仲尼有言："禮失而求諸野。"方今去聖久遠，道術缺廢，無所更索，彼九家者，不猶癒於野乎？若能修六藝之術，而觀此九家之言，舍短取長，則可以通萬方之略矣。

## 詩賦略序

傳曰："不歌而誦謂之賦，登高能賦可以爲大夫。"言感物造端，材知深美，可與圖事，故可以爲列大夫也。古者諸侯、卿大夫交接鄰國，以微言相感，當揖讓之時，必稱《詩》以諭其志，蓋以别賢不肖而觀盛衰焉。故孔子曰"不學《詩》，無以言"也。春秋之後，周道浸壞，聘問歌詠不行於列國，學《詩》之士逸在布衣，而賢人失志之賦作矣。大儒孫卿及楚臣屈原離讒憂國，皆作賦以風，咸有惻隱古詩之義；其後，宋玉、唐勒，漢興，枚乘、司馬相如，下及揚子雲，競爲侈麗閎衍之詞，没其風諭之義。是以揚子悔之，曰："詩人之賦麗以則，辭人之賦麗以淫。如孔氏之門人用賦也，則賈誼登堂，相如入室矣，如其不用何！"自孝武立樂府而采歌謠，於是有代、趙之謳，秦、楚之風，皆感於哀樂，緣事而發，亦可以觀風俗，知薄厚云。序詩賦爲五種。

## 兵書略序

兵家者，蓋出古司馬之職，王官之武備也。《洪範》八政，八曰師。孔了曰爲國者"足食足兵"，"以不教民戰，是謂棄之"，明兵之重也。《易》曰"古者弦木爲弧，剡木爲矢，弧矢之利，以威天下"，其用上矣。後世燿金爲刃，割革爲甲，器械甚備。下及湯、武受命，以師克亂而濟百姓，動之以仁義，行之以禮讓，《司馬法》是其遺事也。自春秋至於戰國，出奇設伏，變詐之兵並作。漢興，張良、韓信序次兵法，凡百八十二家，删取要用，定著三十五家。諸吕用事而盗取之。武帝時，軍政楊僕捃摭遺逸，紀奏兵録，猶未能備。至於孝成，命任宏論次兵書爲四種。

### 數術略序

數術者，皆明堂羲和史卜之職也。史官之廢久矣，其書既不能具，雖有其書而無其人。《易》曰："苟非其人，道不虚行。"春秋時魯有梓慎，鄭有裨竈，晉有卜偃，宋有子韋；六國時楚有甘公，魏有石申夫；漢有唐都；庶得粗觕。蓋有因而成易，無因而成難，故因舊書以序數術爲六種。

### 方技略

方技者，皆生生之具，王官之一守也。太古有岐伯、俞拊，中世有扁鵲、秦和，蓋論病以及國，原診以知政。漢興有倉公。今其技術晻昧，故論其書，以序方技爲四種。

## 七録序

阮孝緒

南朝梁阮孝緒所撰《七録》早已亡佚，唐代釋道宣卻在《廣弘明集》中完整地保存了《七録序》與所附的《古今書最》，使後人尚能了解《七録》的分類概況及創新成就。據阮孝緒自序可知，《七録》是在其廣泛搜集、参考南朝諸私家目録基礎上，博采衆家之長編纂而成，分爲内、外篇：内篇的《經典録》《記傳録》《子兵録》《文集録》《書技録》，基本對應了經史子集，但別立"術技"爲一類；外篇爲《佛法録》《仙道録》。

《七録》在目録學史上的貢獻，主要在於倡導不泥於古，根據學術發展與書籍保存的情況，適當調整與設置類目。例如班固纂修《漢書・藝文志》時，道家在諸子類，神仙在方技類；南朝宋王儉撰《七志》時，因《漢書・藝文志》中並無爲佛、道二家所設之部類，故將其列爲附録；阮孝緒則從實際情況出發，考慮到佛、道典籍日益增多而設置了《佛法録》與《仙道録》，可謂深得目録學之精髓。

後世學者對《七録》評價極高。唐代纂修的《隋書・經籍志》稱其"分部題目，頗有次序”。近代目録學家姚名達曰：“《隋志》部類幾於全襲《七録》，且其注中稱‘梁有、今無’者，皆《七録》所有。試一推究，則知《隋志》之分類法實近承《七録》，遠接《七略》。而《七録》在分類史中所占之地位實爲一承前啓後之關鍵。”

日月貞明，匪光景不能垂照；嵩華載育，非風雲無以懸感。大聖挺生，應期命世，所以匡濟風俗，矯正彝倫，非夫丘、索、墳、典，《詩》《書》《禮》《樂》，何以成穆穆之功，致蕩蕩之化也哉！故洪荒道喪，帝昊興其爻畫；結繩義隱，皇頡肇其文字。自斯以往，沿襲異宜，功成治定，各有方册。正宗既殄，樂崩禮壞，先聖之法，有若綴旒。故仲尼歎曰：“大道之行也，與三代之英，丘未逮也，而有志焉。”夫有志，以爲古文猶好也，故自衛反魯，始立素王。於是删《詩》《書》，定《禮》《樂》，列五始於《春秋》，興《十翼》於《易》道。夫子既亡，微言殆絶，七十並喪，大義遂乖。

逮於戰國，殊俗異政，百家競起，九流互作。嬴政嫉之，故有坑焚之禍。至漢惠四年，始除挾書之律，其後外有太常、太史、博士之藏，内有延閣、廣内、秘室之府，開獻書之路，置寫書之官。至孝成之世，頗有亡逸，乃使謁者陳農求遺書於天下，命光禄大夫劉向及子俊、歆等讎校篇籍，每一篇已，輒録而奏之。會向亡喪，帝使歆嗣其前業，乃徙温室中書於天禄閣上，歆遂總括群篇，奏其《七略》。及後漢蘭臺，猶爲書部，又於東觀及仁壽閣撰集新記。校書郎班固、傅毅，並典秘籍，固乃因《七略》之辭，爲《漢書・藝文志》。其後有著述者，袁山松亦録在其書。

魏、晉之世，文籍逾廣，皆藏在秘書、中、外三閣，魏秘書郎鄭默，删定舊文，時之論者，謂爲朱紫有別。晉領秘書監荀勖，因魏《中經》，更著《新簿》，雖分爲十有餘卷，而總以四部別之。惠、懷之亂，其書略盡，江左草創，十不一存，後雖鳩集，淆亂已甚。及著作佐郎李充，始加删正，因荀勖舊簿四部之法，而换其乙丙之書，没略衆篇之名，總以甲乙爲次。自時厥後，世相祖述，宋秘書監謝靈運、丞王儉，齊秘書丞王亮、監謝朏等，並有新進，更撰目録。宋秘書殷淳撰《大四部目》。儉又依《別録》之體，撰爲《七志》，其中朝遺書，收集稍廣，然所亡者，猶太半焉。齊末兵火，延及秘閣，有梁之初，缺亡甚衆，爰命秘書監任昉，躬加部集，又於文德殿内別藏衆書，使學士劉孝標等重加校進，乃分數術之文，更爲一部，使奉朝請祖暅撰其名録。其尚書閣内，别藏經史雜書，華林園又集釋氏經論。自江左篇章之盛，未有逾於當今者也。

孝緒少愛墳籍，長而弗倦，臥病閒居，傍無塵雜，晨光才啓，緗囊已散，宵漏既分，緑帙方掩，猶不能窮究流略，探盡秘奥，每披録内省，多有缺然。其遺文隱記，頗好搜集。凡自宋、齊已來，王公縉紳之館，苟能蓄聚墳籍，必思致其名簿。凡在所遇，若見若聞，校之官目，多所遺漏，遂總集衆家，更爲新録。其方内經史，至於術伎，合爲五録，謂之内篇；方外佛道，各爲一録，謂之外篇。凡爲録有七，故名《七録》。

昔司馬子長記數千年事，先哲愍其勤，雖復稱爲良史，猶有捃拾之責。況總括群書四萬餘卷，皆計論研核，標判宗旨，才愧疏通，學慚博達，靡班嗣之賜書，微黄香之東觀。倘欲尋檢，内寡卷軸，如有疑滯，旁無沃啓，其爲紕繆，不亦多乎？將恐後之罪予者，豈不在於斯録。如有刊正，請俟君子。

昔劉向校書，輒爲一録，論其指歸，辨其訛謬，隨竟奏上，皆載在本書。時又别集衆録，謂之《别録》，即今之《别録》是也。子歆撮其指要，著爲《七略》，其一篇即六篇之總最，故以《輯略》爲名，次《六藝略》，次《諸子略》，次《詩賦略》，次《兵書略》，次《數術略》，次《方伎略》。王儉《七志》，改《六藝》爲《經典》，次《諸子》，次《詩賦》爲《文翰》，次《兵書》爲《軍書》，次《數術》爲《陰陽》，次《方伎》爲《術藝》。以向、歆雖云《七略》，實有六條，故别立《圖譜》一志，以全七限。其外又條《七略》及二漢《藝文志》《中經簿》所闕之書，並方外之經，佛經道經，各爲一録，雖繼《七志》之後，而不在其數。

今所撰《七録》，斟酌王、劉，王以《六藝》之稱，不足標牓經目，改爲《經典》，今則從之，故序《經典録》爲《内篇》第一。

劉、王並以衆史合於《春秋》。劉氏之世，史書甚寡，附見《春秋》，誠得其例。今衆家記傳，倍於經典，猶從此志，實爲繁蕪。且《七略·詩賦》，不從《六藝》詩部，蓋由其書既多，所以别爲一略。今依擬斯例，分出衆史，序《記傳録》爲内篇第二。

《諸子》之稱，劉、王並同。又劉有《兵書略》，王以兵字淺薄，軍言深廣，故改兵爲軍。竊謂古有兵革、兵戎、治兵、用兵之言，斯則武事之總名也，所以還改軍從兵。兵書既少，不足别録，今附於子末，總以子兵爲稱，故序《子兵録》

爲内篇第三。

王以《詩賦》之名，不兼餘制，故改爲文翰。竊以頃世文詞，總謂之集，變翰爲集，於名尤顯，故序《文集録》爲内篇第四。

王以《數術》之稱，有繁雜之嫌，故改爲《陰陽》《方伎》之言，事無典據，又改爲《術藝》。竊以《陰陽》偏有所繫，不如《數術》之該通，《術藝》則濫，《六藝》與《數術》，不逮《方伎》之要顯，故還依劉氏，名守本名。但房中神仙，既入仙道，醫經經方，不足别創，故合《術伎》之稱，以名一録，爲内篇第五。

王氏《圖譜》一志，劉略所無。劉《數術》中雖有曆譜，而與今譜有異。竊以圖書之篇，宜從所圖爲部，故隨其名題，各附本録。譜既注記之類，宜與史體相參，故載於記傳之末。

自斯已上，皆内篇也。釋氏之教，實被中土，講説諷味，方軌孔籍，王氏雖載於篇而不在志限，即理求事，未是所安。故序《佛法録》爲外篇第一。仙道之書，由來尚矣，劉氏神仙，陳於《方伎》之末，王氏道經，書於《七志》之外，今合序《仙道録》爲外篇第二。王則先道而後佛，今則先佛而後道，蓋所宗有不同，亦由其教有淺深也。

凡内外兩篇，合爲《七録》。天下之遺書秘記，庶幾窮於是矣。有梁普通四年，歲維單閼仲春十有七日，於建康禁中里宅，始述此書。通人平原劉杳從余遊，因説其事，杳有志，積久未獲操筆，聞余已先著鞭，欣然會意，凡所抄集，盡以相與，廣其聞見，實有力焉。斯亦康成之於傳釋，盡歸子慎之書也。

## 隋書·經籍志總序

魏　徵

《隋書·經籍志》原爲《五代史志》中的一部分。唐貞觀年間，魏徵負責監修梁、陳、北齊、北周、隋五代史書，後于志寧、李淳風、李延壽等負責纂修五代史的志書，共成十志。由於唐高宗時期《五代史志》才成書，當時梁、陳等史書早已流傳於世，兼十志内容略於其他四朝而詳於隋，而且隋爲五朝之末，故將十志與《隋書》相合。

《隋書·經籍志》利用了唐代繼承的隋代宫廷藏書，並以著録隋代嘉則殿藏書的《隋大業正御書目》爲底本，參考了南齊王儉《七志》、南梁阮孝緒《七録》，刪除重復而成書。按經、史、子、集分爲四部四十類，共著録存書三千一百二十七部，計三萬六千七百零八卷；佚書一千零六十四部，計一萬二千七百五十九卷，後附佛、道兩録。全書總序一篇，置於卷首；每部下有大序，每類下有小序，最末還有一篇後序。作者在總序中，叙述中國目録學的發展與編纂緣起；在大小序中，對各部類的學術源流和演變、典籍的聚散、類目的設置等問題進行説明。在具體的典籍著録中，不僅著録書名及卷數，還以小注的形式，對部分書籍作者、時代、官職，以及書籍的内容真僞、存亡殘缺情況等進行説明。

《隋書·經籍志》在我國目録學發展史上占有重要地位，其價值主要體現在對圖書部類的設置上。自劉歆《七略》首創六分法後，中國的目録學家又進行了七分法、四分法等圖書分類實踐。但是早期進行四部分類法的目録，如晉代的《中經新簿》，多以甲乙丙丁來命名部類。《隋書·經籍志》不僅對四部分類法的確定與發展起了主導作用，而且明確以經史子集命名部類，對後代目録的分類造成了深遠的影響。

夫經籍也者，機神之妙旨，聖哲之能事，所以經天地，緯陰陽，正紀綱，弘道德，顯仁足以利物，藏用足以獨善。學之者將殖焉，不學者將落焉。大業崇之，則成欽明之德；匹夫克念，則有王公之重。其王者之所以樹風聲，流顯號，美教化，移風俗，何莫由乎斯道。故曰：其爲人也，温柔敦厚，《詩》教也；疏通知遠，《書》教也；廣博易良，《樂》教也；潔靜精微，《易》教也；恭儉莊敬，《禮》教也；屬辭比事，《春秋》教也。遭時制宜，質文迭用，應之以通變，通變之以中庸。中庸則可久，通變則可大。其教有適，其用無窮。實仁義之陶鈞，誠道德之橐籥也。其爲用大矣，隨時之義深矣，言無得而稱焉。故曰：不疾而速，不行而至。今之所以知古，後之所以知今，其斯之謂也。是以大道方行，俯龜象而設卦；後聖有作，仰鳥跡以成文。書契已傳，繩木棄而不用；史官既立，經籍於是興焉。

夫經籍也者，先聖據龍圖，握鳳紀，南面以君天下者，咸有史官，以紀言行，言則左史書之，動則右史書之，故曰“君舉必書”，懲勸斯在。考之前載，則三墳、五典、八索、九丘之類是也。下逮殷、周，史官尤備，紀言書事，靡有闕遺，則《周禮》所稱，太史掌建邦之六典、八法、八則，以詔王治；小史掌邦國之志，定世系，辨昭穆；内史掌王之八柄，策命而貳之；外史掌王之外令及四方之志，三皇、五帝之書；御史掌邦國都鄙萬民之治令，以贊冢宰。此則天子之史，凡有五焉。諸侯亦各有國史，分掌其職。則《春秋》傳，晉趙穿弑靈公，太史董狐書曰："趙盾殺其君。"以示於朝。宣子曰："不然。"對曰："子爲正卿，亡不越境，反不討賊，非子而誰？"齊崔杼弑莊公，太史書曰："崔杼弑其君。"崔子殺之。其弟嗣書，死者二人。其弟又書，乃舍之。南史聞太史盡死，執簡以往，聞既書矣，乃還。楚靈王與右尹子革語，左史倚相趨而過。王曰："此良史也，能讀三墳、五典、八索、九丘。"然則諸侯史官，亦非一人而已，皆以記言書事，太史總而裁之，以成國家之典。不虚美，不隱惡，故得有所懲勸，遺文可觀，則《左傳》稱《周志》《國語》有《鄭書》之類是也。

暨夫周室道衰，紀綱散亂，國異政，家殊俗，褒貶失實，隳紊舊章。孔丘以大聖之才，當傾頹之運，歎鳳鳥之不至，惜將墜於斯文，乃述《易》道而删《詩》《書》，修《春秋》而正《雅》《頌》。壞禮崩樂，咸得其所。自哲人萎而微言絶，七十子散而大義乖，戰國縱横，真僞莫辨，諸子之言，紛然淆亂。聖人之至德喪矣，先王之要道亡矣。陵夷踳駁，以至於秦。秦政奮豺狼之心，刬先代之跡，焚《詩》《書》，坑儒士，以刀筆吏爲師，制挾書之令。學者逃難，竄伏山林，或失本經，口以傳説。

漢氏誅除秦、項，未及下車，先命叔孫通草綿絶之儀，救擊柱之弊。其後張蒼治律曆，陸賈撰《新語》，曹參薦蓋公言黄、老，惠帝除挾書之律，儒者始以其業行於民間。猶以去聖既遠，經籍散逸，簡札錯亂，傳説紕繆，遂使《書》分爲二，《詩》分爲三，《論語》有齊、魯之殊，《春秋》有數家之傳。其餘互有踳駁，不可勝言。此其所以博而寡要，勞而少功者也。武帝置太史公，命天下計書，先上太史，副上丞相，開獻書之路，置寫書之官，外有太常、太史、博士之藏，内有延閣、廣内、秘室之府。司馬談父子，世居太史，探采前代，斷自軒皇，逮於孝武，作《史記》一百三十篇。詳其禮制，蓋史官之舊也。至於孝成，秘藏之書，頗有亡散，乃使謁者陳農求遺書於天下，命光禄大夫劉向校經傳、諸子、詩賦，步兵校尉任宏校兵書，太史令尹咸校數術，太醫監李柱國校方技。每一書就，向輒撰爲一録，論其指歸，辨其訛謬，叙而奏之。向卒後，哀帝使其子歆嗣父之業。乃徙温室中書於天禄閣上。歆遂總括群篇，撮其指要，著爲《七略》，一曰《集略》，二曰《六藝略》，三曰《諸子略》，四曰《詩賦略》，五曰《兵書略》，六曰《術數略》，七曰《方技略》。大凡三萬三千九十卷。王莽之末，又被焚燒。光武中興，篤好文雅，明、章繼軌，尤重經術。四方鴻生巨儒，負帙自遠而至者，不可勝算。石室蘭臺，彌以充積。又於東觀及仁壽閣集新書，校書郎班固、傅毅等典掌焉。並依《七略》而爲書部，固又編之，以爲《漢書・藝文志》。董卓之亂，獻帝西遷，圖書縑帛，軍人皆取爲帷囊。所收而西，猶七十餘載。兩京大亂，掃地皆盡。

魏氏代漢，采掇遺亡，藏在秘書、中、外三閣。魏秘書郎鄭默，始制《中經》，秘書監荀勖，又因《中經》，更著《新簿》，分爲四部，總括群書。一曰甲部，紀六藝及小學等書；二曰乙部，有古諸子家、近世子家、兵書、兵家、術數；三曰丙部，有史記、舊事、皇覽簿、雜事；四曰丁部，有詩賦、圖贊、汲冢書。大凡四部合二萬九千九百四十五卷。但録題及言，盛以縹囊，書用緗素。至於作者之意，無所論辯。惠、懷之亂，京華蕩覆，渠閣文籍，靡有孑遺。

東晉之初，漸更鳩聚。著作郎李充以勖舊簿校之，其見存者，但有三千一十四卷。充遂總没衆篇之名，但以甲乙爲次。自爾因循，無所變革。其後中朝遺書，稍流江左。宋元嘉八年，秘書監謝靈運造《四部目録》，大凡六萬四千五百八十二卷。元徽元年，秘書丞王儉又造《目録》，大凡一萬五千七百四卷。儉又别撰《七志》：一曰《經典志》，紀六藝、小學、史記、雜傳；二曰《諸子志》，紀今古諸子；三曰《文翰志》，紀詩賦；四曰《軍書志》，紀兵書；五曰《陰陽志》，紀陰陽圖緯；六曰《術藝志》，紀方技；七曰《圖譜志》，紀地域及圖書。其道、佛附見，合九條。然亦不述作者之意，但於書名之下每立一傳，而又作九篇條例，編乎首卷之中。文義淺近，未爲典則。齊永明中，秘書丞王亮、監謝朏，又造《四部書目》，大凡一萬八千一十卷。齊末兵火，延燒秘閣，經籍遺散。梁初，秘書監任昉躬加部集，又於文德殿内列藏衆書，華林園中總集釋典，大凡二萬三千一百六卷，而釋氏不豫焉。梁有秘書監任昉、殷鈞《四部目録》，又《文德殿目録》，其術數之書，更爲一部，使奉朝請祖暅撰其名，故梁有五部目録。普通中，有處士阮孝緒，沉静寡欲，篤好墳史，博采宋、齊已來王公之家凡有書記，參校官簿，更爲《七録》：一曰《經典録》，紀六藝；二曰《記傳録》，紀史傳；三曰《子兵録》，紀子書、兵書；四曰《文集録》，紀詩賦；五曰《技術録》，紀數術；六曰《佛録》；七曰《道録》。其分部題目，頗有次序，割析辭義，淺薄不經。梁武敦悦詩書，下化其上，四境之内，家有文史。元帝克平侯景，收文德之書及公私經籍，歸於江陵，大凡七萬餘卷。周師入郢，咸自焚之。陳天嘉中，又更鳩集，考其篇目，遺闕尚多。

其中原則戰争相尋，幹戈是務，文教之盛，苻、姚而已。宋武入關，收其圖籍，府藏所有，才四千卷。赤軸青紙，文字古拙。後魏始都燕、代，南略中原，粗收經史，未能全具。孝文徙都洛邑，借書於齊，秘府之中，稍以充實。暨於爾朱之亂，散落人間。後齊遷鄴，頗更搜聚，迄於天統、武平，校寫不輟。後周始基關右，外逼強鄰，戎馬生郊，日不暇給。保定之始，書止八千，後稍加增，方盈萬卷。周武平齊，先封書府，所加舊本，才至五千。

隋開皇三年，秘書監牛弘表請分遣使人，搜訪異本。每書一卷，賞絹一匹，校寫既定，本即歸主。於是民間異書，往往間出。及平陳已後，經籍漸備。檢其所得，多太建時書，紙墨不精，書亦拙惡。於是總集編次，存爲古本。召天下工書之士，京兆韋霈、南陽杜頵等，於秘書内補續殘缺，爲正副二本，藏於宫中，其餘以實秘書、内、外之閣，凡三萬餘卷。煬帝即位，秘閣之書，限寫五十副本，分爲三品：上品紅琉璃軸，中品紺琉璃軸，下品漆軸。於東都觀文殿東西廂構屋以貯之，東屋藏甲乙，西屋藏丙丁。又聚魏已來古跡名畫，於殿後起二臺，東曰妙楷臺，藏古跡，西曰寶跡臺，藏古畫。又於内道場集道、佛經，别撰目録。

大唐武德五年，克平僞鄭，盡收其圖書及古跡焉。命司農少卿宋遵貴載之以船，泝河西上，將致京師。行經底柱，多被漂没，其所存者，十不一二，其《目録》亦爲所漸濡，時有殘缺。今考見存，分爲四部，合條爲一萬四千四百六十六部，有八萬九千六百六十六卷。其舊録所取，文義淺俗、無益教理者，並删去之。其舊録所遺，辭義可采，有所弘益者，咸附入之。遠覽馬《史》班《書》，近觀王、阮《志》《録》，挹其風流體制，削其浮雜鄙俚，離其疏遠，合其近密，約文緒義，凡五十五篇，各列本條之下，以備《經籍志》。雖未能研幾探賾，窮極幽隱，庶乎弘道設教，可以無遺闕焉。夫仁義禮智，所以治國也，方技數

術，所以治身也，諸子爲經籍之鼓吹，文章乃政化之黼黻，皆爲治之具也。故列之於此志云。

# 通志校讎略（節選）

鄭　樵

《通志》與《通典》《文獻通考》並稱“三通”，在傳統的文獻分類中屬於政書，但《通志》實際上是一部紀傳體通史，全書共二百卷，分爲本紀、世家、列傳、二十略、四夷傳、年譜、載記，其中最有價值者爲二十略，《校讎略》爲其中之一。雖然名爲“校讎”，但這部分内容體現的卻是鄭樵的目録學思想。如“類例既分，學術自明”，通過目録的分類研究學術的流變；“求書八法”，即即類以求、旁類以求、因地以求、因家以求、求之公、求之私、因人以求、因代以求，搜尋典籍，確保傳承；會通的思想，提倡目録應當通録古今書籍，不論存佚，“廣古今而無遺”。在中國目録學發展史上具有重要意義。

## 編次必謹類例論六篇

學之不專者，爲書之不明也。書之不明者，爲類例之不分也。有專門之書，則有專門之學，有專門之學，則有世守之能。人守其學，學守其書，書守其類，人有存没，而學不息，世有變故，而書不亡。以今之書校古之書，百無一存，其故何哉？士卒之亡者，由部伍之法不明也。書籍之亡者，由類例之法不分也。類例分則百家九流各有條理，雖亡而不能亡也。巫醫之學亦經存没，而學不息，釋老之書亦經變故，而書常存。觀漢之《易》書甚多，今不傳，惟卜筮之《易》傳。法家之書亦多，今不傳，惟釋老之書傳。彼異端之學能全其書者，專之謂矣。

十二野者，所以分天之綱，即十二野不可以明天。九州者，所以分地之紀，即九州不可以明地。《七略》者，所以分書之次，即《七略》不可以明書。欲明天者，在於明推步，欲明地者，在於明遠邇，欲明書者，在於明類例。噫！類例不明，圖書失紀，有自來矣。臣於是總古今有無之書爲之區別，凡十二類：經類第一，禮類第二，樂類第三，小學類第四，史類第五，諸子類第六，星數類第七，五行類第八，藝術類第九，醫方類第十，類書類第十一，文類第十二。經一類分九家，九家有八十八種書，以八十八種書而總爲九種書可乎？禮一類分七家，七家有五十四種書，以五十四種書而總爲七種書可乎？樂一類爲一家，書十一種。小學一類爲一家，書八種。史一類分十三家，十三家爲書九十種，朝代之書則以朝代分，非朝代書則以類聚分。諸子一類分十一家，其八家藏爲書八種，道、釋、兵三家書差多，爲四十種。星數一類分三家，三家爲書十五種。五行一類分三十家，三十家爲書三十三種。藝術一類爲一家，書十七種。醫方一類爲一家，書二十六種。類書一類爲一家，分上下二種。文類一類分二家，二十二種，别集一家爲十九種書，餘二十一家二十一種書而已。總十二類，百家，四百二十二種，朱紫分矣。散四百二十二種書，可以窮百家之學，斂百家之學，可以明十二類之所歸。

《易》本一類也，以數不可合於圖，圖不可合於音，讖緯不可合於傳注，故分爲十六種。《詩》本一類也，以圖不可合於音，音不可合於譜，名物不可合於詁訓，故分爲十二種。《禮》雖一類而有七種，以《儀禮》雜於《周官》可乎？《春秋》雖一類而有五家，以啖、趙雜於公、穀可乎？樂雖主於音聲，而歌曲與管弦異事。小學雖主於文字，而字書與韻書背馳。編年一家而有先後，文集一家而有合離。日月星辰豈可與風雲氣候同爲天文之學？三命元辰豈可與九宫太一同爲五行之書？以此觀之，《七略》所分，自爲苟簡，四庫所部，無乃荒唐。

類書猶持軍也，若有條理，雖多而治，若無條理，雖寡而紛。類例不患其多也，患處多之無術耳。

今所紀者，欲以紀百代之有無。然漢、晉之書，最爲希闊，故稍略，隋、唐之書，於今爲近，故差詳。崇文、四庫及民間之藏，乃近代之書，所當一一載也。

類例既分，學術自明，以其先後本末具在。觀圖譜者可以知圖譜之所始，觀名數者可以知名數之相承。讖緯之學盛於東都，音韻之書傳於江左，傳注起於漢、魏，義疏成於隋、唐，睹其書可以知其學之源流。或舊無其書而有其學者，是爲新出之學，非古道也。

## 編次必記亡書論三篇

古人編書，皆記其亡闕。所以仲尼定《書》，逸篇具載。王儉作《七志》已，又條劉氏《七略》及二漢《藝文志》、魏《中經簿》所闕之書爲一志。阮孝緒作《七録》已，亦條劉氏《七略》及班固《漢志》、袁山松《後漢志》、魏《中經》、晉《四部》所亡之書爲一録。隋朝又記梁之亡書。自唐以前，書籍之富者，爲亡闕之書有所繫，故可以本所繫而求，所以書或亡於前，而備於後，不出於彼，而出於此。及唐人收書，只記其有，不記其無，是致後人失其名系，所以崇文、四庫之書，比於隋、唐亡書甚多，而古書之亡尤甚焉。

古人亡書有記，故本所記而求之。魏人求書有《闕目録》一卷，唐人求書有《搜訪圖書目》一卷，所以得書之多也。下詔並書目一卷，惜乎行之不遠，一卷之目，亦無傳焉。臣今所作《群書會紀》，不惟簡別類例，亦所以廣古今而無遺也。

古人編書，必究本末，上有源流，下有沿襲，故學者亦易學，求者亦易求。謂如隋人於曆一家最爲詳明，凡作曆者幾人，或先或後，有因有革，存則俱存，亡則俱亡。唐人不能記亡書，然猶紀其當代作者之先後，必使具在而後已。及崇文、四庫，有則書，無則否，不惟古書難求，雖今代憲章亦不備。

## 編次之訛論十五篇

《隋志》所類，無不當理，然亦有錯收者。《謚法》三部，已見經解類矣，而《汝南君謚議》又見儀注，何也？後人更不考其錯誤而復因之。按《唐志》經解類已有謚法，復於儀注類出《魏晉謚議》，蓋本《隋志》。

一類之書，當集在一處，不可有所間也。按《唐志》，謚法見於經解，一類而分爲兩處置。《四庫書目》以入禮類，亦分爲兩也。

《唐志》於儀注類中有玉璽、國寶之書矣，而於傳記類中復出此二書。《四庫書目》既立命書類，而三命、五命之書復入五行卜筮類。

遁甲，一種書耳，《四庫書目》分而爲四類，兵書見之，五行卜筮又見之，壬課又見之，命書又見之。既立壬課類，則遁甲書當隸壬課類中。

月令，乃禮家之一類，以其書之多，故爲專類。不知《四庫書目》如何見於禮類，又見於兵家，又見於農家，又見於月鑒。按此宜在歲時類。

《太玄經》，以諱故，《崇文》改爲《太真》。今《四庫書目》分《太玄》《太真》爲兩家書。

貨泉之書，農家類也。《唐志》以顧烜《錢譜》列於農，至於封演《錢譜》，又列於小説家，此何義哉，亦恐是誤耳。《崇文》《四庫》因之，並以貨泉爲小説家書。正猶班固以《太玄》爲揚雄所作，而列於儒家，後人因之，遂以《太玄》一家之書爲儒家類。是故君子重始若始作之訛，則後人不復能反正也。

有曆學，有算學。《隋志》以曆數爲主，而附以算法，雖不别條，自成兩類。後人始分曆數爲兩家。不知《唐志》如何以曆與算二種之書相濫爲一？雖曰曆算同歸乎數，各自名家。

李延壽南、北《史》《唐志》類於集史是，《崇文》類於雜史非。《吴紀》九卷，《唐志》類於編年是，《隋志》類於正史非。《海宇亂離志》《唐志》類於雜史是，《隋志》類於編年非。

《唐藝文志》與《崇文總目》，既以外丹煆法爲道家書矣，奈何《藝文》又於醫術中見《太清神丹經》《諸丹藥》數條，《崇文》又於醫書中見《伏火丹砂》《通玄秘訣》數條？大抵爐火與服餌兩種，向來道家與醫家雜出，不獨《藝文》與《崇文》，雖《隋志》亦如此。臣今分爲兩類，列於道家，庶無雜糅。

歲時自一家書。如《歲時廣記》百十二卷，《崇文總目》不列於歲時而列於類書，何也？類書者，謂總衆類不可分也，若可分之書，當入别類。且如天文有類書，自當列天文類，職官有類書，自當列職官類，豈可以爲類書，而總入類書類乎？

諫疏時政論與君臣之事，隋、唐《志》並入雜家，臣今析出。按此當入儒家。大抵隋、唐《志》於儒、雜二家不分。

古今編書所不能分者五：一曰傳記，曰雜家，三曰小説，四曰雜史，五曰故事。凡此五類之書，足相紊亂。又如文史與詩話，亦能相濫。

凡編書，每一類成，必計卷帙於其後。如何《唐志》於集史計卷，而正史不計卷，實録與詔令計卷，而起居注不計卷？凡書計卷帙，皆有空别《唐志》無空别，多爲抄寫所移。

《隋志》最可信，緣分類不考，故亦有重復者。《嘉瑞記》《祥瑞記》二書，既出雜傳，又出五行。《諸葛武侯集誡》《衆賢誡》《曹大家女誡》《正順志》《娣姒訓》《女誡》《女訓》，凡數種書，既出儒類，又出總集。《衆僧傳》《高僧傳》《梁皇大舍記》《法藏目録》《玄門寶海》等書，既出雜傳，又出雜家。如此三種，實由分類不明，是致差互。若乃陶弘景《天儀説要》，天文類中兩出。趙政《甲寅元曆序》，曆數中兩出。《黄帝飛鳥曆》與《海中仙人占災祥書》，五行類中兩出。庚季才《地形志》，地里類中兩出。凡此五書，是不校勘之過也。以《隋志》尚且如此，後來編書出於衆手，不經校勘者，可勝道哉！於是作《書目正訛》。

## 崇文明於兩類論一篇

《崇文總目》衆手爲之，其間有兩類極有條理，古人不及，後來無以復加也。道書一類有九節，九節相屬而無雜糅。又雜史一類，雖不標别，然分上下二卷，即爲二家，不勝冗濫。及睹《崇文》九節，正所謂大熱而濯以清風也。雜史一類，隋、唐二《志》皆不成條理，今觀《崇文》之作，賢於二志遠矣。此二類往往是一手所編，惜乎當時不盡以其書屬之也。

## 泛釋無義論一篇

古之編書，但標類而已，未嘗注解其著注者人之姓名耳。蓋經入經類，何必更言經？史入史類，何必更言史？但隨其凡目，則其書自顯。惟《隋志》於疑晦者則釋之，無疑晦者則以類舉。今《崇文總目》出新意，每書之下，必著説焉。據標類自見，何用更爲之説？且爲之説也，已自繁矣，何用一一説焉？至於無説者，或後書與前書不殊者，則强爲之説，使人意怠。且《太平廣記》者，乃《太平御覽》别出，《廣記》一書，專記異事，奈何《崇文》之目所説不及此意，但以謂博采群書，以類分門。凡是類書，皆可博采群書，以類分門，不知《御覽》之與《廣記》又何異？《崇文》所釋，大概如此，舉此一條，可見其他。

## 書有不應釋論三篇

實録自出於當代。按《崇文總目》有《唐實録》十八部，既謂《唐實録》，得非出於唐人之手，何須一一釋云“唐人撰”？

凡編書皆欲成類，取簡而易曉。如文集之作甚多，唐人所作自是一類，宋朝人所作自是一類，但記姓名可也，何須一一言“唐人撰”，一一言“宋朝人撰”？然《崇文》之作，所以爲衍文者，不知其爲幾何。此非不達理也，著書之時，元不經心耳。

有應釋者，有不應釋者，《崇文總目》必欲一一爲之釋，間有見名知義者，亦強爲之釋。如鄭景岫作《南中四時攝生論》，其名自可見，何用釋哉？如陳昌胤作《百中傷寒論》，其名亦可見，何必曰“百中者，取其必愈”乎？

## 書有應釋論一篇

《隋志》於他類只注人姓名，不注義説，可以睹類而知義也。如史家一類，正史、編年，各隨朝代易明，不言自顯。至於雜史，容有錯雜其間，故爲之注釋，其易知者則否。惟霸史一類，紛紛如也，故一一具注。蓋有應釋者，有不應釋者，不可執一概之論。按《唐志》有應釋者而一概不釋，謂之簡，《崇文》有不應釋者而一概釋之，謂之繁，今當觀其可不可。

## 不類書而類人論三篇

古之編書，以人類書，何嘗以書類人哉？人則於書之下注姓名耳，《唐志》一例削注，一例大書，遂以書類人。且如別集類自是一類，總集自是一類，奏集自是一類。《令狐楚集》百三十卷，當入別集類，《表奏》十卷，當入奏集類，如何取類於令狐楚，而別集與奏集不分？皮日休《文藪》十卷，當入總集類，《文集》十八卷，當入別集類，如何取類於皮日休，而總集與別集無別？詩自一類，賦自一類。陸龜蒙有詩十卷，賦六卷，如何不分詩、賦，而取類於陸龜蒙？

按，《隋志》於書，則以所作之人或所解之人，注其姓名於書之下。文集則大書其名於上曰“某人文集”，不著注焉。《唐志》因《隋志》，系人於文集之上，遂以他書一概如是。且春秋一類之學，當附《春秋》以顯，如曰劉向，有何義？易一類之學，當附《易》以顯，如曰王弼，有何義？

《唐志》以人置於書之上而不著注，大有相妨。如《管辰作管輅傳》三卷，《唐》省文例去“作”字，則當曰《管辰管輅傳》，是二人共傳也。如《李邕作狄仁傑傳》三卷，當去“作”字，則當曰《李邕狄仁傑傳》，是二人共傳也。又如《李翰作張巡姚誾傳》三卷，當去"作"字，則當曰《李翰張巡姚誾傳》，是三人共傳也。若文集置人於上則無相妨，曰"某人文集"可也，即無某人作某人文集之理，所志惟"文集"置人於上，可以去"作"字，可以不著注，而於義無妨也。又如盧槃佐作《孝子傳》三卷，又作《高士傳》二卷，"高士"與"孝子"自殊，如何因所作之人而合爲一？似此類極多。《炙轂子雜録》注解五卷，乃王叡撰，若從《唐志》之例，則當曰"王叡炙轂子雜録注解五卷"，是王叡復爲注解之人矣。若用《隋志》例，以其人之姓名著注於其下，無有不安之理。

## 編書不明分類論三篇

《七略》惟兵家一略，任宏所校，分權謀、形勢、陰陽、技巧爲四種書，又有圖四十三卷，與書參焉。觀其類例，亦可知兵，況見其書乎。其次則尹咸校數術、李柱國校方技，亦有條理。惟劉向父子所校經傳、諸子、詩賦，冗雜不明，盡采語言，不存圖譜。緣劉氏章句之儒，胸中元無倫類。班固不知其失，是故後世亡書多，而學者不知源別。凡編書惟細分難，非用心精微，則不能也。兵家一略極明，若他略皆如此，何憂乎斯文之喪也。

史家本於孟堅。孟堅初無獨斷之學，惟依緣他人，以成門戶。《紀》《志》《傳》則追司馬之蹤，《律曆》《藝文》則躡劉氏之跡，惟《地里志》與《古今人物表》是其胸臆。地里一學，後代少有名家者，由班固修書之無功耳。《古今人物表》又不足言也。

古者修書，出於一人之手，成於一家之學，班、馬之徒是也。至唐人始用衆手，晉、隋二《書》是矣。然亦皆隨其學術所長者而授之，未嘗滅奪人之所能，而強人之所不及。如李淳風、于志寧之徒，則授之以志，如顔師古、孔穎達之徒，則授之紀傳。以顔、孔博通古今，于、李明天文、地里、圖籍之學，所以晉、隋二《志》，高於古今，而《隋志》尤詳明也。

## 編次有叙論二篇

《隋志》每於一書而有數種學者，雖不標別，然亦有次第。如《春秋》三傳，雖不分爲三家，而有先後之列，先《左氏》，次《公羊》，次《穀梁》，次《國語》，可以次求類。《唐志》不然，三傳、《國語》可以渾而雜出。四家之學，猶方圓冰炭也，不知《國語》之文，可以同於《公》《穀》《公》《穀》之義可以同於《左氏》者乎？

《隋志》於禮類有喪服一種，雖不別出，而於《儀禮》之後，自成一類，以《喪服》者，《儀禮》之一篇也。後之議禮者，因而講究，遂成一家之書，尤多於三禮，故爲之別異，可以見先後之次，可以見因革之宜，而無所紊濫。今《唐志》與三禮雜出，可乎？

## 編次不明論七篇

班固《藝文志》，出於《七略》者也。《七略》雖疏而不濫，若班氏步步趨趨，不離於《七略》，未見其失也。間有《七略》所無，而班氏雜出者，則躓矣。揚雄所作之書，劉氏蓋未收，而班氏始出，若之何以《太玄》《法言》《樂箴》三書合爲一，總謂之揚雄所序三十八篇於儒家類。按儒者舊有五十二種，固新出一種，則揚雄之三書也。且《太玄》，易類也，《法言》，諸子也，《樂箴》，雜家也，奈何合而爲一家？是知班固胸中元無倫類。

舊類有道家，有道書，道家則老、莊是也。有法家，有刑法，法家則申、韓是也。以道家爲先，法家次之，至於刑法、道書，別出條例。刑法則律令也，道書則法術也，豈可以法術與老、莊同條，律令與申、韓共貫乎？不得不分也。《唐志》則併道家、道書、釋氏三志類爲一類，命以"道家"，可乎？凡條例之書，古人草昧，後世詳明者有之，未有棄古人之詳明，從後人之紊濫也。其意謂釋氏之書難爲，在名、墨、兵、農之上，故以合於道家。殊不知凡目之書只要明曉，不如此論高卑。況釋、道二家之書，自是矛盾，豈可同一家乎？

《漢志》於醫術類有經方，有醫經，於道術類有房中，有神仙，亦自微有分別。奈何後之人更不本此，同爲醫方，同爲道家者乎？足見後人之苟且也。

《唐志》別出明堂經脈一條，而《崇文總目》合爲醫書。據明堂一類亦有數家，以爲一條，已自疏矣，況合於醫書，而其類又不相附，可乎？

《漢志》以《司馬法》爲禮經，以《太公兵法》爲道家，此何義也？疑此二條非任氏、劉氏所收，蓋出班固之意，亦如以《太玄》《樂箴》爲儒家類也。

《漢志》以《世本》《戰國策》《秦大臣奏事》《漢著記》爲春秋類，此何義也。

《唐志》以《選舉志》入職官類是，《崇文總目》以《選舉志》入傳記爲非。

# 郡齋讀書志(節選)

晁公武

《郡齋讀書志》爲中國現存最早的、有提要的私家藏書目録。南宋藏書家晁公武在四川任官時，得到了其上司井度臨終前贈送的大量藏書。後來，晁公武對自藏書籍與贈書進行了整理和校勘，每書撰寫提要，彙爲《讀書志》一書。

晁公武門人杜鵬舉於宋孝宗淳熙年間，在蜀地刊刻了《讀書志》四卷。此爲《郡齋讀書志》的最早版本。後晁氏又對《讀書志》進行了補正，但未成而卒，由門人姚應績續之，重新編爲二十卷本并在蜀地刊刻。但這兩種蜀刻本今已亡佚。宋理宗淳祐九年，游鈞以蜀地的二十卷本爲底本，在浙江衢州進行刊刻，即衢州本。同年，黎安朝以蜀地四卷本爲底本，在江西袁州進行刊刻，並委託趙希弁進行校勘，趙希弁據其家藏善本撰寫了《讀書附志》一卷，多爲晁氏去世後新出之書，又將衢州本有而蜀地四卷本所缺之晁氏提要編爲《讀書後志》二卷，這七卷本即俗稱的袁州本。

《郡齋讀書志》按照经、史、子、集四部進行分類，但是由於版本不同，二级分類略有不同。以袁州本而言，經部分爲易、書、詩、禮、樂、春秋、孝經、論語、經解、小學十類；史部分爲正史、編年、實録、雜史、僞史、史評、職官、儀注、刑法、地理、傳記、譜牒、書目十三類；子部分爲儒家、道家、法家、名家、墨家、縱横家、雜類、農類、小説、天文卜算、五行、兵家、類書、雜藝術、醫家、神仙、釋書十七類；集部分爲楚辭、別集、總集三類。共四十三類。衢州本子部多星曆類，集部多文説類。

《郡齋讀書志》書前有總序，四部各有大序，一部分部類下第一種書的提要可視爲是該類的小序，叙述學術源流，另每書下有提要，對作者生平、書籍要旨、學術流派、篇章次序問題進行叙述與考證。該書在目録的部類劃分、書籍的著録體例、提要的撰寫等方面，具有開創性的作用。故清人王先謙稱:“自宋晁子止創爲此學,陳氏振孫繼之,並爲後儒宗仰,而晁氏尤冠絶。”

## 史記一百三十卷

右漢太史令司馬遷續其父談書,創爲義例,起黄帝,迄漢武獲麟之歲。撰成十二紀以序帝王,十年表以貫歲月,八書以紀政事,三十世家以序公侯,七十列傳以志士庶。上下三千餘載,凡爲五十二萬六千五百言。遷没後,缺景、武《紀》,禮、樂、律《書》《三王世家》《漢興以來將相年表》,日者、龜策《傳》《靳蒯列傳》等十篇。元、成間,褚少孫追補,及益以武帝後事,辭旨淺鄙,不及遷書遠甚。遷書舊有裴爲之解,云:班固嘗譏遷“論大道則先黄老而後《六經》,序遊俠則退處士而進奸雄,述貨殖則崇勢利而羞貧賤”。後世愛遷者以此論爲不然,謂遷特感當世之所失,憤其身之所遭,寓之於書,有所激而爲此言耳,非其心所謂誠然也。當武帝之世,表章儒術而罷黜百家,宜乎大治,而窮奢極侈,海内彫弊,反不若文、景尚黄老時,人主恭儉,天下饒給。此其論大道所以先黄老而後《六經》也。武帝用法刻深,群臣一言忤旨,輒下吏誅,而當刑者得以貨免。遷之遭李陵之禍,家貧無財賄自贖,交遊莫救,卒陷腐刑。其進奸雄者,蓋遷歎時無朱家之倫,不能脱己於禍,故曰:“士窮窘得委命。”此豈非人所謂賢豪者耶!其羞貧賤者,蓋遷自傷特以貧故,不能自免於刑戮,故曰:“千金之子,不死於市。”非空言也。固不察其心而驟譏之,過矣。

## 趙岐孟子十四卷

右鄒孟軻也。趙岐字臺卿,後漢人,爲章指,析爲十四篇。其序云:軻,戰國時以儒術干諸侯,不用,退與公孫丑、萬章之徒難疑答問,著書七篇,三萬四千六百八十五言。秦焚書,以其書號諸子,故得不泯絶。又有《外書》四篇,其書不能洪深,似非《孟子》本真也。按韓愈以此書爲弟子所彙集,與岐之言不同。今考其書載孟子所見諸侯,皆稱謚,如齊宣王、梁惠王、梁襄王、滕定公、滕文公、魯平公是也。夫死然後有謚,軻著書時所見諸侯,不應即稱謚。且惠王元年至平公之卒,凡七十七年,孟子見惠王,目之曰叟,必已老矣,决不見平公之卒也。後人追爲之明矣,則岐言非也。《荀子》載:“孟子三見齊王而不言,弟子問之,曰:'我先攻其邪心。'"《揚子》載孟子曰:"夫有意而不至者有矣,未有無意而至者也。"今書皆無之,則知散軼也多矣。岐謂秦焚書得不泯絶,亦非也。或曰:"豈見於《外書》邪?"果爾,則岐又不當謂其不能洪深也。

**楚辭十七卷**

右後漢校書郎王逸叔師注。楚屈原,名平,爲懷王左徒,博聞強識,嫻於辭令。後同列心害其能而讒之,王怒,疏平,平自傷忠而被謗,乃作《離騷經》以諷,不見省納。及襄王立,又放之江南,復作《九歌》《天問》《九章》《遠遊》《卜居》《漁父》《大招》,自沉汨羅以死。其後,楚宋玉作《九辯》《招魂》,漢賈誼作《惜誓》,淮南王小山作《招隱士》,東方朔作《七諫》,嚴忌作《哀時命》,王褒作《九懷》,劉向作《九歎》,皆擬其文,而哀平之死於忠。至漢武時,淮南王安始作《離騷傳》,劉向典校經書,分爲十六卷。東京班固、賈逵各作《離騷章句》,餘十五卷,闕而不説。至逸自以爲南陽人,與原同土,悼傷之,復作十六卷《章句》,又續爲《九思》,取班固二序附之,爲十七篇。按《漢書志》,屈原《賦》二十五篇,今起《離騷經》至《大招》凡六,《九章》《九歌》又十八,則原賦存者二十四篇耳,並《國殤》《禮魂》在《九歌》之外爲十一,則溢而爲二十六篇。不知《國殤》《禮魂》何以系《九歌》之末,又不可合十一爲九,然則謂《大招》爲原辭,可疑也。夫以"招魂"爲義,恐非自作,或曰景差,蓋近之。其卷後有蔣之翰跋,云晁美叔家本也。

# 四庫全書總目提要大小序

紀　昀

《四庫全書總目提要》爲現存規模最大的解題書目,又稱《四庫全書總目》《四庫提要》等。四庫館臣在纂修過程中,對各省采進的書籍皆撰寫提要,附於各書之前,彙總爲《四庫全書總目提要》,乾隆四十六年完成初稿。但由於此時《四庫全書》仍在纂修中,一直在補充新采進的書籍,撤換違禁書籍,故《四庫全書總目提要》也不斷進行增改,直到乾隆六十年十一月才正式由武英殿刊刻,即俗稱的“殿本”。此外,乾隆六十年時,浙江地區以頒發給文瀾閣的寫本《四庫全書總目》爲底本,刊刻了俗稱的“浙本”。這兩個版本内容略有不同,各有優劣。

全書共二百卷,分經史子集四大類,經部十類:易、書、詩、禮、春秋、孝經、五經總義、四書、樂、小學;史部十五類:正史、編年、紀事本末、別史、雜史、詔令奏議、傳記、史抄、載記、時令、地理、職官、政書、目録、史評;子部十四類:儒、兵、法、農、醫、天文算法、術數、藝術、譜録、雜家、類書、小説家、釋、道;集部五類:楚辭、別集、總集、詩文評、詞曲;共計四十四小類。每一大類下有總序,小類下有小序,每書有提要,“先列作者之爵里,以論世知人;次考本書之得失,權衆説之異同;以及文字增删、篇帙分合,皆詳爲定辨,巨細不遺;而人品學術之醇疵、國紀朝章之法戒,亦未嘗不各昭彰癉,用著懲戒”。

《四庫全書總目提要》的編纂成員,幾乎彙集了當時最頂尖的學者,如戴震、邵晉涵、周永年、姚鼐等人,故該書一經面世,就受到了學界的重視。江藩《國朝漢學師承記》稱:“大而經史子集,以及醫卜詞曲之類,其評論抉奥闡幽,詞明理正,識力在王仲寶、阮孝緒之上。”張之洞則言:“泛濫無歸,終身無得;得門而入,事半功倍。或經,或史,或詞章,或經濟,或天算地輿。經治何經,史治何史,經濟是何條,因類以求,各有專注。至於經注,孰爲師授之古學,孰爲無本之俗學;史傳孰爲有法,孰爲失體,孰爲詳密,孰爲疏舛;詞章孰爲正宗,孰爲旁門,尤宜抉擇分析,方不至誤用聰明。此事宜有師承。然師豈易得?書即師也。今爲諸君指一良師,將《四庫全書總目提要》讀一過,即略知學術門徑矣。”

因爲《四庫全書總目提要》的部分提要存在錯誤,所以後來出現了胡玉縉《四庫全書總目提要補正》、余嘉錫《四庫提要辨證》、崔富章《四庫提要補正》、李裕民《四庫提要訂誤》等補正之作。

## 經部總序

經稟聖裁,垂型萬世,删定之旨,如日中天,無所容其贊述。所論次者,詁經之説而已。自漢京以後垂二千年,儒者沿波,學凡六變。其初專門授受,遞稟師承,非惟詁訓相傳,莫敢同異,即篇章字句,亦恪守所聞,其學篤實謹嚴,及其弊也拘。王弼、王肅稍持異議,流風所扇,或信或疑,越孔、賈、啖、趙以及北宋孫復、劉敞等,各自論説,不相統攝,及其弊也雜。洛、閩繼起,道學大昌,擺落漢、唐,獨研義理,凡經師舊説,俱排斥以爲不足信,其學務別是非,及其弊也悍。如王柏、吴澄攻駁經文,動輒删改之類。學脈旁分,攀緣日衆,驅除異己,務定一尊,自宋末以逮明初,其學見異不遷,及其弊也黨。如《論語集注》誤引包咸夏瑚商璉之説,張存中《四書通證》即闕此一條以諱其誤。又如王柏删《國風》三十二篇,許謙疑之,吴師道反以爲非之類。主持太過,勢有所偏,才辨聰明,激而横決,自明正德、嘉靖以後,其學各抒心得,及其弊也肆。如王守仁之末派皆以狂禪解經之類。空談臆斷,考證必疏,於是博雅之儒引古義以抵其隙,國初諸家,其學徵實不誣,及其弊也瑣。如一字音訓動辨數百言之類。要其歸宿,則不過漢學、宋學兩家互爲勝負。夫漢學具有根柢,講學者以淺陋輕之,不足服漢儒也。宋學具有精微,讀書者以空疏薄之,亦不足服宋儒也。消融門户之見而各取所長,則私心祛而公理出,公理出而經義明矣。蓋經者非他,即天下之公理而已。今參稽衆説,務取持平,各明去取之故,分爲十類:曰易、曰書、曰詩、曰禮、曰春秋、曰孝經、曰五經總義、曰四書、曰樂、曰小學。

## 易類小序

聖人覺世牖民,大抵因事以寓教。《詩》寓於風謡,《禮》寓於節文,《尚書》《春秋》寓於史,而《易》則寓於卜筮。故《易》之爲書,推天道以明人事者也。《左傳》所記諸占,蓋猶太卜之遺法。漢儒言象數,去古未遠也,一變而爲京、焦,入於禨祥,再變而爲陳、邵,務窮造化,《易》遂不切於民用。王弼盡黜象數,説以老、莊,一變而胡瑗、程子,始闡明儒理,再變而李光、楊萬里,又參證史事,《易》遂日啓其論端。此兩派六宗,已互相攻駁。又《易》道廣大,無所不包,旁及天文、地理、樂律、兵法、韻學、算術,以逮方外之爐火,皆可援《易》以爲説,而好異者又援以入《易》,故《易》説愈繁。夫六十四卦大象,皆有“君子以”字,其爻象則多戒占者,聖人之情,見乎詞矣。其餘皆《易》之一端,非其本也。今參校諸家,以因象立教者爲宗,而其他《易》外別傳者,亦兼收以盡其變,各爲條論,具列於左。

## 書類小序

《書》以道政事,儒者不能異説也。《小序》之依託,《五行傳》之附會,久論定矣。然諸家聚訟,猶有四端:曰今文古文;曰錯簡;曰《禹貢》山水;曰《洪範》疇數。夫古文之辨,至閻若璩始明。朱彝尊謂是書久頒於學官,其言多綴輯逸經成文,無悖於理。汾陰漢鼎,良亦善喻,吴澄舉而删之,非可行之道也。禹跡大抵在中原,而論者多當南渡,昔疏今密,其勢則然。然尺短寸長,互相補苴,固宜兼收並蓄,以證異同。若夫劉向記《酒誥》《召誥》脱簡僅三,而諸儒動稱數十。班固牽《洪範》於《洛書》,諸儒並及《河圖》,支離轇轕,淆經義矣。故王柏《書疑》、蔡沈《皇極數》之類,非解經之正軌者,咸無取焉。

## 詩類小序

《詩》有四家,毛氏獨傳,唐以前無異論,宋以後則衆説争矣。然攻漢學者意不盡在於經義,務勝漢儒而已。伸漢學者意亦不盡在於經義,憤宋儒之詆漢儒而已。各挾一不相下之心,而又濟以不平之氣,激而過當,亦其勢然歟!夫解《春秋》者,惟《公羊》多駁,其中高子、沈子之説,殆轉相附益。要其大義數十,傳自聖門者,不能廢也。《詩序》稱子夏,而所引高子、孟仲子乃戰國時人,固後來攙續之明證。即成伯璵等所指篇首一句經師口授,亦未必不失其真。然去古未遠,必有所受。意其真贋相半,亦近似《公羊》。全信全疑,均爲偏見。今參稽衆説,務協其平。苟不至程大昌之妄改舊文,王柏之横删聖籍者,論有可采,並録存之,以消融數百年之門户。至於鳥獸草木之名,訓詁聲音之學,皆事須考證,非可空談。今所采輯,則尊漢學者居多焉。

## 禮類小序

古稱議禮如聚訟。然《儀禮》難讀,儒者罕通,不能聚訟。《禮記》輯自漢儒,某增某減,具有主名,亦無庸聚訟。所辨論求勝者,《周禮》一書而已。考《大司樂章》先見於魏文侯時,理不容僞。河間獻王但言闕《冬官》一篇,不言簡編失次,則竄亂移補者亦妄。三禮並立,一從古本,無可疑也。鄭康成《注》,賈公彦、孔穎達《疏》,於名物度數特詳。宋儒攻擊,僅摭其好引讖緯一失，至其訓詁則弗能逾越。蓋得其節文，乃可推制作之精意，不比《孝經》《論語》可推尋文句而談。本漢、唐之注疏，而佐以宋儒之義理，亦無可疑也。謹以類區分，定爲六目：曰周禮，曰儀禮，曰禮記，曰三禮總義，曰通禮，曰雜禮書。六目之中，各以時代爲先後，庶源流同異，可比而考焉。

### 春秋類小序

説經家之有門户，自《春秋》三傳始，然迄能並立於世。其間諸儒之論，中唐以前則《左氏》勝，啖助、趙匡以逮北宋則《公羊》《穀梁》勝。孫復、劉敞之流，名爲棄傳從經，所棄者特《左氏》事跡，《公羊》《穀梁》月日例耳，其推闡譏貶，少可多否，實陰本《公羊》《穀梁》法，猶誅鄧析用竹刑也。夫删除事跡，何由知其是非？無案而斷，是《春秋》爲射覆矣。聖人禁人爲非，亦予人爲善。經典所述，不乏褒詞，而操筆臨文，乃無人不加誅絶，《春秋》豈吉網羅鉗乎？至於用夏時則改正朔，削尊號則貶天王，《春秋》又何僭以亂也！沿波不返，此類宏多。雖舊説流傳，不能盡廢，要以切實有徵、平易近理者爲本。其瑕瑜互見者，則別白而存之。遊談臆説，以私意亂聖經者，則僅存其目。蓋六經之中，惟《易》包衆理，事事可通，《春秋》具列事實，亦人人可解。一知半見，議論易生；著録之繁，二經爲最。故取之不敢不慎也。

### 孝經類小序

蔡邕《明堂論》引魏文侯《孝經傳》《吕覽・審微篇》亦引《孝經・諸侯章》，則其來古矣。然授受無緒，故陳騤、汪應辰皆疑其僞。今觀其文，去二戴所録爲近，要爲七十子徒之遺書。使河間獻王采入一百三十一篇中，則亦《禮記》之一篇，與《儒行》《緇衣》轉從其類。惟其各出别行，稱孔子所作，傳録者又分章標目，自名一經。後儒遂以不類《繫辭》《論語》繩之，亦有由矣。中間孔、鄭兩本，互相勝負。始以開元《御注》用今文，遵制者從鄭；後以朱子《刊誤》用古文，講學者又轉而從孔。要其文句小異，義理不殊，當以黄震之言爲定論。語見黄氏《日鈔》。故今之所録，惟取其詞達理明，有裨來學，不復以今文、古文區分門户，徒釀水火之争。蓋注經者明道之事，非分朋角勝之事也。

## 五經總義小序

漢代經師，如韓嬰治《詩》兼治《易》者，其訓故皆各自爲書。宣帝時，始有《石渠五經雜義》十八篇。《漢志》無類可隸，遂雜置之《孝經》中。《隋志》録許慎《五經異義》以下諸家，亦附《論語》之末。《舊唐書志》始别名"經解"，諸家著録因之。然不見兼括諸經之義。朱彝尊作《經義考》，别目曰"群經"。蓋覺其未安而采劉勰《正緯》之語以改之，又不見爲訓詁之文。徐乾學刻《九經解》，顧湄兼采總集經解之義，名曰《總經解》，何焯復斥其不通，語見沈廷芳所刻何焯《點校經解目録》中。蓋正名若是之難也。考《隋志》於統説諸經者，雖不别爲部分，然《論語類》末稱《孔叢》《家語》《爾雅》諸書，並"五經總義"附於此篇，則固稱"五經總義"矣。今準以立名，庶猶近古，《論語》《孝經》《孟子》雖自爲書，實均《五經》之流别，亦足以統該之矣。其校正文字及傳經諸圖，並約略附焉，從其類也。

## 四書類小序

《論語》《孟子》，舊各爲帙。《大學》《中庸》，舊《禮記》之二篇。其編爲《四書》，自宋淳熙始。其懸爲令甲，則自元延祐復科舉始，古來無是名也。然二戴所録《曲禮》《檀弓》諸篇，非一人之書，迨立名曰《禮記》《禮記》遂爲一家。即王逸所録屈原、宋玉諸篇，《漢志》均謂之賦，迨立名曰《楚辭》《楚辭》亦遂爲一家。元邱葵《周禮補亡序》稱，聖朝以"六經"取士，則當時固以《四書》爲一經。前創後因，久則爲律，是固難以一説拘矣。今從《明史・藝文志》例，别立《四書》一門，亦所謂禮以義起也。朱彝尊《經義考》於《四書》之前，仍立《論語》《孟子》二類，黄虞稷《千頃堂書目》，凡説《大學》《中庸》者，皆附於禮類，蓋欲以不去餼羊，略存古義。然朱子書行五百載矣，趙岐、何晏以下，古籍存者寥寥；梁武帝《義疏》以下，且散佚並盡；元明以來之所解，皆自《四書》分出者耳。《明史》並入《四書》，蓋循其實。今亦不復強析其名焉。

## 樂類小序

沈約稱《樂經》亡於秦。考諸古籍，惟《禮記經解》有"《樂》教"之文。伏生

《尚書大傳》引"辟雝舟張"四語，亦謂之《樂》。然他書均不云有《樂經》。《隋志》《樂經》四卷，蓋王莽元始三年所立，賈公彦《考工記・磬氏疏》所稱"《樂》曰"，當即莽書，非古《樂經》也。大抵《樂》之綱目具於《禮》，其歌詞具於《詩》，其鏗鏘鼓舞則傳在伶官。漢初制氏所記，蓋其遺譜，非别有一經爲聖人手定也。特以宣豫導和，感神人而通天地，厥用至大，厥義至精，故尊其教，得配於經。而後代鐘律之書亦遂得著録於經部，不與藝術同科。顧自漢氏以來，兼陳雅俗，豔歌側調，並隸雲韶。於是諸史所登，雖細至箏、琶，亦附於經末。循是以往，將小説稗官未嘗不記言記事，亦附之《書》與《春秋》乎？悖理傷教，於斯爲甚。今區别諸書，惟以辨律吕、明雅樂者，仍列於經，其謳歌末技，弦管繁聲，均退列雜藝、詞曲兩類中。用以見大樂元音，道侔天地，非鄭聲所得而奸也。

## 小學類小序

古小學所教，不過六書之類。故《漢志》以《弟子職》附《孝經》，而《史籀》等十家四十五篇列爲小學。《隋志》增以金石刻文，《唐志》增以書法、書品，已非初旨。自朱子作《小學》以配《大學》，趙希弁《讀書附志》遂以《弟子職》之類並入小學，又以蒙求之類相參並列，而小學益多岐矣。考訂源流，惟《漢志》根據經義，要爲近古。今以論幼儀者别入儒家，以論筆法者别入雜藝，以蒙求之屬隸故事，以便記誦者别入類書，惟以《爾雅》以下編爲訓詁，《説文》以下編爲字書，《廣韻》以下編爲韻書。庶體例謹嚴，不失古義。其有兼舉兩家者，則各以所重爲主。如李燾《説文五音韻譜》實字書，袁子讓《字學元元》實論等韻之類。悉條其得失，具於本篇。

## 史部總序

史之爲道，撰述欲其簡，考證則欲其詳。莫簡於《春秋》，莫詳於《左傳》。魯史所録，具載一事之始末，聖人觀其始末，得其是非，而後能定以一字之褒貶。此作史之資考證也。丘明録以爲傳，後人觀其始末，得其是非，而後能知一字之所以褒貶。此讀史之資考證也。苟無事跡，雖聖人不能作《春秋》。苟不知其事跡，雖以聖人讀《春秋》，不知所以褒貶。儒者好爲大言，動曰舍傳以求經。此其説必不通。其或通者，則必私求諸傳，詐稱舍傳云爾。司馬光《通鑒》，世稱絶作，不知其先爲《長編》，後爲《考異》。高似孫《緯略》載其《與宋敏求書》，稱到洛八年，始了晉、宋、齊、梁、陳、隋六代，唐文字尤多依年月編次爲草卷，以四丈爲一卷，計不減六七百卷。又稱光作《通鑒》，一事用三四出處纂成，用雜史諸書凡二百二十二家。李燾《巽巖集》亦稱張新甫見洛陽有《資治通鑒》草稿盈兩屋。按燾集今已佚，此據馬端臨《文獻通考》述其父廷鸞之言。今觀其書，如淖方成禍水之語則采及《飛燕外傳》，張彖冰山之語則采及《開元天寶遺事》，並小説亦不遺之。然則古來著録，於正史之外兼收博采，列目分編，其必有故矣。今總括群書，分十五類。首曰正史，大綱也；次曰編年，曰别史，曰雜史，曰詔令奏議，曰傳記，曰史鈔，曰載記，皆參考紀傳者也；曰時令，曰地理，曰職官，曰政書，曰目録，皆參考諸志者也；曰史評，參考論贊者也。舊有譜牒一門，然自唐以後，譜學殆絶，玉牒既不頒於外，家乘亦不上於官，徒存虚目，故從删焉。考私家記載，惟宋、明二代爲多。蓋宋、明人皆好議論，議論異則門户分，門户分則朋黨立，朋黨立則恩怨結，恩怨既結，得志則排擠於朝廷，不得志則以筆墨相報復，其中是非顛倒，頗亦熒聽。然雖有疑獄，合衆證而質之，必得其情；雖有虚詞，參衆説而核之，亦必得其情。張師棣《南遷録》之妄，鄰國之事無質也。趙與旹《賓退録》證以金國官制而知之。《碧雲騢》一書誣謗文彦博、范仲淹諸人，晁公武以爲真出梅堯臣，王銍以爲出自魏泰，邵博又證其真出堯臣，可謂聚訟。李燾卒參互而辨定之，至今遂無異説。此亦考證欲詳之一驗。然則史部諸書，自鄙倍冗雜，灼然無可采録外，其有裨於正史者，固均宜擇而存之矣。

### 正史小序

正史之名，見於《隋志》，至宋而定著十有七；明刊監版，合宋、遼、金、元四《史》爲二十有一；皇上欽定《明史》，又詔增《舊唐書》爲二十有三；近蒐羅四庫，薛居正《舊五代史》得裒集成編，欽稟睿裁，與歐陽修書並列，共爲二十有四。今並從官本校録，凡未經宸斷者，則悉不濫登。蓋正史體尊，義與經配，非懸諸令典，莫敢私增，所由與稗官野記異也。其他訓釋音義者，如《史記索隱》之類；掇拾遺闕者，如《補後漢書年表》之類；辨正異同者，如《新唐書糾繆》之類；校正字句者，如《兩漢刊誤補遺》之類。若别爲編次，尋檢爲繁，即各附本書,用資參證。至宋、遼、金、元四《史》譯語,舊皆舛謬,今悉改正,以存其真。其子部、集部,亦均視此。以考校釐訂自正史始,謹發其凡於此。

### 編年類小序

司馬遷改編年爲紀傳,荀悦又改紀傳爲編年,劉知幾深通史法,而《史通》分叙六家,統歸二體,則編年、紀傳均正史也。其不列爲正史者,以班、馬舊裁,歷朝繼作,編年一體,則或有或無,不能使時代相續,故姑置焉,無他義也。今仍蒐羅遺帙,次於正史,俾得相輔而行。《隋志》史部有起居注一門,著録四十四部,《舊唐書》載二十九部,並實録爲四十一部,《新唐書》載二十九部。存於今者,《穆天子傳》六卷、温大雅《大唐創業起居注》三卷而已。《穆天子傳》雖編次年月,類小説傳記,不可以爲信史。實惟存温大雅一書,不能自爲門目,稽其體例,亦屬編年。今並合爲一,猶《舊唐書》以實録附起居注之意也。

### 紀事本末類小序

古之史策,編年而已,周以前無異軌也,司馬遷作《史記》,遂有紀傳一體,唐以前亦無異軌也。至宋袁樞,以《通鑒》舊文,每事爲篇,各排比其次第,而詳叙其始終,命曰紀事本末,史遂又有此一體。夫事例相循,其後謂之因,其初皆起於創;其初有所創,其後即不能不因。故未有是體以前,微獨紀事本末創,即紀傳亦創,編年亦創;既有是體以後,微獨編年相因,紀傳相因,即紀事本末亦相因。因者既衆,遂於二體之外,别立一家。今亦以類區分,使自爲門目。凡一書備諸事之本末,與一書具一事之本末者,總彙於此。其不標紀事本末之名,而實爲紀事本末者,亦並著録。若夫偶然記載,篇帙無多,則仍隸諸雜史傳記,不列於此焉。

### 别史類小序

《漢藝文志》無史名,《戰國策》《史記》均附見於《春秋》。厥後著作漸繁,《隋志》乃分正史、古史、霸史諸目。然梁武帝、元帝《實録》列諸雜史,義未安也。陳振孫《書録解題》創立别史一門,以處上不至於正史,下不至於雜史者,義例獨善,今特從之。蓋編年不列於正史,故凡屬編年,皆得類附。《史記》

《漢書》以下，已列爲正史矣。其岐出旁分者，《東觀漢記》《東都事略》《大金國志》《契丹國志》之類，則先資草創；《逸周書》《路史》之類，則互取證明；《古史》《續後漢書》之類，則檢校異同。其書皆足相輔，而其名則不可以並列，命曰別史，猶大宗之有別子云爾。包羅既廣，六體兼存，必以類分，轉形瑣屑，故今所編録，通以年代先後爲叙。

### 雜史類小序

雜史之目，肇於《隋書》，蓋載籍既繁，難於條析，義取乎兼包衆體，宏括殊名。故王嘉《拾遺記》《汲冢瑣語》得與《魏尚書》《梁實録》並列，不爲嫌也。然既繫史名，事殊小説，著書有體，焉可無分，今仍用舊文，立此一類，凡所著録，則務示別裁。大抵取其事繫廟堂，語關軍國，或但具一事之始末，非一代之全編，或但述一時之見聞，衹一家之私記，要期遺文舊事，足以存掌故、資考證，備讀史者之參稽云爾。若夫語神怪，供詼啁，里巷瑣言，稗官所述，則別有雜家、小説家存焉。

### 詔令奏議類小序

記言記動，二史分司，起居注，右史事也，左史所録蔑聞焉。王言所敷，惟詔令耳，《唐志》史部初立此門，黄虞稷《千頃堂書目》則移制誥於集部，次於別集。夫渙號明堂，義無虚發，治亂得失，於是可稽，此政事之樞機，非僅文章類也，抑居詞賦，於理爲褻。《尚書》誓誥，經有明徵，今仍載史部，從古義也。《文獻通考》始以奏議自爲一門，亦居集末。考《漢志》載奏事十八篇，列《戰國策》《史記》之間，附《春秋》末，則論事之文，當歸史部，其證昭然。今亦並改隸，俾易與紀傳互考焉。

### 傳記類小序

紀事始者，稱傳記始黄帝，此道家野言也。究厥本源，則《晏子春秋》是即家傳，《孔子三朝記》其記之權輿乎。裴松之注《三國志》、劉孝標注《世説新語》，所引至繁。蓋魏、晉以來，作者彌夥，諸家著録，體例相同，其參錯混淆，亦如一軌。今略爲區別：一曰聖賢，如孔、孟年譜之類；二曰名人，如《魏鄭公諫録》之類；三曰總録，如《列女傳》之類；四曰雜録，如《驂鸞録》之類。其杜大圭《碑傳琬琰集》、蘇天爵《名臣事略》諸書，雖無傳記之名，亦各核其實，依類編入。至安禄山、黄巢、劉豫諸書，既不能遽削其名，亦未可薰蕕同器，則從叛臣諸傳附載史末之例，自爲一類，謂之曰别録。

## 史鈔類小序

帝魁以後書，凡三千二百四十篇，孔子删取百篇，此史鈔之祖也。《宋志》始自立門。然《隋志》雜史類中有《史要》十卷，注“漢桂陽太守衛颯撰，約《史記》要言，以類相從”；又有《三史略》二十卷，吴太子太傅張温撰。嗣後專鈔一史者，有葛洪《漢書鈔》三十卷、張緬《晉書鈔》三十卷。合鈔衆史者，有阮孝緒《正史削繁》九十四卷。則其來已古矣。沿及宋代，又增四例：《通鑒總類》之類，則離析而編纂之；《十七史詳節》之類，則簡汰而刊削之；《史漢精語》之類，則采摭文句而存之；《兩漢博聞》之類，則割裂詞藻而次之。迨乎明季，彌衍餘風，趨簡易，利剽竊，史學荒矣。要其含咀英華，删除冗贅，即韓愈所稱記事提要之義，不以末流蕪濫責及本始也。博取約存，亦資循覽。若倪思《班馬異同》惟品文字，婁機《班馬字類》惟明音訓，及《三國志文類》總彙文章者，則各從本類，不列此門。

## 載記類小序

五馬南浮，中原雲擾，偏方割據，各設史官，其事跡亦不容泯滅，故阮孝緒作《七録》，僞史立焉，《隋志》改稱霸史，《文獻通考》則兼用二名。然年祀綿邈，文籍散佚，當時僭撰，久已無存，存於今者，大抵後人追記而已，曰霸曰僞，皆非其實也。案《後漢書·班固傳》，稱撰平林、新市、公孫述事爲《載記》。《史通》亦稱平林、下江諸人，《東觀》列爲載記。又《晉書》附叙十六國，亦云載記。是實立乎中朝，以叙述列國之名。今采録《吴越春秋》以下，述偏方僭亂遺跡者，準《東觀漢記》《晉書》之例，總題曰載記，於義爲允。惟《越史略》一書爲其國所自作，僭號紀年，真爲僞史。然外方私記，不過附存以聲罪示誅，足昭名分，固無庸爲此數卷别區門目焉。

## 時令類小序

《堯典》首授時，舜初受命，亦先齊七政，後世推步測算，重爲專門，已別著録。其本天道之宜以立人事之節者，則有時令諸書。孔子考獻徵文，以《小正》爲尚存夏道。然則先王之政，兹其大綱歟？後世承流，遞有撰述，大抵農家日用、閭閻風俗爲多，與《禮經》所載小異。然民事即王政也，淺識者岐視之耳。至於選詞章，隸故實，誇多鬥靡，寖失厥初，則踵事增華，其來有漸，不獨時令一家爲然。汰除鄙倍，采摘典要，亦未始非《豳風》《月令》之遺矣。

## 地理類小序

古之地志，載方域、山川、風俗、物産而已，其書今不可見。然《禹貢》《周禮·職方氏》，其大較矣。《元和郡縣志》頗涉古跡，蓋用《山海經》例。《太平寰宇記》增以人物，又偶及藝文，於是爲州縣志書之濫觴。元、明以後，體例相沿，列傳侔乎家牒，藝文溢於總集，末大於本，而輿圖反若附録，其間假借誇飾，以侈風土者，抑又甚焉。王士禛稱《漢中府志》載木牛流馬法，《武功縣志》載織錦璇璣圖，此文士愛博之談，非古法也。然踵事增華，勢難遽返。今惟去泰去甚，擇尤雅者録之，凡蕪濫之編，皆斥而存目。其編類，首宫殿疏，尊宸居也；次總志，大一統也；次都會郡縣，辨方域也；次河防，次邊防，崇實用也；次山川，次古跡，次雜記，次遊記，備考核也；次外紀，廣見聞也。若夫《山海經》《十洲記》之屬，體雜小説，則各從其本類，兹不録焉。

## 職官類小序

前代官制，史多著録，然其書恒不傳。《南唐書·徐鍇傳》稱："後主得《齊職制》，其書罕覩，惟鍇知之。今亦無舉其名者。世所稱述《周官》外，惟《唐六典》最古耳。"蓋建官爲百度之綱，其名品職掌，史志必撮舉大凡，足備參考，故本書繁重，反爲人所倦觀。且惟議政廟堂，乃稽舊典，其間如元豐變法，事不數逢。故著述之家，或通是學而無所用，習者少則傳者亦稀焉。今所采録，大抵唐宋以來一曹一司之舊事與儆戒訓誥之詞。今釐爲官制、官箴二子目，亦足以稽考掌故，激勸官方。明人所著率類州縣志書，則等之自鄶矣。

## 政書類小序

志藝文者有故事一類。其間祖宗創法,奕葉慎守,是爲一朝之故事;後鑒前師,與時損益者,是爲前代之故事。史家著録,大抵前代事也。《隋志》載《漢武故事》,濫及稗官,《唐志》載《魏文貞故事》,横牽家傳,循名誤列,義例殊乖。今總核遺文,惟以國政、朝章、六官所職者,入於斯類,以符周官故府之遺。至儀注條格,舊皆别出,然均爲成憲,義可同歸。惟我皇上制作日新,垂謨册府,業已恭登新笈,未可仍襲舊名。考錢溥《秘閣書目》有政書一類,謹據以標目,見綜括古今之意焉。

## 目録類小序

鄭玄有《三禮目録》一卷,此名所昉也。其有解題,胡應麟《經義會通》謂始於唐之李肇。案《漢書》録《七略》書名,不過一卷,而劉氏《七略》《别録》至二十卷,此非有解題而何?《隋志》曰:"劉向《别録》、劉歆《七略》,剖析條流,各有其序,推尋事跡。自是以後,不能辨其流别,但記書名而已。"其文甚明,應麟誤也。今所傳者以《崇文總目》爲古,晁公武、趙希弁、陳振孫並準爲撰述之式。惟鄭樵作《通志·藝文略》,始無所詮釋,並建議廢《崇文總目》之解題,而尤袤《遂初堂書目》因之。自是以後,遂兩體並行。今亦兼收,以資考核。金石之文,隋、唐《志》附小學,《宋志》乃附目録。今用《宋志》之例,並列此門,而别爲子目,不使與經籍相淆焉。

## 史評類小序

《春秋》筆削,議而不辨,其後三傳異詞。《史記》自爲序贊,以著本旨,而先黄、老,後六經,退處士,進奸雄,班固復異議焉。此史論所以繁也。其中考辨史體,如劉知幾、倪思諸書,非博覽精思,不能成帙,故作者差稀。至於品騭舊聞,抨彈往跡,則才翻史略,即可成文。此是彼非,互滋簧鼓,故其書動至汗牛。又文士立言,務求相勝,或至鑿空生義,僻謬不情,如胡寅《讀史管見》譏晉元帝不復牛姓者,更往往而有。故瑕纇叢生,亦惟此一類爲甚。我皇上綜括古今,折衷衆論,欽定《評鑒闡要》及《全韻詩》,昭示來兹。日月著明,爝火可息，百家譾語，原可無存，以古來著録，舊有此門，擇其篤實近理者，酌録數家，用備體裁云爾。

## 子部總序

自六經以外立説者，皆子書也。其初亦相淆，自《七略》區而列之，名品乃定。其初亦相軋，自董仲舒别而白之，醇駁乃分。其中或佚不傳，或傳而後莫爲繼，或古無其目而今增，古各爲類而今合，大都篇帙繁富。可以自爲部分者，儒家以外有兵家，有法家，有農家，有醫家，有天文算法，有術數，有藝術，有譜録，有雜家，有類書，有小説家，其别教則有釋家，有道家，敘而次之，凡十四類。儒家尚矣。有文事者有武備，故次之以兵家。兵，刑類也。唐虞無皋陶，則寇賊奸宄無所禁，必不能風動時雍，故次以法家。民，國之本也，穀，民之天也，故次以農家。本草經方，技術之事也，而生死系焉，神農、黄帝以聖人爲天子，尚親治之，故次以醫家。重民事者先授時，授時本測候，測候本積數，故次以天文、算法。以上六家，皆治世者所有事也。百家方技，或有益，或無益，而其説久行，理難竟廢，故次以術數。遊藝亦學問之餘事，一技入神，器或寓道，故次以藝術。以上二家，皆小道之可觀者也。詩取多識，易稱制器，博聞有取，利用攸資，故次以譜録。群言岐出，不名一類，總爲薈粹，皆可采摭菁英，故次以雜家。隸事分類，亦雜言也，舊附於子部，今從其例，故次以類書。稗官所述，其事末矣，用廣見聞，愈於博弈，故次以小説家。以上四家，皆旁資參考者也。二氏，外學也，故次以釋家、道家終焉。夫學者研理於經，可以正天下之是非，徵事於史，可以明古今之成敗，餘皆雜學也。然儒家本六藝之支流，雖其間依草附木，不能免門户之私，而數大儒明道立言，炳然具在，要可與經史旁參。其餘雖真僞相雜，醇疵互見，然凡能自名一家者，必有一節之足以自立，即其不合於聖人者，存之亦可爲鑒戒。雖有絲麻，無棄菅蒯；狂夫之言，聖人擇焉。在博收而慎取之爾。

## 儒家類小序

古之儒者，立身行己，誦法先王，務以通經適用而已，無敢自命聖賢者。王通教授河汾，始摹擬尼山，遞相標榜，此亦世變之漸矣。迨託克託等修《宋史》，以《道學》《儒林》分爲兩傳，而當時所謂道學者，又自分二派，筆舌交攻。自時厥後，天下惟朱、陸是争，門户别而朋黨起，恩仇報復，蔓延者垂數百年，明之末葉，其禍遂及於宗社。惟好名好勝之私心不能自克，故相激而至是也。聖門設教之意，其果若是乎？今所録者，大旨以濂、洛、關、閩爲宗，而依附門牆，藉詞衛道者，則僅存其目，金溪、姚江之派，亦不廢所長。惟顯然以佛語解經者，則斥入雜家。凡以風示儒者無植黨，無近名，無大言而不慚，無空談而鮮用，則庶幾孔、孟之正傳矣。

## 兵家類小序

《史記・穰苴列傳》稱齊威王使大夫追論古者司馬兵法，是古有兵法之明證。然風后以下，皆出依託，其間孤虚、王相之説，雜以陰陽五行、風雲、氣色之説，又雜以占候。故兵家恒與術數相出入，要非古兵法也。其最古者，當以孫子、吴子、司馬法爲本，大抵生聚訓練之術，權謀運用之宜而已。今所采録，惟以論兵爲主，其餘雜説，悉别存目。古來僞本流傳既久者，詞不害理，亦並存以備一家。明季遊士撰述，尤爲猥雜，惟擇其著有明效，如戚繼光《練兵實紀》之類者，列於篇。

## 法家類小序

刑名之學，起於周季，其術爲聖世所不取，然流覽遺篇，兼資法戒。觀於管仲諸家，可以知近功小利之隘；觀於商鞅、韓非諸家，可以知刻薄寡恩之非。鑒彼前車，即所以克端治本。曾鞏所謂不滅其籍，乃善於放絶者歟。至於凝、蒙所編，和凝、和蒙父子，相繼撰《疑獄集》。闡明疑獄；桂、吴所録，桂萬榮、吴訥相續撰《棠陰比事》。矜慎祥刑。並義取持平，道資弼教，雖類從而録，均隸法家。然立議不同，用心各異，於虞廷欽恤，亦屬有裨。是以仍準舊史，録此一家焉。

## 農家類小序

農家條目，至爲蕪雜。諸家著録，大抵輾轉旁牽，因耕而及《相牛經》，因《相牛經》及《相馬經》《相鶴經》《鷹經》《蟹録》至於《相貝經》，而《香譜》《錢譜》相隨入矣。因五穀而及《圃史》，因《圃史》而及《竹譜》《荔支譜》《橘譜》至於

《梅譜》《菊譜》，而唐昌《玉蕊辨證》《揚州瓊花譜》相隨入矣。因蠶桑而及《茶經》，因《茶經》及《酒史》《糖霜譜》至於《蔬食譜》，而《易牙遺意》《飲膳正要》相隨入矣。觸類蔓延，將因《四民月令》而及算術、天文，因田家五行而及風角、鳥占，因《救荒本草》而及《素問》《靈樞》乎？今逐類汰除，惟存本業，用以見重農貴粟，其道至大，其義至深，庶幾不失《豳風》《無逸》之初旨。茶事一類，與農家稍近，然龍團鳳餅之製，銀匙玉碗之華，終非耕織者所事，今亦別入譜録類，明不以末先本也。

## 醫家類小序

儒之門户分於宋，醫之門户分於金、元。觀元好問《傷寒會要序》，知河間之學與易水之學争；觀戴良作《朱震亨傳》，知丹溪之學與宣和局方之學争也。然儒有定理，而醫無定法，病情萬變，難守一宗，故今所叙録，兼衆説焉。明制定醫院十三科，頗爲繁碎，而諸家所著，往往以一書兼數科，分隸爲難，今通以時代爲次。《漢志》醫經、經方二家後有房中、神仙二家，後人誤讀爲一，故服餌導引，歧塗頗雜，今悉删除。《周禮》有獸醫，《隋志》載《治馬經》等九家，雜列醫書間，今從其例，附録此門，而退置於末簡，貴人賤物之義也。《太素脈法》不關治療，今別收入術數家，兹不著録。

## 天文算法類小序

三代上之制作，類非後世所及，惟天文算法則愈闡愈精。容成造術，顓頊立制，而測星紀閏，多述帝堯，在古初已修改漸密矣。洛下閎以後，利瑪竇以前，變法不一。泰西晚出，頗異前規，門户構争，亦如講學，然分曹測驗，具有實徵，終不能指北爲南，移昏作曉，故攻新法者至國初而漸解焉。聖祖仁皇帝《御制數理精蕴》諸書，妙契天元，精研化本，於中西兩法權衡歸一，垂範億年。海宇承流，遞相推衍，一時如梅文鼎等，測量撰述，亦具有成書。故言天者至於本朝，更無疑義。今仰遵聖訓，考校諸家，存古法以溯其源，秉新制以究其變，古來疏密，釐然具矣。若夫占驗機祥，率多詭説，鄭當再火，裨竈先誣，舊史各自爲類，今亦別入之術數家。惟算術、天文，相爲表裏。《明史・藝文志》以算術入小學類，是古之算術，非今之算術也。今核其實，與天文類從焉。

## 術數類小序

術數之興，多在秦、漢以後，要其旨，不出乎陰陽五行，生剋制化，實皆《易》之支派，傅以雜説耳。物生有象，象生有數，乘除推闡，務究造化之源者，是爲數學；星土雲物，見於經典，流傳妖妄，寖失其真，然不可謂古無其説，是爲占候。自是以外，末流猥雜，不可殫名，史志總概以五行。今參驗古書，旁稽近法，析而别之者三，曰相宅相墓，曰占卜，曰命書相書，並而合之者一，曰陰陽五行。雜技術之有成書者，亦别爲一類附焉。中惟數學一家爲《易》外别傳，不切事而猶近理，其餘則皆百僞一真，遞相煽動。必謂古無是説，亦無是理，固儒者之迂談；必謂今之術士能得其傳，亦世俗之感志，徒以冀福畏禍。今古同情，趨避之念一萌，方技者流各乘其隙以中之，故悠謬之談，彌變彌夥耳。然衆志所趨，雖聖人有所弗能禁。其可通者存其理，其不可通者，姑存其説可也。

## 藝術類小序

古言六書，後明八法，於是字學、書品爲二事。左圖右史，畫亦古義，丹青金碧，漸别爲賞鑒一途。衣裳製而纂組巧，飲食造而陸海陳，踵事增華，勢有馴致。然均與文史相出入，要爲藝事之首也。琴本雅音，舊列樂部，後世俗工撥捩，率造新聲，非復清廟生民之奏，是特一技耳。摹印本六體之一，自漢白玄朱，務矜鐫刻，與小學遠矣。射義投壺，載於《戴記》，諸家所述，亦事異《禮經》。均退列藝術，於義差允。至於譜博奕，論歌舞，名品紛繁，事皆瑣屑，亦並爲一類，統曰雜技焉。

## 譜録類小序

劉向《七略》，門目孔多，後並爲四部，大綱定矣，中間子目，遞有增減，亦不甚相遠。然古人學問，各守專門，其著述具有源流，易於配隸。六朝以後，作者漸出新裁，體倒多由創造，古來舊目，遂不能該，附贅懸疣，往往牽強。《隋志》譜系，本陳族姓，而末載《竹譜》《錢圖》《唐志》農家，本言種植，而雜列《錢譜》《相鶴經》《相馬經》《鷙擊録》《相貝經》《文獻通考》亦以《香譜》入農家。

是皆明知其不安，而限於無類可歸，又復窮而不變，故支離顛舛，遂至於斯。惟尤袤《遂初堂書目》創立《譜録》一門，於是别類殊名，咸歸統攝，此亦變而能通矣。今用其例，以收諸雜書之無可系屬者，門目既繁，檢尋亦病於瑣碎，故諸物以類相從，不更以時代次焉。

## 雜家類小序

衰周之季，百氏争鳴，立説著書，各爲流品，《漢志》所列備矣。或其學不傳，後無所述，或其名不美，人不肯居，故絶續不同，不能一概著録。後人株守舊文，於是墨家僅《墨子》《晏子》二書，名家僅《公孫龍子》《尹文子》《人物志》三書，縱横家僅《鬼谷子》一書，亦别立標題，自爲支派，此拘泥門目之過也。黄虞稷《千頃堂書目》於寥寥不能成類者，並入雜家。雜之義廣，無所不包，班固所謂合儒、墨，兼名、法也。變而得宜，於例爲善。今從其説，以立説者謂之雜學，辨證者謂之雜考，議論而兼叙述者謂之雜説，旁究物理、臚陳纖瑣者謂之雜品，類輯舊文、塗兼衆軌者謂之雜纂，合刻諸書、不名一體者謂之雜編，凡六類。

## 類書類小序

類事之書，兼收四部，而非經非史，非子非集，四部之内，乃無類可歸。《皇覽》始於魏文，晋荀勖《中經簿》分隸何門，今無所考，《隋志》載入子部，當有所受之，歷代相承，莫之或易。明胡應麟作《筆叢》，始議改入集部，然無所取義，徒事紛更，則不如仍舊貫矣。此體一興，而操觚者易於檢尋，注書者利於剽竊，轉輾裨販，實學頗荒。然古籍散亡，十不存一，遺文舊事，往往託以得存。《藝文類聚》《初學記》《太平御覽》諸編，殘璣斷璧，至捃拾不窮，要不可謂之無補也。其專考一事，如《同姓名録》之類者，别無可附，舊皆入之類書，今亦仍其例。

## 小説家類小序

張衡《西京賦》曰：小説九百，本自虞初。《漢書·藝文志》載虞初《周説》，九百四十三篇，注稱武帝時方士，則小説興於武帝時矣。故伊尹説以下九家，班固多注依託也。《漢書·藝文志》注，凡不著姓名者，皆班固自注。然屈原《天問》，雜陳神怪，多莫知所出，意即小説家言。而《漢志》所載《青史子》五十七篇，賈誼《新書·保傅篇》中先引之，則其來已久，特盛於虞初耳。跡其流別，凡有三派，其一叙述雜事，其一記録異聞，其一綴輯瑣語也。唐、宋而後，作者彌繁。中間誣謾失真，妖妄熒聽者固爲不少，然寓勸戒，廣見聞，資考證者亦錯出其中。班固稱小説家流蓋出於稗官，如淳注謂王者欲知閭巷風俗，故立稗官，使稱説之，然則博采旁搜，是亦古制，固不必以冗雜廢矣。今甄録其近雅馴者，以廣見聞，惟猥鄙荒誕，徒亂耳目者，則黜不載焉。

## 釋家類小序

梁阮孝緒作《七録》，以二氏之文別録於末。《隋書》遵用其例，亦附於志末，有部數、卷數而無書名。《舊唐書》以古無釋家，遂併佛書於道家，頗乖名實。然惟録諸家之書爲二氏作者，而不録二氏之經典，則其義可從。今録二氏於子部末，用阮孝緒例，不録經典，用劉昫例也。諸志皆道先於釋，然《魏書》已稱《釋老志》《七録》舊目載於釋道宣《廣弘明集》者，亦以釋先於道。故今所叙録，以釋家居前焉。

## 道家類小序

後世神怪之跡，多附於道家，道家亦自矜其異，如《神仙傳》《道教靈驗記》是也。要其本始，則主於清淨自持，而濟以堅忍之力，以柔制剛，以退爲進。故申子、韓子流爲刑名之學，而《陰符經》可通於兵。其後長生之説與神仙家合爲一，而服餌、導引入之；房中一家，近於神仙者亦入之；鴻寶有書，燒煉入之；張魯立教，符録入之；北魏寇謙之等又以齋醮章咒入之。世所傳述，大抵多後附之文，非其本旨，彼教自不能別，今亦無事於區分。然觀其遺書源流遷變之故，尚一一可稽也。

## 集部總序

集部之目，楚辭最古，別集次之，總集次之，詩文評又晚出，詞曲則其閏餘也。古人不以文章名，故秦以前書無稱屈原、宋玉工賦者。洎乎漢代，始有詞人，跡其著作，率由追録，故武帝命所忠求相如遺書，魏文帝亦詔天下上孔融文章。至於六朝，始自編次。唐末又刊板印行。事見貫休《禪月集序》。夫自編則多所愛惜，刊板則易於流傳。四部之書，別集最雜，兹其故歟！然典册高文，清詞麗句，亦未嘗不高標獨秀，挺出鄧林。此在翦刈卮言，別裁僞體，不必以猥濫病也。總集之作，多由論定，而蘭亭、金谷，悉觴詠於一時，下及漢上題襟、松陵倡和。《丹陽集》惟録鄉人，《篋中集》則附登乃弟。雖去取僉孚衆議，而履霜有漸，已爲詩社標榜之先驅。其聲氣攀援，甚於別集。要之，浮華易歇，公論終明，巋然而獨存者，《文選》《玉臺新詠》以下數十家耳。詩文評之作，著於齊、梁，觀同一八病四聲也。鐘嶸以求譽不遂，巧致譏排；劉勰以知遇獨深，繼爲推闡。詞場恩怨，亙古如斯。冷齋曲附乎豫章，石林隱排乎元祐，黨人餘釁，報及文章，又其已事矣，固宜別白存之，各核其實。至於倚聲末技，分派詩歌，其間周、柳、蘇、辛，亦遞争軌轍，然其得其失，不足重輕，姑附存以備一格而已。大抵門户構争之見，莫甚於講學，而論文次之。講學者聚黨分朋，往往禍延宗社，操觚之士筆舌相攻，則未有亂及國事者。蓋講學者必辨是非，辨是非必及時政，其事與權勢相連，故其患大。文人詞翰，所争者名譽而已，與朝廷無預，故其患小也。然如艾南英以排斥王、李之故，至以嚴嵩爲察相，而以殺楊繼盛爲稍過當，豈其捫心清夜，果自謂然？亦朋黨既分，勢不兩立，故決裂名教而不辭耳。至錢謙益《列朝詩集》，更顛倒賢奸，彝良泯絶，其貽害人心風俗者，又豈鮮哉！今掃除畛域，一準至公。明以來諸派之中，各取其所長，而不回護其所短。蓋有世道之防焉，不僅爲文體計也。

## 楚辭類小序

哀屈、宋諸賦，定名《楚辭》，自劉向始也，後人或謂之《騷》，故劉勰品論《楚辭》，以《辨騷》標目。考史遷稱“屈原放逐，乃著《離騷》”，蓋舉其最著一篇。《九歌》以下，均襲《騷》名，則非事實矣。《隋志》集部以《楚辭》別爲一門，歷代因之。蓋漢、魏以下，賦體既變，無全集皆作此體者。他集不與《楚辭》類，《楚辭》亦不與他集類，體例既異，理不得不分著也。楊穆有《九悼》一卷，至宋已佚，晁補之、朱子皆嘗續編，然補之書亦不傳，僅朱子書附刻《集注》後。今所傳者，大抵注與音耳。注家由東漢至宋，遞相補苴，無大異詞。迨於近

世，始多别解，割裂補綴，言人人殊，錯簡説經之術，蔓延及於詞賦矣。今並刊除，杜竄亂古書之漸也。

## 别集類小序

集始於東漢。荀況諸集，後人追題也，其自製名者，則始張融《玉海集》。其區分部帙，則江淹有前集、有後集，梁武帝有詩賦集、有文集、有别集，梁元帝有集、有小集，謝朓有集、有逸集，與王筠之一官一集，沈約之正集百卷、又别選集略三十卷者，其體例均始於齊、梁。蓋集之盛，自是始也。唐、宋以後，名目益繁。然隋、唐《志》所著録，《宋志》十不存一，《宋志》所著録，今又十不存一。新刻日增，舊編日減，豈數有乘除歟？文章公論，歷久乃明，天地英華所聚，卓然不可磨滅者，一代不過數十人，其餘可傳可不傳者，則系乎有幸有不幸，存佚靡恒，不足異也。今於元代以前，凡論定諸編，多加甄録，有明以後，篇章彌富，則删薙彌嚴。非曰沿襲恒情，貴遠賤近，蓋閱時未久，珠礫並存，去取之間，尤不敢不慎云爾。

## 總集類小序

文籍日興，散無統紀，於是總集作焉。一則網羅放佚，使零章殘什，並有所歸；一則删汰繁蕪，使莠稗咸除，菁華畢出。是固文章之衡鑒，著作之淵藪矣。三百篇既列爲經，王逸所裒又僅《楚辭》一家，故體例所成，以摯虞《流别》爲始。其書雖佚，其論尚散見《藝文類聚》中，蓋分體編録者也。《文選》而下，互有得失，至宋真德秀《文章正宗》，始别出談理一派，而總集遂判兩途。然文質相扶，理無偏廢，各明一義，未害同歸。惟末學循聲，主持過當，使方言俚語，俱入詞章，麗制鴻篇，横遭嗤點，是則並德秀本旨失之耳。今一一别裁，務歸中道，至明萬曆以後，儈魁漁利，坊刻彌增，剽竊陳因，動成巨帙，並無門徑之可言，姑存其目，爲冗濫之戒而已。

## 詩文評類小序

文章莫盛於兩漢，渾渾灝灝，文成法立，無格律之可拘。建安、黄初，體裁漸備，故論文之説出焉，《典論》其首也。其勒爲一書傳於今者，則斷自劉勰、鍾嶸。勰究文體之源流，而評其工拙；嶸第作者之甲乙，而溯厥師承，爲例各殊；至皎然《詩式》，備陳法律；孟棨《本事詩》，旁采故實；劉攽《中山詩話》、歐陽修《六一詩話》，又體兼説部。後所論著，不出此五例中矣。宋、明兩代，均好爲議論，所撰尤繁。雖宋人務求深解，多穿鑿之詞，明人喜作高談，多虚憍之論，然汰除糟粕，采擷菁英，每足以考證舊聞，觸發新意。《隋志》附總集之内，《唐書》以下則並於集部之末，别立此門，豈非以其討論瑕瑜，别裁真僞，博參廣考，亦有裨於文章歟？

### 詞曲類小序

詞、曲二體，在文章、技藝之間，厥品頗卑，作者弗貴，特才華之士以綺語相高耳。然三百篇變而古詩，古詩變而近體，近體變而詞，詞變而曲，層累而降，莫知其然。究厥淵源，實亦樂府之餘音，風人之末派。其於文苑，尚屬附庸，亦未可全斥爲俳優也。今酌取往例，附之篇終。詞、曲兩家又略分甲乙。詞爲五類，曰别集，曰總集，曰詞話，曰詞譜，曰詞韻；曲則惟録品題論斷之詞，及《中原音韻》，而曲文則不録焉。王圻《續文獻通考》以《西廂記》《琵琶記》俱入經籍類中，全失論撰之體裁，不可訓也。

## 温州經籍志叙例

孫詒讓

《温州經籍志》共三十六卷，著録了唐代至清代道光年間，温州府所轄的永嘉、樂清、瑞安、平陽、泰順五縣的鄉人著述，以及其他有關温州的著述。該書的部類劃分沿襲了《四庫全書總目提要》，並根據文獻情況有所調整，義例則繼承了元代馬端臨的《文獻通考·經籍考》與清代朱彝尊的《經義考》，每小類下先按照朝代排序，朝代下再按照作者時代先後排序，詳細記載書名、卷數、之前志書是否著録、原書序跋、前人評語等情況，並在各書籍下注明存、佚、缺、未見，如該書存世，則著録其版本，部分書籍後有考證性的案語，辨書名、辨著者、辨卷數、辨存佚、辨版本。

該書體例嚴謹、考證精詳，後世學者評價極高。梁啓超在《中國近三百年學術史》中稱："孫仲容之《温州經籍志》，實將來作《温州志》者所不能復加。"余嘉錫《目録學發微》曰："至孫詒讓之《温州經籍志》，斟酌諸家，擇善而從，條貫義例，益臻邃密矣。"

郡邑之志經籍者，蓋土訓之駢枝，書録之流裔也。關東風俗之傳，墳籍成篇；北周宋孝王《關東風俗傳》有《墳籍志》，見劉知幾《史通・書志篇》。嘉泰會稽之志，遺書有録。方志書目，此其權輿，元明舊記，多沿兹作。厥後撰著漸繁，記載難悉，遂創專志，别帙單行。簿録之體，不淆釋地；徵文之例，斯爲宏焉。地志書目另爲專書，不知始於何時。黄虞稷《千頃堂書目》十，有祁承㸁《兩浙著作考》四十六卷、曹學佺《蜀中著作記》一卷。周天錫《慎江文徵》三十八載明永嘉姜准亦有《東嘉書目考》，諸書均不傳，無由知其體例。洪亮吉《更生齋甲集》三有邢澍《全秦藝文録叙》，稱其書仿《歷史藝文志》而參以《經義考》之例，今亦未見其書。温州自唐以來，魁儒瑋學，纂述斐然。而《圖經》所載，僅具書名，不詳崖略，疏漏舛謬，研討靡資。惟乾隆《平陽縣志》、道光《樂清縣志》經籍一門略存叙跋，湯成烈咸豐《永嘉縣志稿》體裁淵雅，其《藝文録》全用朱氏《經義考》之例，然所記者止於一縣，且永嘉諸儒遺書，湯多未見，故亦未能詳備。今特爲補輯，勒成斯編，粗存辜較，兼拾闕遺。匪敢謂梓桑文籍盡備於斯，然唐宋而後，嘉道以前，凡人尚存者，著述不收，謹遵《四庫總目》例也。耳目所及者，亦略具矣。

中壘校書，是有《别録》，釋名辨類，厥體綦詳，後世公私書録，率有解題。自汴宋之《崇文》，逮熙朝之《四庫》，目諵所及，殆數十家，大都繁簡攸殊，而軌轍不異。至於篇題之下，晵迻叙跋，目録之外，采證群書，《通考・經籍》一門實創兹例。朱氏《經義考》祖述馬書，益恢郛郭，甑其擇撢群藝，研核臧否，信校讎之總彙，考鏡之淵藪也。此書之作，意存晐備。故輒遠軌鄱陽，近宗秀水，庶廣甄録，用備考稽。

劉《略》班《藝》，類分以六，厥後荀勖創四部之名，王儉樹《七志》之目，分别部居，雜而不越。勝朝地志，所紀藝文，多以人次，此例亦不知昉於何書，宋高似孫《剡録》載戴、阮、王、謝四家著述，各以族姓相次，又與此不同。義類紛舛，實乖史裁。蓋經藝異軌，史子殊原，不有區分，曷資參證，故此編分類，一遵四部。至於子目分合，古録多殊，惟乾隆《四庫總目》辨識最精，配隸尤當，今之編纂，實奉爲圭臬焉。《總目》所出子目，其書或温州著述所無者，則依孫星衍《廉石居藏書記》例，標曰"某類無"。

目録之别存佚，自唐釋智升《開元釋教録》始也。朱氏沿厥舊規，增成四目。存佚之外，有曰闕者，篇簡俄空，世無完帙也，有曰未見者，弆藏未絶，購覓則難也。四者昈分，實便檢斠。然存闕並憑目驗，不慮訛舛。惟未見與佚，雖著録有無，足爲左契，而時代遷易，未可刻舟。朱書之例，原始明代，逮於國初，志録所收，若偶未見，並不注佚。今去朱氏幾二百年，上泝勝朝尤爲遼邈，豈無瑋篇珍帙，晦而復顯，昔艱尋購，今則通行，而隱秘之書，湮没已久，傳播殆絶，無事存疑，故此編未見之書，所據藏目，斷自昭代，明人所記，並入佚科。凡明時有刊本者，雖國朝諸目未經著録，亦注“未見”。又黄氏《千頃堂書目》，所收明人書至博，然多存虚目，不必真有藏本。故雖時代匪遥，其不詳卷帙者並注曰“佚”。更有書匪目睹，而傳帙確存者，如《四庫全書》庋儲天府，釋道兩家，各有專藏，釋書據雍正中藏經館所刊《龍藏彙記》，道書據明白雲霽《道藏目録詳注》。不必經覽，即定爲存，分别觀之，是在鴻博。

網羅放失，有異鑒藏，書不盡存，目宜徵實。唐修《五代經籍志》，附注亡書，悉據梁有，梁有者，阮孝緒《七録》所有也。朱氏《經義考》所記卷數，多援史志，實事求是，此爲精例。是編廣意搜尋，必求審諦，凡隱篇秘笈，久無傳本者，苟著在前録，悉注行間，書目所無，别據它書録入者，亦注所出之書，其據萬曆《温州府志》、雍正《浙江通志》及近時府、縣志録者，見明《志》，則不注近志，見《通志》，則不注府、縣志，以省繁冗。書名卷帙校核異同，並仿此。用楬采摭之本原，且證淪佚之時代。其見存舊帙，紀述稠疊，博引繁稱，有類旒綴。然如經籍、藝文，史家專志，晁、陳、鄭、馬儲藏古目，以及乾隆《四庫》，提全書之綱要，晉江《千頃》，萃五史之闕文，《千頃堂書目》原本實《明史・藝文志》稿，見朱彝尊《明詩綜》八十九，及盧文弨《抱經堂文集》七，其所載書較官撰《明史》更爲精博，至每類後所附宋、遼、金、元人書，則又以補四史之闕略。故雖出近代，實目録家要帙也。並鈐鍵藝林，津逮文苑。凡卷帙異同，流傳廣狹，是實足徵，不宜從略。故今凡遇此諸目所收，無論存亡，並爲詳注也。《宋志》所無者取倪燦《補志》《元史》無《藝文志》，亦取錢大昕《補志》。趙希弁《讀書附志》本附晁《志》之後，今亦與晁《志》一律録入。

古書流傳浸遠，遞更鈔梓，名淆於婁刻，卷異於重編，苟不辨其原流，將至展卷茫昧。此志於見存之書，標題卷數，悉遵舊本，其有新刊重定，篇第差互，則附注下方，使先後昭晰，優劣粲然。至於亡編逸籍，敘録多岐，省易分併，尤難鈎核。今則據舊目以溯厥初，證群籍以廣其異。名期從朔，卷必徵全，附斠駁文,用資考核。

彭城《史通》,首論限斷,地志書目,蓋亦宜然。世俗崇飾人文,恒多假借,總其凡最,厥有二端:一曰僑寄,一曰依託。蓋郡邑之人,遷徙無常;父子之間,籍貫頓異。如不有界域,則一卷之中,人殊燕越,體例蕪雜,不足取信。此編所收文籍,區別特嚴。大抵自内出者,録父而删子,如經部録葉味道《儀禮解》而子部不録葉采《近思録注》之類。以父尚温産,子則異籍也。自外入者,録子而缺父,如集部録徐璣《二薇亭詩》,而經部不録徐定《春秋解》之類。以子已土著,父猶寓公也。至如僞作新編,嫁名前哲,研究既難,采録宜審。今凡遇鈔迻舊籍,確有主名,如鄭景望《蒙齋筆談》即鈔葉夢得《巖下放言》僞作之類。並搜厥根荄,概從芟發。其有書非襲舊,人實傳疑,如《周禮詳説》題"王十朋"之類。則始爲綴録,以俟參定。凡此諸類,舊存今削者,更加疏證,别爲《辨誤》。庶知刊剟有由,異於逞臆棄取。其郡縣志未載,而它書誤題温州人者,亦附辨之,恐後人不考,誤據以補入也。

敘跋之文,雅俗雜糅,宋元古帙,傳播浸希,自非繆悠,悉付掌録,明氏以來,略區存汰。大抵原流綜悉,有資考校,義旨閎眇,足共誦覽,凡此二者,並爲捃采。或有胥士剿剽,雅馴既少,書林炫鬻,題綴猥多,則僅存凡目,用歸簡要。張氏《藏書志》於習見之書序跋皆僅存目,今略仿其例。若編帙既亡,孤文僅在,則縱有疵纇,不廢迻謄。復以馬、朱兩《考》,凡録舊文,不詳典據,沾媢塗竄,每異本書,偶涉讎勘,輒滋岐牾。今亦依張《志》之例,凡舊編具在者,並迻寫元文,不削一字,年月系銜,亦仍其舊。凡敘跋文字,從它書采入者,並依朱《考》,於文首揭著某某敘跋,其據本書甄録者,既備載全文,則姓名已具,故不復冠以某某敘跋之題,亦張氏《藏書志》例也。其有名作孤行,散徵它籍者,則備揭根抵,並著卷篇,庶使覽者得以討原,不難復檢。至於辨證之語,刺剟叢殘,實難稽核。朱《考》概標某曰,尤爲疏略,今則直冠書名,用懲臆造,謝啓昆《小學考》已有此例,特此書名下兼及卷數,與彼小異耳。有删無改,亦殊專輒。

禄利興而經義濫,風俗敝而小説滋。斠緝藝文,别裁宜審,而《千頃書目》附制舉於總集,《百川書志》入傳奇於别史,榛楛勿剪,宏達所嗤。此編搜羅務廣,甄擇特嚴,凡此兩門,雖古帙流傳,輒從删汰,若高明《琵琶記》、項喬《義則》、劉康祉《四書孤嶼草》之類,今並不收。庶使野言詭説不淆文史。至於譜牒一類,古志例收,然隋、唐以前,崇尚氏族,斜上旁行,悉登官簿。自譜學淪廢,私書繁雜,前創後修，此分彼合，篇帙日增，不可殫究。故《四庫總目》不立此目，分韻編姓，帙附類書，舊志於家牒間登一二，今並削之。

詔定官書，雜成衆手，史志所著撰人，或惟主監修，或僅題經進，理無專屬，達例未聞，況復斷地如書，方隅攸限，凡在兹科，宜從蓋闕。至於遊宦名賢，實多載述。如緝之《郡記》，開編譜之閎規；子温《桔録》，萃永嘉之珍産。考徵所藉，捋輯須詳。然主客之間，當有畛域，而温州舊志，並與本郡著述相廁，尤爲無例，今别録爲《外編》一卷，以爲搜討舊聞之助。

兩漢經儒，學有命氏，劉、班所載，師法焯然。朱《考》凡所標揭，以氏系名，例雖創立，意則同貫。此編所記，不盡詁經之書，竊取敬鄉之義，故所稱述並沿朱例。至朱《考》薈粹群書，雖區世代，然不標明，易滋淆舛，今各加識别，俾尋覽了如。一代之人，或有先後，則並據科第、生卒之年略爲排比。《千頃堂書目》别集一類，悉以科第先後分别著録，然鄉解與會試錯出無緒，遞多重復。今悉依舉人題名爲次，庶可較若畫一。至雍正《通志》及萬曆、乾隆二《府志》選舉一門，科榜先後，每多乖異，則並依萬曆《府志》爲正。諸貢及無科第者，並約其時代附於其後。其有義士逸民，身遘易姓，苟節崇肥遁，則仍系故朝，若宋林景熙、元朱希晦之類。謹遵《四庫總目》例也。至於姓氏久湮，事實不著者，則附一代之末，用俟考定，再爲叙次。

寫録之次，馬、朱互異。貴與殫心舊録，故叙跋系晁、陳之後；錫鬯博綜佚聞，則傳狀冠志目之前。凡此科條，未爲允協，今之寫定，輒爲更張。大抵每書之下，叙跋爲首，目録次之，評議之温州語又其次也。其有遺事叢談，略綴一二。苟地志已具，則無貴繁徵。凡《通志》、府、縣志有傳者，並不復詳其事跡。至於申證精奥，規檢僞誤，一得之愚，不敢自秘，殿於末簡，以質大雅。乙巳之夏，屬稿伊始，寒暑再更，條緒粗立。凡爲卷三十有三，外編二卷，辨誤一卷附焉。著於録者一千三百餘家，所目見者十一而已。自知徒殫糾集之勤，未窺述作之旨。紕繆奪漏，懼弗克免，用俟方聞，理而董之。

# 第二章　版本學選讀

## 經籍會通(節選)

胡應麟

《經籍會通》四卷，分別記載了古籍的聚散存亡、目録書分類的發展演變、佚書輯佚與僞書辨僞、明代書籍流通情況與各地刻書的優劣等。本文節選自卷四《述見聞》，胡氏對各地刻書質量進行了評價，並提出了他所認爲的衡量善本的標准。

凡刻之地有三：吴也，越也，閩也。蜀本宋最稱善，近世甚希。燕、粤、秦、楚今皆有刻，類自可觀，而不若三方之盛。其精，吴爲最，其多，閩爲最，越皆次之。其直重，吴爲最，其直輕，閩爲最，越皆次之。

凡印書，永豐綿紙上，常山柬紙次之，順昌書紙又次之，福建竹紙爲下。綿貴其白且堅，柬貴其潤且厚，順昌堅不如綿，厚不如柬，直以價廉取稱。閩中紙短窄黧脆，刻又舛訛，品最下而直最廉。余筐篋所收什九此物，即稍有力者弗屑也。

近閩中則不然，以素所造法演而精之。其厚不異於常，而其堅數倍於昔，其邊幅寬廣亦遠勝之。價直既廉而卷軸輕省，海内利之。順昌廢不售矣。

餘他省各有産紙，余弗能備知。大率閩、越、燕、吴所用刷書，不出此數者。燕中自有一種紙，理粗龐，質擁腫而最弱，久則魚爛，尤在順昌下，惟燕中刷書則用之。惟滇中紙最堅。家君宦滇，得張愈光、楊用修等集，其堅乃與絹素敵，而色理疏慢蒼雜，遠不如越中。高麗繭絶佳，純白滑膩如舒雪、如匀粉、如鋪玉，惟印記用之。

凡書之直之等差，視其本、視其刻、視其紙、視其裝、視其刷、視其緩急、視其有無。本視其抄刻，抄視其訛正，刻視其精粗，紙視其美惡，裝視其工拙，印視其初終；緩急視其時，又視其用；遠近視其代，又視其方。合此七者，參伍而錯綜之，天下之書之直之等定矣。

凡本，刻者十不當抄一，抄者十不當宋一，三者之中自相較，則又以精粗久近、紙之美惡、用之緩急爲差。凡刻，閩中十不當越中七，越中七不當吴中五，吴中五不當燕中三。此以地論，即吴、越、閩書之至燕者，非燕中刻也。燕中三不當内府一。五者之中自相較，則又以其紙、其印、其裝爲差。

凡印，有朱者、有墨者、有靛者，有雙印者、有單印者。雙印與朱，必貴重用之。凡板漶滅，則以初印之本爲優。凡裝，有綾者、有錦者、有絹者，有護以函者，有標以號者。吴裝最善，他處無及焉。閩多不裝。

有裝印紙刻絶精而十不當凡本一者，則不適於用，或用而不適於時也。有描殘斷裂而直倍於全者，有模糊漶滅而價增於善者，必代之所無與地之遠也。夫不適於時者遇，遇則重；不適於用而精焉，亦遇也。噫！

## 讀書敏求記（節選）

錢　曾

《讀書敏求記》是清初善本解題書目的代表作，共四卷，卷一爲經、禮樂、字學、韻書、書、數、小學，卷二爲史、時令、器用、食經、種藝、豢養、傳記、譜牒、科第、地理輿圖、別志，卷三爲子、雜家、農家、兵家、天文、五行、六壬、太乙、奇門、曆法、卜筮、星命、相法、宅經、葬書、醫家、針灸、本草方書、傷寒、攝生、藝術、類家卷四爲集、詩集、總集、詩文評、詞，基本對應經、史、子、集的格局。

該書著録了錢曾所藏的善本，解題内容多對作者、作品进行評論與考證，尤其側重版本鑒定。錢曾在古籍版本鑒定上摸索出了一定的規律，即通過對版式、紙張、墨色、藏書印、序跋等方面的考查，來鑒定古籍刊刻的時代，在古籍版本學上具有開創性價值，也豐富了解題提要的著録内容，促進了目録學的發展。姚名達贊其"在目録學史中，實爲奠定版本學基礎之作，善本目録莫之先焉"。

但是《讀書敏求記》存在考證不精的弊病，《四庫全書總目提要》對其多有貶斥，"編次無序，品評多誤"；同時在流傳過程中經過多次傳抄，出現的訛誤較多。管庭芬、章鈺對該書進行了細致校勘與考證，傅增湘亦對該書進行了批注，做了大量訂補的工作。

## 何晏論語集解十卷

童年讀《史記・孔子世家》引子貢曰："夫子之文章，可得聞也；夫子之言天道與性命，弗可得聞也已。"又讀《漢書・列傳四十五卷贊》引子貢云："夫子之言性與天道，不可得而聞已矣。"竊疑古文《論語》與今本少異，然亦無從辨究也。後得高麗抄本何晏《論語集解》。檢閲此句，與《史》《漢》適合。因思子貢當日寓嗟歎意於不可得聞中。同颜子之"如有所立卓爾"，故以"已矣"傳言外微旨，若脱此二字，便作了語，殊無低徊未忍已之情矣。他如"與朋友交，言而不信乎"等句，俱應從高麗本爲是。

此書乃遼海蕭公諱應宫監軍朝鮮時所得。甲午初夏，予以重價購之於公之仍孫，不啻獲一珍珠船也。筆畫奇古，似六朝初唐人隸書碑版，居然東國舊抄。行間所注字，中華罕有識之者。洵爲書庫中奇本。卷末二行云："堺浦道祐居士重新命工鏤梓，正平甲辰五月吉日謹志。"未知正平是朝鮮何時年號，俟續考之。

蕭公幼時與吾曾祖侍御秀峰公，同居邑之西鄉，每相約入城，歸時對坐殿橋上，攜象戲下三四局，起望城中而歎："瓦如魚鱗，他時何地受一廛著我兩人耶!"後竟各遂其志。蕭居城東，吾祖居城西。高門綽楔，衡宇相望，未及百年而蕭氏式微。吾祖後蘭锜依錡，流風未艾。循覽此書，回環祖德，子孫其念之哉！子孫其敬之哉！

## 考古圖十卷續考古圖五卷釋文一卷

汲郡吕大臨論次《考古圖》成，並識古器所藏於目録後。秘閣、太常、内藏外，列三十七家，即後記謂閱之士大夫，得傳摹圖寫者，蓋非朝伊夕矣。其《續圖》五卷，《釋文》一卷，《文獻通考》俱不載。豈貴與暨諸藏書家都未見此本耶？間以元刻讎校，牴牾脱落，幾不成書。此係北宋鏤版，予得之梁溪顧修遠，洵縹囊中異物也。後爲季滄葦借去，屢索不還，耿耿掛胸臆者數年。滄葦歿，此書歸之徐健庵，予復從健庵借來，躬自摹寫，其圖像命良工繪畫，不失毫髮，楮墨更精於槧本。閲之沾沾自喜。嗟嗟！此書得而失，失而復得，繕寫成帙，予之嗜好，可謂勤矣！然聚散何常，終歸一慨，學者唯以善讀爲善藏可耳。

## 颜氏家訓七卷

《颜氏家訓》流俗本止二卷，不知何年爲妄庸子所殽亂，遂令舉世罕睹原書。近代刊行典籍，大都率意劖改，俾古人心髓面目，晦昧沉錮於千載之下，良可恨也。嗟嗟！秦火之後，書亡有二，其毒甚於祖龍之炬。一則蒙師之經解，逞私説，憑臆見，專門理學，人自名家，漢、唐以來，諸大儒之訓詁注疏，一概漫置不省，經學幾幾乎滅熄矣。一則明朝之帖括，自制義之業盛行，士子專攻此以取榮名利禄，《五經旁訓》之外，何從又有《九經》《十三經》，而況"四庫書籍"乎？三百年來，士大夫劃肚無書，撑腸少字，皆制義誤之，可爲痛惜者也。

是書爲宋人名筆所録，淳熙七年，嘉興沈揆取閣本、蜀本互爲參定。又從天台故參知政事謝公所校五代和凝本，辨析精當，後列《考證》二十三條爲一卷。沈君學識不凡，讎勘此書，當時稱爲善本，兼之繕寫精妙，古香襲人，置之幾案間，真奇寶也。

## 元氏長慶集六十卷

弘治元年，楊君謙抄《微之集》，行間多空字，蓋以宋本歲久漫滅，而不敢益之也。《代書詩一百韻》"光陰聽話移"後全闕，乃宋本脱去二葉，故無從補入耳。嘉靖壬子，東吴董氏用此本翻雕，而以己意妄填空字，可資捧腹。亂後，牧翁得北宋刻《微之全集》於南城廢殿，向所闕誤，一一完好，遂校之於此本，手自補寫脱簡。

### 中興閒氣集二卷

渤海高仲武自至德元首終大曆暮年,采二十六人詩,總一百三十二首,命曰《中興閒氣集》,每人冠以小序,鑒公衡平,果自鄶以下,非所敢隸焉。此本從宋刻摹寫,字句絶佳,即如朱灣《詠三》詩首句:“獻玉屢招疑。”三獻玉也。次云:“終朝省復思。”三省三思也。頷聯:“即哀黄鳥興,還復白圭詩。”三良三復也。頸聯:“請益先求友,將行必擇師。”益者三友,三人行也。結云:“誰知不鳴者,獨下仲舒帷。”三年不鳴,三年不窺園也。後人不解詩義,翻疑“三”爲訛字,妄改題曰《詠玉》,凡元板至明刻本皆然。不知唐人戲拈小題,偶吟一律,便自雋永有味,非若今之人詩成而後著題也。世有玄對吾語者,始可與言詩矣。

## 張之洞論版本

張之洞

張之洞爲清末著名學者,其所編纂的舉要性目録《書目答問》,在版本目録學發展史上具有重要作用。《書目答問》的編纂目的,在於指導諸生治學應讀何書以及選擇何種版本。在版本的選擇上,張之洞站在學術利用的角度,重視書籍文本的完整性與準確性,同時注重通行易得,而不刻意追求稀見版本。而且在《輶軒語》中,張之洞明確提出了善本的三大標準,影響了古籍善本觀的進步與完善。

### 讀書宜求善本

善本非紙白、板新之謂,謂其爲前輩通人用古刻數本精校細勘付刊,不訛不缺之本也。此有一簡易之法,初學購書,但看序跋,是本朝校刻,卷尾附有校勘記,而密行細字、寫刻精工者,即佳。

善本之義有三:一,足本;無闕卷,未删削。二,精本;一精校,一精注。三,舊本。一舊刻,一舊抄。

## 書目答問略例

諸生好學者來問應讀何書，書以何本爲善。偏舉既嫌罣漏，志趣學業亦各不同，因録此以告初學。

讀書不知要領，勞而無功；知某書宜讀而不得精校、精注本，事倍功半。此編所録，其原書爲修四庫書時所未有者十之三四。四庫雖有其書，而校本、注本晚出者十之七八。今爲分别條流，慎擇約舉，視其性之所近，各就其部求之；又於其中詳分子目，以便類求；一類之中，復以義例相近者使相比附；再叙時代，令其門徑秩然，緩急易見。凡所著録，並是要典雅記，各適其用。皆前輩通人考求論定者。總期令初學者易買易讀，不致迷罔眩惑而已。弇陋者當思擴其見聞，泛濫者當知學有流别。

凡無用者、空疏者、偏僻者、淆雜者不録，古書爲今書所包括者不録，注釋淺陋者、妄人删改者、編刻訛謬者不録，古人書已無傳本、今人書尚未刊行者不録，舊槧舊鈔偶一有之、無從購求者不録。若今人著述有關經史要義，確知已成書者，間附録其書名，以備物色，且冀好事爲刊行之。

經部舉學有家法、實事求是者，史部舉義例雅飭、考證詳核者，子部舉近古及有實用者，集部舉最著者。每一類之後，低一格者爲次録。

多傳本者舉善本，未見精本者舉通行本，未見近刻者舉今日見存明本。子、史小種多在通行諸叢書内，若别無精本及尤要而希見者，始偶一舉之。有他善本，即不言通行本。凡云又某本者，有異同。

近人撰述，成而未刊、刊而未見者尚多，要其最著者約略在是。至舊籍習聞者，此録未及，其書可緩。京師藏書，未在行篋，蜀中無從借書訂補，俟諸他日。

兹乃隨手記録，欲使初學便於翻檢，非若藏書家編次目録，故不盡用前人書目體例。《學海堂》本即《皇清經解》《津逮》本即《津逮秘書》《問經堂》本即《問經堂叢書》，皆取便省，他叢書仿此。官書據提要稱臣工編輯者，止注敕編，以别於御撰。

《漢書·藝文志》有互見例，今於兩類相關者，間亦互見，注其下。

凡不書時代者，皆國朝人。此爲求書計，故生存人著述亦有録者，用《經世文編》例，録其書，闕其名。

所舉二千餘部，疑於浩繁，然分類以求，亦尚易盡，較之泛濫無歸者則爲少矣。諸生當知其約，勿駭其多。

# 葉德輝論版本

葉德輝

葉德輝《書林清話》《書林餘話》爲筆記體的版本學著作，對中國古籍雕版印刷的産生、古籍版本的基本常識、歷代版刻的主要特徵、古代官私刻書的基本情況、不同時期版本的優劣，以及相關的書林掌故等進行了論述。《藏書十約》則是其爲子孫所立的藏書規矩，包括購置、鑒别、裝潢、陳列、抄補、傳録、校勘、題跋、收藏、印記十個方面的内容，皆藏書家經驗之談。其中，在購置、鑒别兩節中，葉德輝一一指明了進行最基本的藏書活動時，應該選擇何書何版本，頗具指導性。

## 刀刻原於金石

凡物之初，無不簡樸。草衣卉服，而後有冠裳；巢居穴處，而後有宫室；汙尊抔飲，而後有樽罍；結繩畫卦，而後有文字。惟刻工亦然，刻竹削牘，鏤金勒石，皆以刀作字之先河。然紀事多用竹木，《漢書·東方朔傳》："奏三千奏牘。"此古人公牘用木刻字之證。又姚方興於大航頭得《舜典》二十字，此亦木刻之僅存者。紀功專用金石，古鼎彝金器字，有範鑄者，有刀刻者，漢印亦然。今之所謂單刀法者，即當時刻印也。劃然二途，各有體也。

漢末蔡邕書《九經》，刻石鴻都太學，是爲以石刻經之始。自後魏三體之《尚書》《左傳》，唐石臺之隸書《孝經》，皆在開成《十二經》之先。以其時未知刻版之利便也。唐開元御書《道德經》，今易州石刻，乃其舊本。以石刻子，殆始於此時，然實胚胎於六朝厓峪、石幢之刻佛經，蓋魏晉以後，佛老大行，其刻《道德經》乃重釋老，非刻諸子也。故論有唐一代文治之盛，全在初盛之時。石刻既繁，木版亦因之而出。《柳玭訓序》所云："蜀時書肆，字書小學，率雕版印紙。"可見當時蜀刻之廣。迨乎末造，五季雕匠人役，學有專門，《六經》《文選》大部書，亦遂層出不窮，非復墨拓紙鈔之多所濡滯矣。夫石刻氈椎，曠工廢日，裝潢褾背，費亦不貲。因是群趨於刻板之一途，遂開書坊之利藪。此亦文治藝術由漸而進之效也。

吾嘗言漢儒以後有功經傳者三人，一爲劉歆，一爲蔡邕，一爲馮道。有劉歆之《七略》，班固乃得因之爲《藝文志》，於是經師不傳之本，可以睹其目而知其人，此功之至大者也。其次則蔡邕之刻石，俾士人得睹全經。馮道之刻板，俾諸經各有讀本。兩廡特豚之祀，與其爲語録空談之儒所竊據，何若進此三人之饜人心志哉。雖然，此三人者，一則臣事王莽，一則失身董卓，一則爲五姓恩榮之長樂老，至今爲人口實，不可稍爲之寬假。是則出處之際，又不可不自審已。

## 板本之名稱

先祖宋少保公《石林燕語》八云："唐以前凡書籍皆寫本，未有模印之法，人以藏書爲貴。人不多有，而藏者精於讎對，故往往皆有善本。學者以傳録之艱，故其誦讀亦精詳。五代馮道始奏請官鏤《六經》板印行。國朝淳化中，復以《史記》、前後《漢》付有司摹印。自是書籍刊鏤者益多，士大夫不復以藏書爲意。學者易於得書，其誦讀亦因滅裂。然板本初不是正，不無訛誤。世既一以板本爲正，而藏本日亡，其訛謬者遂不可正，甚可惜也。余襄公靖爲秘書丞，嘗言《前漢書》本謬甚，詔與王原叔同取秘閣古本參校，遂爲《刊誤》三十卷。其後劉原父兄弟，兩《漢》皆有《刊誤》。余在許昌，得宋景文用監本手校《西漢》一部，末題用十三本校，中間有脱兩行者，惜乎今亡之矣。"

據此而論，雕板謂之板，藏本謂之本。藏本者，官私所藏，未雕之善本也。自雕板盛行，於是板本二字合爲一名。宋岳珂《九經三傳沿革例》書本内列有晉天福銅版本，此板本二字相連之文。然珂爲南宋末人，是時版本之稱沿用久矣。而近人言藏書者，分目録、板本爲兩種學派。大約官家之書，自《崇文總目》以下，至乾隆所修《四庫全書總目提要》，是爲目録之學。私家之藏，自宋尤袤遂初堂、明毛晉汲古閣，及康、雍、乾、嘉以來各藏書家，斷斷於宋、元本舊鈔，是爲板本之學。然二者皆兼校讎，是又爲校勘之學。本朝文治超軼宋、元，皆此三者爲之根柢，固不得謂爲無益之事也。

昔顧澗蘋跋《蔡中郎文集》云："書以彌古爲彌善，可不待智者而後知矣。乃世間有一等人，其人蕘翁門下士也。必謂書毋庸講本子。噫！將自欺耶，欺人耶？敢書此以質蕘翁。"跋載《黄記》。蕘翁有此門下，亦可謂失傳衣缽矣。同年友某嘗與吾笑談，謂平生不知板本，但見其書有字即讀。吾戲語之曰："君所讀書皆無字。"是亦各明一義矣。

## 宋刻書多訛舛

王士禎《居易録》二云："今人但貴宋槧本，顧宋板亦多訛舛，但從善本可耳。如錢牧翁所定杜集《九日寄岑參》詩，從宋刻作'兩腳但如舊'，而注其下云陳本作'雨'。此甚可笑。《冷齋夜話》云：老杜詩'雨腳泥滑滑'，世俗乃作'兩腳泥滑滑'。此類當時已辨之，然猶不如前句之必不可通也。"

吾謂不特此也。如盧文弨《抱經堂文集》所跋《白虎通德論》，宋刻二卷本，開卷即訛"通德"爲"建德"。陸《志》載宋刻任淵注《山谷黄先生大全詩注》二十卷，前序稱紹興鄱陽許尹叙，紹興下脱年月。均爲可笑。又陸《跋》宋本《王右丞集》十卷云："卷六末有跋，凡七十餘字，爲元以後刊本所無。卷五《送梓州李使君》'山中一半雨'，不作'山中一夜雨'，與《敏求記》所記宋本同。惟卷二《出塞作》脱二十一字，不免白璧微瑕耳。"然如此類，豈僅微瑕，實爲大謬。

錢《日記》載宋蔡夢弼刻《史記》，目録後題識稱"乾道七月春王正上日書"，七月"月"字爲"年"之訛。繆《續記》載宋阮仲猷種德堂本《春秋經傳集解》，前牌子方印文"了無窒礙"，"窒"誤作"室"。此雖小誤，則其校讎不善可知。且又安知書中如此類者，不爲佞宋者所諱言乎？古今藏書家奉宋槧如金科玉律，亦惑溺之甚矣。

陸《續跋》有宋槧宋印建本《北史》一百卷，云："光宗時刊本，紙白如玉，字體秀勁，與福建蔡氏所刊《草堂詩箋》《史記》《陸狀元通鑒》《内簡尺牘》相似，當亦蔡行父文子輩所刊。校讎不精，訛羼所不能免，在宋刊中未爲上乘。"陸《志》有《管子》二十四卷，爲陸敕先貽典校宋本，其後跋云："古今書籍，宋板不必盡是，時板不必盡非。然較是非以爲常，宋刻之非者居二三，時刻之是者無六七，則寧從其舊也。余校此書，一遵宋本，再勘一過，復多改正。後之覽者，其毋以刻舟目之。康熙五年歲次丙午五月七日，敕先典再識。"然則前輩校書，並不偏於宋刻，是又吾人所當取法矣。

（選自《書林清話》）

## 購置一

置書先經部，次史部，次叢書。經先《十三經》，史先《二十四史》，叢書先其種類多、校刻精者。初置書時，豈能四部完備，於此入手，方不至誤入歧途。宋、元刻本，舊抄名校，一時不能坐致，尋常官板、局板，每恨校勘不精，今有簡易之法，尚不近於濫收。

經有明南監本，皆雜凑宋監、元學諸刻而成，其書亦尚易覯；而北監本、毛晉汲古閣本次之。此板之舊者，爲乾、嘉以前學者通用之書。官刻有武英殿本爲最佳，廣東翻刻則未善。嘉慶末年，阮文達元以家藏宋、元本注疏，及單注、單疏合校刻於南昌府學，凡諸刻文字之異同，各爲《校勘記》附後。而於書中文字異同之處，旁刻墨圈識之，依圈以檢校勘，讀一本而衆本皆具。此在宋岳珂刊《九經三傳例》外，別開一徑，啓人神悟，莫善於斯。後來各省翻刻，盡去其圈，實爲乖謬，刻一書而一書廢。寧可闕如，不可取以充數也。

史以明南監《二十一史》爲善，其板雜凑宋監、元路諸本而成。惟其板自明以來，遞有補修，國朝嘉慶時，其板尚在江寧藩庫。明正德時，印本補板尚少，難得其全。嘉靖、萬曆後，修板多諸生罰項爲之，最爲草率。而北監本之脱誤，尤爲荒唐。沈德符《野獲編》云："諸史校對鹵莽，訛錯轉多。至於遼、金諸《史》，缺文動至數葉，俱仍其脱簡接刻，文理多不相續，即謂'災木'可也。"毛晉汲古閣僅刻《十七史》，中有據宋本重雕者，惜亦不全。或以邵經邦《弘簡録》續之，究屬不類。故南監本外，則以武英殿刻本爲完全。當時館臣校刊，多據宋刻善本，又處分頗嚴，故訛誤遂少。若得明南監正德前後本，宜以明聞人詮刻《舊唐書》、武英殿活字聚珍本《舊五代》、康熙原修《明史》，配合以成全書，不宜以尋常習見之本羼入也。

叢書則明弘治間華珵重印宋左圭《百川學海》、程榮《漢魏叢書》、毛晉《津逮秘書》《武英殿聚珍板叢書》、福州、江西江均有重刻，福州最全，浙刻最少。及今訪求殿印原本，尚不甚難。鮑廷博《知不足齋叢書》、潘仕誠《海山仙館叢書》、伍崇曜《粤雅堂叢書》，其書多而且精，足資博覽。俟有餘力，徐求他刻叢書及單行善本、舊刻名抄。於是次第收藏，舉古今四部之書，皆爲我有矣。

## 鑒别二

四部備矣，當知鑒别。鑒别之道，必先自通知目録始。目録以《欽定四庫全書總目提要》、阮文達元《研經室外集》即《四庫未收書目》，兹從全集原名。爲途徑。不通目録，不知古書之存亡；不知古書之存亡，一切僞撰抄撮、張冠李戴之書雜然濫收，淆亂耳目。此目録之學所以必時時勤考也。欲知板刻之良否，前有錢曾《讀書敏求記》，所見古子雜家，足資多識，而於刊刻年月、行格字數，語焉不詳。惟張金吾《愛日精廬藏書志》、黄丕烈《士禮居題跋記》以下，近有聊城楊紹合海源閣《楹書隅録》、常熟瞿鏞《鐵琴銅劍樓書目》、仁和丁丙《善本書室藏書志》、歸安陸心源《皕宋樓藏書志》，張、瞿、丁、陸四家之目，全抄各書序跋，最足以資考據。所謂海内四大藏書家者；又有揭陽丁日昌《持静齋書目》、日本森立之《經籍訪古志》宜都楊守敬刻有《日本訪書志》《留真譜》書，可備參考，不盡可據。此數家者，皆聚乾、嘉諸老之精華，收咸豐兵燹之餘燼，雖宋槧名抄，不免一網打盡。然同時傳校之本，及北方故家百年未出之書，如劍氣珠光，時時騰躍。余藏子、集兩部，多得之商丘宋氏、諸城劉氏。故諸家志目，雖不能供我漁獵之資，而實藏書家不可少之郵表也。

至於國朝諸儒校刻善本，罕有列於目者。然孫星衍《祠堂書目》時亦載之，倪模《江上雲林閣書目》、丁日昌《持静齋書目》所載漸夥。近人張文襄之洞《書目答問》，則專載時刻，便於讀者購求，依類收藏，可無遺珠之憾。

最要者，無論經、史、子、集，但係仿宋元舊刻，必爲古雅之書。或其書有國朝考據諸儒序跋題詞，其書亦必精善。明刻仿宋、元者爲上，重刻宋、元者次之。有評閲者陋，有圈點者尤陋。閔齊伋、淩濛初兩家所刻朱墨套印子、集各書，亦有評語圈點，而集部尚佳。抄本有元抄、明抄之分，有藍格、緑格、朱絲闌、烏絲闌之别，且有已校、未校之高低。元抄多薄繭，明抄多棉宣；元抄多古致，明抄多俗書。此就傭書者言之。名人手抄，則一朝有一朝之字體，一時有一時之風氣，明眼人自能辨之。證以書中避諱，始於某帝，終於何時，尤易辨别。金、元刻本，北宋膠泥活字本，均不避諱。重刻宋本多存舊諱，則以紙墨定之。有經名人手抄、手校者，貴重尤過於宋、元。有名人收藏印記者，非當時孤本，即希見之書。此類爲楊、瞿、丁、陸所未見者尚多。書攤廟集，時一遇之，是在有心人之勤於物色而已。

（選自《藏書十約》）

# 善本書室藏書志跋

丁　丙

《善本書室藏書志》爲清代杭州藏書家丁丙所編纂的善本解題書目。該書沿襲了《四庫全書總目提要》的部類劃分，詳細著録書名、卷數、作者、版本、行款、藏書印等信息，並在解題中收録原書序跋，考證作者生平、版本流傳，校勘書籍訛誤，體例嚴謹，考證精詳，實爲清末善本書目的代表。本書所選的丁丙自跋，提出了善本書室的“善本”標準，爲舊刻、精本、舊抄、舊校，重視古籍的實用價值，影響了後世的善本觀。

先君子喜藏書，南北往還，暑搜雪購，得數萬卷，半皆乾、嘉諸老篋中秘藏也。迨庚辛粤匪之劫，盡付劫灰，無一帙存者，至今思之有餘痛焉。惠陵登極，東南蕩平，故家舊籍幸免於兵火者十不得一，其或冷攤僻市，偶見數册，尤爲可貴，因偕伯氏重爲搜羅。

天水、蒙古之遺槧，名臣巨儒之手録，有明一代遺刻尤繁。擇其可珍者，約有四端，特築善本書室儲藏之。一曰舊刻。宋、元遺刊，日遠日鮮，幸傳至今，固以球圖視之。二曰精本。朱氏之朝，自萬曆後，剞劂固屬草草，然追溯嘉靖以前，刻書多翻宋槧，正統、成化刻印尤精，足本、孤本所在皆是。今搜集自洪武迄嘉靖，萃其遺帙，擇其最佳者，甄别而取之，萬曆以後間附數部，要皆雕刻既工，世鮮傳本者始行入録。三曰舊抄。前明姑蘇叢書堂吴氏、四明天一閣范氏二家之書，半係抄本，至國朝小山堂趙氏、知不足齋鮑氏、振綺堂汪氏，多影抄宋、元精本，筆墨精妙，遠過明抄，寒家儲藏將及萬卷，擇其尤異，始著於編。四曰舊校，校勘之學至乾、嘉而極精，出仁和盧抱經、吴縣黄蕘圃、陽湖孫淵如之手者，尤讎校精審。他如馮己蒼、錢求赤、段茂堂、阮文達諸家手校之書，朱墨燦然，爲藝林至寶，補脱文、正誤字，有功後學不淺，薈萃珍藏，如與諸君子面相質問也。

余自丁酉秋日養痾之暇，始分别部居，謹依四庫次第，每書列其文字異同之大致，名人收藏之源流，日積月累，札記遂多。兒子立中一一手録，裒然成

四十卷，名曰《善本書室藏書志》，以繼也是翁《敏求記》，張金吾愛日精廬、陸存齋皕宋樓二《藏書志》之後。後之子孫，念先世之勤劬，購置艱辛不易，必能倍加珍護，日有增益。或不僅録中所有而止。今此書校録既竣，爲書數語，以示兒輩，並以告修甫、道甫二侄也。

## 日本訪書志緣起

楊守敬

《日本訪書志》爲清末藏書家楊守敬撰寫的一部善本解題書目，主要著録其出使日本時所購置的書籍，解題中詳述行款、避諱、各版本間的異同以及藏弆源流等，並抄録了部分書籍的序跋，對森立之《經籍訪古志》中的著録錯誤糾謬。全書共著録書籍二百三十五種，絶大部分爲宋、元刻本以及古抄本，價值極高。《日本訪書志》與其他善本書目的最大不同，在於楊守敬重視海外所藏的古籍以及日本著述與日本刻本的價值。

余生僻陋，家鮮藏書，目録之學，素無淵源。庚辰東來日本，念歐陽公百篇尚存之語，頗有搜羅放佚之志，茫然無津涯，未知佚而存者爲何本。乃日遊市上，凡板已毀壞者皆購之，不一年遂有三萬餘卷。其中雖無秦火不焚之籍，實有奝然未獻之書。因以諸家譜録參互考訂，凡有異同及罕見者，皆甄録之。夫以其所不見，遂謂人之所不見，此遼豕所以貽譏，然亦粗有秘文墜簡，經余表章而出者，不可謂非采風之一助也。

日本舊有鈔本《經籍訪古志》七卷，近時澀江道純、森立之同撰。所載今頗有不可蹤跡者。然余之所得爲此志之所遺，正復不少。今不相沿襲，凡非目睹者，別爲《待訪録》。

《訪古志》所録明刊本，彼以爲罕見，而實我國通行者，如劉節之《藝文類聚》，安國、徐守銘之《初學記》，馬元調之《元白集》之類，今並不載。亦有彼國習見，而中土今罕遇者，又有彼國翻刻舊本而未西渡者，茲一一録入。

《經義考》每書載序跋，體例最善，《愛日精廬藏書志》遂沿之。茲凡《四庫》未著録者，宋、元以上並載序跋，明本則擇有考證者載之。行款、匡廓亦詳於宋、元，而略於明本。

日本古鈔本以經部爲最，經部之中，又以《易》《論語》爲多。大抵根原於李唐，或傳鈔於北宋，是皆我國所未聞。其見於《七經孟子考文》者，每經不過一二種，實未足概彼國古籍之全。

《考文》一書，山井鼎校之於前，物觀又奉敕校之於後，宜若彼國古本不復有遺漏。不知《考文》刊於享保中，當我康熙末，其時彼國好古之士亦始萌芽故，故所傳《易》單疏本、《尚書》單疏本、《毛詩》黄唐本、《左傳》古抄卷子本，皆爲《考文》所未見，其他遺漏何怪焉。

日本古鈔本，經注多有虚字。阮氏《校刊記》疑是彼國人妄增。今通觀其鈔本，乃知實沿於隋唐之遺。詳見陸氏《釋文》中。即其原於北宋者，尚未盡删削。如志中所載《尚書》《毛詩》經注鈔本，猶多虚字。今合校數本，其漸次鏟除之跡猶可尋。阮氏所見經注本，大抵皆出於南宋，故不信彼爲唐本。

日本文事盛於延喜、天平，當唐之中葉。厥後日尋干戈，至明啓、禎間，德川氏秉政，始偃武修文。故自德川氏以前，可信其無僞作之弊。《古文孝經》固非真孔傳，然亦必司馬貞、劉子元所共議之本，《提要》疑是宋以後人僞作，未悉彼國情事也。

日本氣候固無我江南之多霉爛，亦不如我河北之少蠹蝕，何以唐人之跡存於今者不可勝計？蓋其國有力之家皆有土藏，故雖屢經火災而不毁。至於鈔本，皆用彼國繭紙，堅韌勝於布帛，故歷千年而不碎。

日本收藏家除足利官學外，以金澤文庫爲最古，當我元、明之間。今日流傳宋本大半是其所遺。次則養安院，當明之季世，亦多宋、元本，且有朝鮮古本。此下則以近世狩谷望之求古樓爲最富，雖其楓山官庫、昌平官學所儲，亦不及也。又有市野光彦、澀江道純、小島尚質及森立之，皆儲藏之有名者。余之所得，大抵諸家之遺。

日本醫員多博學，藏書亦醫員爲多。喜多村氏、多紀氏、澀江氏、小島氏、森氏，皆醫員也，故醫籍尤收羅靡遺。《躋壽館書目》多紀丹波元堅撰。所載，今著録家不及者，不下百種，今只就余收得者録之。

日本崇尚佛法，凡有兵戈，例不毁壞古刹，故高山寺、法隆寺二藏所儲唐經生書佛經不下萬卷，即經史古本，亦多出其中。今兹所録，仿《舊唐書·藝文志》之例，收諸家之爲釋氏而作者。其《一切經》雖精妙絶倫，皆別記之。

日本頗多朝鮮古刻本，皆明時平秀吉之役所掠而來，如《姓解》《草堂詩箋》等書，余詢之朝鮮使臣，並稱無傳，且云秀吉之亂，其國典籍爲之一空。然則求朝鮮逸書者，此地當得半矣。

日本維新之際，頗欲廢漢學，故家舊藏幾於論斤估值。爾時販鬻於我土者，不下數千萬卷。猶憶前數年有蔡姓者，載書一船，道出宜昌，友人饒季音得南宋板《吕氏讀詩記》一部。據云宋、元槧甚多，意必有秘笈孤本錯雜於其中，未知流落得所否。今余收拾於殘剩之後，不能不爲來遲恨，亦不能不爲書恨也。

余之初來也，書肆於舊板尚不甚珍重。及余購求不已，其國之好事者，遂亦往往出重值而争之。於是舊本日稀，書估得一嘉靖本亦視爲秘笈，而余力竭矣。然以余一人好尚之篤，使彼國已棄之肉復登於俎，自今以往，諒不至拉雜而摧燒之矣。則彼之視爲奇貨，固余所厚望也。近日則聞什襲藏之，不以售外人矣。

日本學者於四部皆有撰述，朝事丹鉛，暮懸國門，頗沿明季之風。然亦有通材樸學卓然可傳者，反多未授梓人。如狩谷之《和名類鈔箋》，丹波之《醫籍考》。擬别爲日本著述提要，故兹皆不録入。其有采録古書不參彼國人論議者，如《醫心方》《和名類聚》之類，皆千年以上舊籍，尤爲校訂之資，故變例收之。至若朝鮮爲我外藩，《桂苑筆耕集》已見於《唐志》，今兹亦隨類載入。《醫方類聚》，日本有活字本，亦醫籍之淵藪也。

皇侃《論語疏》《群書治要》及《佚存叢書》，久已傳於中土，此録似勿庸贅述。然皇《疏》有改古式之失，《治要》有鈔本、活字二種，他如《古文孝經》《唐才子傳》《臣軌》《文館詞林》《難經集注》，皆在《佚存叢書》中。彼國亦別本互出，異同疊見，則亦何可略之。

日本收藏家，余之所交者，森立之、向山黄村、島田重禮三人，嗜好略與余等。其有絶特之本，此録亦多采之。唯此三人之外，余罕所晉接，想必有驚人秘笈什襲於金匱石室中者，幸出以示我，當隨時補入録中，亦此邦珍重古籍之雅談也。

《志》中急宜刊布者，經部之《易》單疏、《書》單疏、萬卷堂之《穀梁傳》、十卷本之《論語疏》;小學類之蜀本《爾雅》、顧野王原本《玉篇》、宋本《隸釋》;子部之台州本《荀子》,類書之杜臺卿《玉燭寶典》、邵思《姓解》;醫家之李英公《新修本草》、楊上善之《太素經》;集部之《文館詞林》十卷。《佚存叢書》所刻僅四卷。是皆我久佚之籍,亦藝林最要之書,使彙刻爲叢書,恐不在《士禮居》《平津館》下也。若釋慧琳《一切經音義》百卷、釋希麟《續一切音義》十卷,此小學之淵藪,一部傳而漢唐文字、音韻之書皆得以見崖略。顧卷帙浩繁,力不能贍,世之高瞻遠矚者,或亦有取於斯。厥後黎公使多以刻入《古逸叢書》。

前人譜録之書,多尚簡要。《敏求記》唯録宋本,《天禄琳琅》《愛日精廬》《拜經樓藏書》則兼采明本,時代不同故也,而張金吾論説尤詳。余之此書又詳於張氏,似頗傷繁冗。然余著録於兵燹之後,又收拾於瀛海之外,則非唯其時不同,且其地亦不同,苟不詳書,將有疑其爲郢書燕説者。且録中之書,他日未必一一能傳,則存此崖略,亦好古者所樂觀也。

凡習見之書,不載撰人名氏。其罕見之品,則詳録姓氏,間考爵里。

古鈔本及翻刻本多載彼國題記,其紀元名目甚繁,若必一一與中土年號比較詳注,則不勝其冗,今别爲一表,以便考校。

## 藏園群書題記(節選)

傅增湘

《藏園群書題記》爲民國著名藏書家傅增湘所撰題跋的彙編。傅增湘收藏、經眼的善本極多,見聞廣博,勤於校勘,版本學造詣極深,與當時的著名文獻學家繆荃孫、張元濟、沈曾植、楊守敬等頗有交往。倫明在《辛亥以來藏書紀事詩》中贊道:“海内外之言目録者,靡不以先生爲宗。”其題跋不僅記載版本、行款、藏書印、前人題跋等内容,而且考證書籍的版本源流與價值,呈現其校勘成果,部分題跋還記載了當時的書林掌故等,極具參考價值。

### 宋刊《漢隸字源》跋

《漢隸字源》八卷,宋刊本,本書半葉五行,注雙行,行十七字。首洪景盧序，大字，半葉五行，行十一字。次綱目、碑目，半葉九行，行十九字，白口，雙闌，版心上記大小字數，下記刊工姓名。末有附字三葉，葉尾有嘉定壬申重修題記四行。收藏有“華之方印”“大興朱氏竹君藏書之印”“朱錫庚印”“劍光閣印”“道州何氏”“何紹基印”“子貞”“道州何氏詒愷”“雲龍萬寶書樓”“東洲草堂”各印記。又有“質野書房”隸書朱文大印。書衣有蝯叟識語，兹録如左：

此宋版《字源》，朱笥河先生藏本，今歸道州何氏。憶得此書時，與吾仲弟子毅共相欣賞。今毅歿已廿年，每一檢閱，不勝愴愴。咸豐己未二月，蝯叟記。

按：此書各家著録未見宋刊本，汲古閣有影鈔本，今歸江南圖書館，舊爲八千卷樓丁氏所藏。皕宋樓有鈔本，則明代陸師道手寫，以詒文衡山者也。此宋刊本，舊藏朱竹君家，嗣歸何子貞太史。近年何氏遺書散佚，兹帙爲邃雅堂所得，余昨歲得覯於坊中，匆匆展閲，會迫於南中之行，不及詳檢。因貽書告袁君守和，亟爲館中購取，緣金石之書，宋版流傳最爲稀覯，而館中舊藏古本，率皆殘缺奇零之帙，似此珍秘之品，未宜失之交臂也。繼聞守和竟斥重金購藏。小除夕藏園祭書，攜之以至。余留置幾案，取汲古閣本粗爲勘定，其糾正之處頗多。余頗疑毛氏付梓時，似據鈔本上版，實未曾目睹宋槧也。

考汲古刊本寫刻精善，頗爲世重。然以宋刻核之，則誤失宏多。昔翁覃溪先生謂：“毛氏據宋槧之已漶者重繕開雕，楷之工不足贖其隸之謬，直是一不曉隸書者爲之過録，不特失其神，且失其形，其於字之曲直、俯仰、斷續、伸縮，皆所不知，夕夂之不辨，□□之弗審，偏旁毫釐之失，則字非其字，勿問源矣。毛氏汲古閣雕板書數十百種，烜赫人間，未有若是書之謬戾訛舛，貽誤天下後世者也。”觀翁氏所言，痛斥毛本如是，則宋槧之足貴從可知矣。今毛本之誤，顧氏《隸辨》糾正至八十九事，然其所舉，皆爲字形之訛舛，無煩復述。兹就綱目、碑目、附字中校正所得言之。

如第七條“程勑”，不誤“柱勑”；十六“婁言”，不作“屢言”；十八“可辨”、三十六“不可辨”，“辨”不誤“辯”；四十四“蔡過書”，不脱“過”字；四十六“自路都尉始”，不脱“路”字，一百三十三“文玉”，不誤“文王”；一百五十一“難辨”、一百七十五“不可辨”、二百七十一“無一可辨”，“辨”皆不誤“辯”；二百七十九“水經云，鉅野有荆州刺史”，不脱“鉅野有荆州刺”六字；三百一“種氏石虎”，不脱“種”字；三百五“民息胋”，不作“息胎”。

附字内册字下“德惠修長”，“修”不誤“攸”，“廿有六年”，“廿”不誤“世”；“固嘗辨之”，“辨”不誤“辯”。他如字體之異，“勑”之作“勅”，“額”之作“頟”，“訛”之作“譌”，更不可勝計矣。又宋槧遇諱字缺筆極謹，如玄、讓、瑗、完、弘皆缺末筆，今汲古閣本無一缺筆。至末葉行書跋云：“《文正公集》並《奏議》《漢隸字源》，歲久漫滅，嘉定壬申，郡丞莆陽宋鈞重修。”凡四行，今汲古閣本亦失載。故余以爲毛氏付梓時，未親見宋本者，其説似不可易也。壬申正月初四日，藏園居士記。

## 宋淳熙刊小字本《通鑒紀事本末》跋（節選）

《通鑒紀事本末》四十二卷，宋淳熙刻本，半葉十三行，每行二十四字，間有二十字或二十六字者，白口，左右雙闌，版心下魚尾下先記葉數，次記字數，次記刊工姓名。前有淳熙元年楊萬里序，後有淳熙二年朱熹及吕祖謙後序，筆跡樸厚，似以手書上版者。卷前又補鈔章大醇序，序後銜名兩行，文曰“待省進士州學直學兼釣臺書院講書胡自得掌工，承直郎差充嚴州州學教授章士元董局”。陰葉中又有“印書盛新”四小字。然章序及銜名均非此本所應有，後人由淳祐本録出，附此以備考耳。卷中避宋帝諱極謹嚴。以印記考之，知歷藏王弇州、徐健庵、任氏、魏氏、程稟初、胡心耘諸家，並附石琢堂、顧千里手跋二則。

涑水《通鑒》，余生平雒誦最久，十年之中，校讀者凡二周，自謂足以繼王勝之而作。昔年既得陶齋宋刊百衲本，合之先世興文署本，並儲一室，因以“雙鑒樓”顔其居。顧袁氏《紀事本末》世稱輔《通鑒》而行者，乃獨無善本，私用慊然。是書各家著録咸爲寶祐大字本，其版明中葉尚存南監，流布廣遠，世恒有之，十餘年間廠市所遇不下十部，數百金即可購致，第初印精善者亦殊罕覯。前歲將軍鳳山遺書散出，中有此書，紙墨明湛，册廣逾尺，字大於錢，取儷鹽官舊刻，頗有齊大非偶之嫌。故余雖目玩之，而心雅不屬也。曩於陶齋遺書中得小字殘本一卷，知其罕秘，私用珍惜。嗣見松江韓氏書中亦有一册，取而視之，其藏印與余本同，知本一書而分析者。此外則並殘卷亦不得見矣。

辛未春薄遊吴中，市賈傳言有小字《通鑒紀事本末》一書，多方探索，蹤跡渺然。因訪之菊生前輩,亦言似曾寓目,借一瞥即逝,無可追尋。不數日,世好劉君自淮陽來,挾巨篋見投,啓視之,則固余所夢寐營求之秘帙也。蛺蝶舊裝,黄綾爲衣,碧箋題首,宛然宋宫遺制。展卷諦觀,始知爲殘書兩部配合而成,鐫版既有先後,册式亦復參差,其中殘佚多至七卷,爲惋歎久之。旋載以北還,用資勘讀,由是訪求前書之意因之益摯矣。迄秋九月,菊生郵筒見告,知爲宗君子戴所藏,然未嘗有讓出之意也。子戴爲余戊子同年生,家於虞山,記問淵雅,鑒别精能,收藏舊籍頗富。聞聲相思,神交已久。爰浼菊生作緣,婉辭商之,往返數四,其議始定。且援嚴久能與汪九易張洽《春秋集傳》事相例,並要余以家藏明鈔《孔文仲集》佚文五卷、《張月霄文稿》一卷録副本相貽。子戴旋以全書致之菊生許,並加題識於卷尾,詳考此書本末,及往還商榷之事,凡數百言。至是此書乃歸余所有,然始終未嘗入目也。荏苒數月,遇朋好中北旋者,輒以此相諈諉,然終以千金重寶,舟車行旅,阻滯時虞,審慮傍徨,卒未能致。俄而閘北戰争突起,涵芬樓藏書數十萬卷一夕化爲劫灰,飛機藥彈,紛落市廛,心系此書,聞之膽落。幸賴菊生嚴扃慎守,得以無虞。洎今歲仲春,趙君萬里以訪書之便,於役申江,備致懇忱,乃乘便載以俱還。自昨歲聞訊尋求之始,以迄於兹,凡歷三百六十餘日,此七百五十九年前之古刻,二千八百九十餘葉之鉅編,乃完然入吾寶藏中,屹然與興文、鹽官鼎列而三,爲書林增一佳話。故詳志其顛末,以見羅致古籍之事,其委曲繁重,至斯而極,而子戴推善之懷,與菊生護持之力,均非晚近所可及。吾世世子孫其永志勿諼焉。

考此書版刻,世人只知小字者爲淳熙本,不知其後一再翻刻,其遷變正多。余既得此本,乃取家藏殘本,及劉氏兩本攤卷詳觀,乃恍然余所新收者確爲淳熙初刻,其餘三本皆翻刻也。據章大醇序,是書刊於淳熙乙未,修於端平甲午,重修於淳祐丙午。今以各本考之,新收本字體方嚴,摹印清朗,決無挖補之痕,其中縫刊工人名逐葉咸具,而字數記在下魚尾下刊工之上,尤爲宋版所稀見。且以宋諱證之:構字注"太上御名",劉氏甲本此處徑書"構"字,子戴斷爲端平未修版以前所印,其鑒定絶精審。慎字缺末筆,則爲孝宗時開版決無疑義。至余所藏殘帙,其版式字體大略相同,然字畫已多蒙昧,刓補數行者有之,改刻全葉者有之,蓋端平甲午距淳熙初元,已六十年,其刓敝勢所難免,故余斷此爲端平重修之本。若劉氏所藏二本，其版刻乃大不侔。

今以甲本論之：版式字體初觀之似與端平本無殊，及悉心審察，乃迥然各異。以中縫字數言之，淳熙本盡列於下方，端平本雖亦在下方，而存者僅及少數。至此本則移在上魚尾上，且所記絶少，而刊工亦渺無一合，可斷爲淳祐重刻之本。再以刊工驗之，如卷二第九葉，新收本爲宋林，舊藏殘本爲翁晉，劉氏甲本爲葉松，則更可爲淳熙、端平、淳祐三次刻本之明證，不僅修補而已也。劉氏乙本其板式同，行格同，然中縫書名作鑒幾草書，刊工下方只一字，字數記在上方，廟諱無一缺避，字體疏瘦而拙滯，淳熙、端平方嚴端重之氣渺不復存，必爲宋末元初取舊本重寫付雕者。以此觀之，是宋時小字有四本矣。設非盡取各本，森陳幾案，一一條比而字推之，又烏能確知其差異如此乎！世人矜言板本之學，大抵窮搜目録，考其行款，或參摩書影，記其格式，遂請綱要盡在是矣。然此第爲尋行數墨者言耳，若欲確定年代先後，風氣遷移，與夫修補重刊初開晚印之異趣，非博通廣覽，親見原書，殆未易以空言而懸決也。

余取通行本略校數葉，其字句中頗有差異者。如卷一"則禮安得獨存哉"，"存"作"在"；"美鬚長大則賢"，"鬚"作"鬢"；"德者人之所嚴"，"德"上有"夫"字；"已而知文侯以媾於己也"，"媾"作"講"。以上"三家分晉"。"可與樂成"，"可"上有"而"字；"楚宣王薨，子成王商立"，"成"作"威"；"秦發韓"，"發"作"伐"；"資蘇秦軍馬"，"軍"作"車"；"或撓秦"，"撓"作"橈"；"儀怒念諸侯"，"怒"作"恐"；"臣竊謂大王羞之"，"謂"作"爲"。以上"秦滅六國"。其意義咸視近刻爲優。余竊意趙節齋所言"嚴陵舊刻，字小且訛者"，所言未可盡據也。或者淳熙初元訖於寶祐已八十餘年，中經端平修版，刓損漫漶，因而沿誤，勢所難免。若如此帙之初印明湛，寧有是耶。

又，考此本刻於淳熙元年，其時樞方教授嚴州，即就其地開版。楊萬里出守臨漳，過嚴陵，爲序行之，故世稱爲嚴州本。參知政事龔茂良得而奏之，言其書有裨治道，宜取以賜示東宮，增益見聞。孝宗讀而嘉之，因詔嚴州摹印十本，賜皇太子及江上諸帥。事具《宋史》及《玉海》，距刊成方二年也，逮後八十四年，趙與簭居湖州，出私錢重刻之。序言"嚴陵舊本字小且訛，乃易爲大書，精加讎校"云云，即諸家常見之大字本也。

顧大字本既行世，人喜其莊嚴閎整，豁目悦心，争相贊美。又以嚴陵本世不多觀，更深信趙氏"字小且訛"之言，幾與麻沙坊板狹行陋體者相提並論，朱少河因有"當下奉詔摹印，急就將事，未能盡善"之説。今得此本反覆展玩，書法勁整，有顔筋柳骨之風，且核對頗審，余前略舉訂正諸條，實出大字之上。《儀顧堂續跋》跋湖州本云："嚴州所刻寫刊精良，校讎細密，遠勝此本，德淵因其字小而改爲大字重刊可也，必欲誣之爲訛，豈公論乎！今兩本具在，孰精孰訛，必有能辨之者。"據存齋所言，於趙序深爲不平，與余所懷脗合。蓋皕宋樓藏有小字殘本，手自編摩，深知其勝，與夫流俗之徒望風逐影者異矣。

然余夙有疑者，此書刊成即奉旨宣索進御，楊廷秀諭諸《通鑑》之户，朱文公比之《國語》之流。至於端平、淳祐，皆依橅舊本，一再修刻，則當日風行國學，流布海内，宜不下千百本。乃歷觀官私目録所記，大抵湖州之本爲多，而此本竟稀如星鳳。如《天禄琳琅》前、後目所載凡六部，而小字本無一焉。其他若王阮亭、汪閬源、孫淵如及近代瞿、楊、丁、陸、姚諸家，無往而非節齋所刻者，惟皕宋樓有殘本二十九卷，爲徐虹亭遺書，北平館有殘本三十五卷，爲内閣大庫舊儲。第以余詳審之，皕宋所藏有章大醇序，已屬淳祐重刊，北平館所藏亦同，而淮陽劉氏兩本尚寄余篋中。今已審定爲淳祐重刊及元初再覆者，欲求觀淳熙初元袁氏嚴陵之真本，則薄海内外，舍此帙外斷無第二本。是此書不僅爲衲鑒之附庸，實爲魯殿之靈光焉。琅嬛福地中無意中增此秘笈，且爲海内無雙之品，良友之意，其錫我亦云厚哉。

按：劉氏所藏乙本，余既據字體粗率及宋諱不避，斷爲宋、元間重刻矣，嗣逐卷覆閲，則其分卷更有改易者。就其殘存十五册考之，如第一、第二十四，第三十九，第四十、第四十二各卷，每卷皆剖分上下，標題重起，别爲一册，其他各卷尚不可知。是全書既非就原版補修，亦非用舊本翻刻，其爲重加繕録，付諸手民，無可諱飾。然則後人譏爲字小且訛者，恐所見當爲此本矣。

又考《鐵琴銅劍樓目録》云：是書初刻於淳熙乙未，爲嚴陵小字本，編爲二百九十卷。此大字本乃趙與篙重併卷第，刻於寶祐五年云。其説殊異，未知所據。今兩本並存，其卷第毫無差異。且詳繹與篙序中，亦第言精加讎校，而不及重併卷第之説也。或謂此説所出，必疑袁氏削稿時當以一事爲一卷，故懸揣而爲是言。又此書每卷爲文至三四萬言，積厚葉至七八十葉，其繁重殊常，爲古籍所罕見，遂疑原本決不若是。然以余核之，就令果如其説，則本書自三家分晉訖周世宗征淮南，凡二百三十九事，即每事各爲一卷，亦不足瞿氏所言之數，是其説之茫如捕風從可見矣。瞿氏藏目號爲精審，余懼共沿襲謬訛，淆惑後人之耳目，故附此糾之。

玆取石氏、顧氏手跋及同年宗君題識録之左方，諸家收藏鈐印墨記亦附詳焉。壬申六月二十六日，藏園居士記。時連日猛雨，狂風助之，有傾河倒海之勢。九衢積潦，可以行舟，燕都三十年來無此淫霖矣。

## 審閲德化李氏藏書説帖

查李氏書目凡十二册，前六册爲善本，後六册爲普通本。善本第一、二册按四部分類，較爲明晰。其四至六册則次序淩雜，核定不易。某等先後往津，擇其要者開箱檢視，就原目審查，玆舉其大概分述於左。

一、宋元本：據目載凡□百□十□種。此類之書增湘及鴻寳從前早經遍覽，擇要言之，如宋本《尚書孔傳》《周禮》《春秋胡傳》《論語》、前後《漢書》《五曹算經》《柳先生集》《孟東野集》《皇朝文鑒》《弘秀集》，皆精湛完善，世所知名。其《周禮疏》《唐六典》《説苑》《醫説》《草堂詩箋》、尤刻《文選》《漁隱叢話》等，雖爲殘帙，或經補配，然皆珍奇罕覯，可稱秘籍。元本中之平水《爾雅》《金陵新志》《丁卯集》《道園遺稿》亦爲妙品。其他宋、元諸刻，無庸縷述也。

一、明刻本：四部普通善本大率咸具。然其可貴，初不在此，别有畸零小帙，雜學百家，隱僻之編，遺佚之典，或通行之書而忽見異本，或焚餘之籍而竟有傳刊，千品萬彙，時出四庫存目之外，或爲近代藏目所遺，可謂取之不盡，索之無窮矣。活字本中亦頗多珍異之品。

一、舊鈔本：此類包孕最富，名稱至繁。分别而言，有名人手寫本，如錢磬室、柳大中、王乃昭，金耿庵、吴枚庵等，有精影宋、元本，如毛子晉、錢遵王、席玉鑒、汪閬源等，有明、清藏家傳録本，如自天一閣、抱經樓、鋤經堂，以至藝風堂等，有四庫館底本，有原進館鈔以及傳寫諸本。諸書咸有名家印記，舊人題識，流傳有緒可尋，足以據爲校勘之資。而其中更多名人遺著手稿，未經刊行者，爲前賢精神所寄，尤爲瑰寳。

一、名校本：此類萃集歷代名家手跡，尤爲典籍菁華。有明人手校者，種類較少，有清代經師手校者，如惠定宇、張皋文、孫淵如、焦理堂、王引之諸人，有名家手校者，如何義門、王西莊、盧抱經、顧千里、黄蕘圃、嚴久能、嚴鐵橋、吴兔床諸人。其他至不勝枚舉。

一、日本、高麗舊本：此類多元、明以來中土失傳之書，流入彼國者，亦有其書雖存，而我國久無善本可據者，又有彼土著述，今其國中已爲斷種者。故目中所列元和、慶長等活字本，五山、足利、天文等古刻本，影摹唐卷、宋刻、舊寫本，凡千餘種。奇書秘册，往往而見，宜與宋、元同珍，未可輕視也。

統觀藏書全部，量數之豐，部帙之富，門類之賅廣，爲近來國内藏書家所罕有。宋、元版本合殘帙計約二百餘種，精秘者居其半，價值固當不貲。然其可貴，要以舊鈔、名刻之名品豐富，包羅萬象爲最。蓋李氏藏書重在博取，故一書常采數本，一本或兼存衆校，尤喜網羅雜書，人棄獨取，如野乘，筆記、雜説、叢考之屬，旁及方技、數術、天曆、雜占、壬遁，恢奇龐雜之書，範圍既廣，蕴蓄遂閎。竊謂李氏奮數十年之精力，成此大觀，群推爲文章之淵藪，學海之津梁。今若慨發帑金，收之官庫，藉以研尋學術，於俾助文化，爲功至偉。

## 《百衲本二十四史》版本述要

張元濟

"爲學不可不讀史，尤不可不讀正史。"明清以來彙刻正史較多："南監本二十一史"的板片多繼承自元西湖書院收藏的宋代刻本與元代諸路儒學刻本，訛誤較少，但部分板片經過宋元明三朝使用，屢加補修，往往有斷板與漫漶之處；"北監本二十一史"則校勘不精，甚至竄改文字。"汲古閣十七史"經毛氏父子以宋本校勘，流傳極廣，但也存在訛誤，藏書家對其毁譽參半。"武英殿二十四史"除了薛居正《舊五代史》與《明史》爲新刻外，多選用宋元舊本與南、北監本爲底本，部分底本質量不佳。《四庫全書》中的二十四史，則出於政治考慮，對内容多處删改。清末同治、光緒時期，金陵、淮南、浙江、江蘇、湖北五書局合刻了俗稱"局本"的二十四史，校勘精審，質量較高。

張元濟有感於清朝未能彙集善本，故搜集到了當時所見的最早、最接近原貌的刻本進行影印。由於流傳日久，部分宋元刻本已經殘缺不全，便用時代相近的其他版本進行補配，此次彙刻被稱爲“百衲本二十四史”，取僧人所穿的經過補綴的百衲衣之意。本書所選的《張元濟〈百衲本二十四史〉版本述要》，有助於了解底本、抄配本的版本以及在流傳源流中的價值。

### 史記 宋慶元建安黄善夫刊本

《四庫全書提要》謂：“明代監本《史記》合集解、索隱、正義，散入句下，訛舛甚多，非震澤王氏刊本具存，無由知監本之妄删。”王本聲價，可以具見。是爲黄善夫刊本，即王本所自出。明有秦藩及柯氏兩刻，均稱善本，亦皆出於黄氏。昔黄紹箕遊歷日本，獲睹是書，題作“慶元舊槧”，當有所據。初由彼邦收回，原闕六十七卷，近向南海潘氏、江安傅氏及日本上杉侯爵先後借補，幸成完璧。

### 漢書 宋景祐刊本

此爲北宋景祐宋祁、余靖等參校刊正之本。錢大昕《養新録》、王念孫《讀書雜志》均經證明，元大德、明正統兩次覆刻，具從此出，可爲現存班《書》最古之本。顧千里跋颜注班《書》，“行世諸刻大約源於南宋槧本，惟是刻獨存北宋時面目，惜補版及剜損處無從取正，然可據是以求其添改之跡，誠今日希世寶笈”，云云。覯於颜注比殿本增多，信非虚語。先後爲倪雲林、毛子晉、季滄葦、徐健庵、黄蕘圃、汪閬源收藏，彌見珍重。

### 後漢書 宋紹興刊本

《本紀》十卷後接《列傳》八十卷，大題卷數凡九十。《續漢書志》三十卷附《列傳》後，卷數不相銜接，不似殿本儳入《紀》《傳》之間。版刻於紹興之初，故“桓”字作“淵聖御名”，間有剜改或已剜未補者。“構”字則作“今上御名”。其他歷代廟諱、嫌名均缺筆惟謹，“軒轅”二字亦避，則他書甚罕見也。殿本以劉攽《刊誤》散入注内，所指誤字此多未誤。如謂據劉氏所刊訂正，又何以或改或不改，豈劉氏所見之本不及是所從出之善歟？章懷注殿本時有短缺，雖不如《史記》集解、正義,《漢書》颜注脱略之甚,然由數字乃至數十字亦層見迭出,是本均可補正。

### 三國志 宋紹熙刊本

此爲南宋刊本,宋諱避至"敦"字爲止,蓋光宗時刻也。字字勻整,與黄善夫《史記》、曾三異《五代史記》相埒。《國志》舊本最爲罕見,聊城海源閣藏十行十八字本,楊紹和跋謂與錢氏《考異》"劋殄俟"一條殿本考證所疑各字相合,誇爲彌足珍貴。此本悉與相同,其他足以訂正殿本者尚復不少。楊本抄配五卷,此則通體精刊,是更出於其右矣。

### 晉書 宋紹興重刊北宋本

是書向爲王弇州、項子京、毛子晉、宋牧仲所藏,毛氏且稱爲可寶。中有數卷,鈔配極精,即《東湖叢記》所云王弇州手鈔補缺之卷也。《晉書》素乏善本,嘗以是本並别一宋本及元刻十行本、明覆宋刻九行大字本與殿本互校,雖各有可以訂正殿本之處,而各本之訛字、脱文亦往往發見,故均未能認爲佳刻。是本"構"字缺筆,而"禎"字仍作"御名",猶爲紹興中翻雕北宋監本。數本之中,要爲差勝耳。

### 宋書 宋蜀大字本配元明遞修本

晁公武《郡齋讀書志》,"治平中曾鞏校定南齊、梁、陳三《書》上之,劉恕等上《後魏書》,王安國上《周書》。政和中始皆畢,頒之學官,民間傳者尚少。未幾,遭靖康丙午之亂,中原淪陷,此書幾亡。紹興十四年,井憲孟爲四川漕,始檄諸州學官求當日所頒本。時四川五十餘州皆不被兵,書頗有在者,然往往亡缺不全,收合補綴,獨少後魏十餘卷,後得宇文季蒙家本,偶有所少者,於是七史遂全。因命眉山刊行"。云云。以下七書皆眉山刊本,此即其第一種。《志》第二十五州郡一、《傳》第二十七謝靈運、《傳》第三十九桂陽王休範,均有訛脱,猶仍古本之舊。至殿本考證所指訛字,此猶多未誤者。惟《傳》第一沈婕妤諱容□□□□人也,中空四格,殿本以"不知何許"四字實之;《傳》第二王弘,中闕十二字,殿本雖不闕,而詞意仍不可解。其他殿本有字,此作空格或旁注闕字者不知凡幾,殊令人有猶及闕文之感。全書百卷,原闕三十三卷,近由吴興劉氏借得二十二卷,余以元明遞修本配。

### 南齊書 宋蜀大字本

是書通體僅有元補,而無一明刻。《志》第六《州郡》上,《列傳》第十六、第二十五、第三十九,殿本闕去四葉。世行各本皆同。是本前二葉尚存,僅闕其二,可稱孤本。

### 梁書 宋蜀大字本配元明遞修本

原本多避唐諱,如"虎"之改"獸"或"武","淵"之改"泉"或"深","世"之改"代","民"之改"人","丙"之改"景"。是刻多仍其舊,猶見原書真相。《本紀》第五,《列傳》第七、第十五、第三十三,校語均存,爲世行各本之所未見。全書五十六卷,中有十六卷半以元明遞修本配。

### 陳書 宋蜀大字本

殿本孫人龍跋:"宋嘉祐時,鏤版行世,參校諸臣於其疑者不敢損益,疏於篇末。今古本既不可見,國子監所存舊板舛訛殊甚,篇末所疏疑義亦無一存。"按其所言,是即三朝本亦未之見,況爲通體完善之宋本乎。卷中間有元補,無一明刻,篇末所疏疑義共存四條。

### 魏書 宋蜀大字本

馮夢禎萬曆重雕《魏書》序,謂:"南監所藏唐以前諸史,獨此書刓敝甚,欲更新之,苦無善本。斷篇缺字,所在而有。"孫人龍乾隆殿本校刊後跋亦云:"明刻二十一史,此書最爲刓敝。"按殿本卷三《太宗紀》、卷六《顯祖記》、卷四十《陸麗傳》、卷五十一《吕羅漢傳》、卷七十七《高崇傳》、卷一百五之二之四《天象志》,均有殘闕。此猶未損。錢大昕《廿二史考異》謂:"劉攽、劉恕、范祖禹皆長於史學,此書考證較它書爲精審,乃卷三校語原文三百餘字,殿本全佚,其他亦多所闕略,此均未失。足見當時參校之本不及是之完善。"光緒初年,華陽葉氏得有宋刻全部,王先謙用校汲古刊本,核其所指各節,猶視此本爲遜。後葉氏攜歸粵東,不知尚在人間否?全書一百十四卷,原闕三十七卷,擬以元明遞修本配。今由吴興劉氏借得宋本,補配完全。

### 北齊書 宋蜀大字本配元明遞修本

《本紀》第三、第五、第七、第八,《列傳》第二、第三、第四、第五、第六、第七、第二十、第二十一、第二十五、第二十六、第二十七、第二十九、第三十卷末,均有校語。錢大昕疑爲明人校刊所題且以李百藥結銜之誤,斥明人之無學。蓋未嘗見此本也。使生今日,得據此本以資校勘,不知如何愉快。全書十卷,中有三十四卷以元明遞修本配。

### 周書 宋蜀大字本

殿本金文淳跋,謂宋本不可得見。吴興陸氏儀顧堂藏有是本,謂"以校汲古閣本,訛奪甚多,乃知宋本之善"。按殿本已加糾正,較勝汲古,然以宋本校之,則訛脱所在多有。摘印殿本一葉《賀蘭祥傳》,脱去六十二字,"留于"誤作"留守",即其例也。通體精整,間有元、明修補之葉。

### 隋書 元大德刊本

元大德丙午建康道廉訪司徇太平路之請,分行十路儒學,合刻《十七史》,爲元代路學最善之本。是書版心有"路學""堯學""浮學""番泮""樂平""錦江"等字,蓋元饒州路覆刻宋本也。前人取校汲古本,僅《經籍志》四卷訂正訛奪至八十餘字。今校殿本,此四卷内訛奪亦略相等。即摘印一葉,後十行中可以糾正殿本者已有九字。或謂《天禄琳琅書目》"有宋嘉定本《隋書》,想即殿本所從出,宜乎非元季官書所及"云云,未可信也。

### 南史 元大德刊本

此亦元大德建康《十七史》之一。中縫不記刊刻地名。《列傳》第七十末葉版心下方題"桐學儒生趙良窾謹書,自起手至閣筆凡十月"小字二行,良窾名見《宋史·宗室世系表》商王房下。縣名有"桐"字者不一,不知屬於何路。字跡圓密,寫刻雅近南宋。元季路學刊本,凡數見他刻訛字,此本皆不訛,略有缺卷，以至順本補配。

### 北史 元大德刊本

此與《南史》板匡一式，刻畫略瘦。版心有“信州路”“信州儒學”“玉山縣學”“永豐儒學”“弋陽縣學”“貴溪縣學”“象山書院”“稼軒書院”“藍山書院”“道一書院”等字，蓋信州路刊本也。瞿氏鐵琴銅劍樓、陸氏皕宋樓《藏書志》所舉殘宋本脱誤甚夥，此本轉多未誤。

### 舊唐書 宋紹興刊本配明嘉靖本

是書舊刻，存世僅有明嘉靖聞人詮本。按聞人叙謂：“酷志刊復，窮搜力索，具出宋時模板。”文徵明叙亦謂：“書久不行世，無善本，遍訪藏書之家，殘章斷簡，悉取以從事。”是在明中葉，是書宋刻已極罕見。今何幸閲四百餘年而宋本復出，且尚存六十九卷。末有“左奉議郎充紹興府府學教授朱倬校正”一行者，凡十一卷，與文叙所稱越州刊本正合。所闕各卷即以聞人本配補，並以葉石君據錢遵王所藏至樂樓鈔本校過，此本多與之合。

### 唐書 宋嘉祐刊本

前有嘉祐五年六月曾公亮進書表，宋諱避至“禎”字止，而不及英宗以下，故昔人定爲嘉祐進書後第一刊本。劉昫書刊於南宋紹興之初，與此行款悉同，或朱倬輩先見是刊，而後仿刻，以爲之配歟？以較殿本，如《地理志》第二十八“陜州”下，是本增三十五字；《藝文志》“盧受采集”下增十三字；《表》第一宰相上，“貞觀四年”下增十一字；《表》第二宰相下，“乾符元年”下增十二字；《表》第十上宗室世系，“大鄭王房宗正卿翼”下增十字。略舉數則，已足見殿本校刊之率略矣。

### 舊五代史 吴興劉氏刊原輯《大典》本

薛氏原書今已散佚，此輯自《永樂大典》《四庫全書》寫本均注原輯卷數，其采自他書者同，存闕章句，藉可考見，後武英殿鐫板一律芟削。彭文勤當日屢争不從，薛氏真面遂不復見，人多惜之。江西熊氏曾以庫本影印，南潯劉氏復據舊鈔刊行。以校殿本,除《大典》及他書從出卷數及案語外,異同尚復不鮮,而劉本又比庫本稍詳。摘印《張礪傳》一葉,可爲證也。

### 五代史記 宋慶元刊本

是書卷十八末有“慶元五年魯郡曾三異校定”一行,蓋寧宗時刊本。卷二十三、卷二十四、卷三十四、卷五十七、卷五十八末亦各有“魯郡曾三異校定”一行,而不記年號。凡吴縝《五代史纂誤》及錢大昕《廿二史考異》、王鳴盛《十七史商榷》所訂正者,是本多與相合。《直齋書録解題》謂,“歐公集遍行海内而無善本,周益公以其所編之本屬舊客曾三異校正,益無遺恨”云云。以此例彼,此爲曾氏校定,故是精審。

### 宋史 元至正刊本

明成化朱英《重刊〈宋史〉序》稱:“借漳浦陳布政家鈔本傳録,稍有殘缺,後於浙中續得善本,始克成書。”是在明代,此本已不易得。迄於今日,則成化《宋史》亦極罕見矣,又況此爲第一刊本。前有阿魯圖等進史表、修史官員銜名,至正六年咨浙江等處行中書省咨文,皆殿本所不載。又《本紀》第三十五,殿本失去一葉,復出第三十三一葉,此本不誤。《列傳》第五十一《田況傳》,殿本脱一葉,此本具存。古人云,書貴初刻,益信然矣。

### 遼史 元至正刊本

前有聖旨兩道暨三史《凡例》、修史官員銜名,均殿本所無。此爲元刊,然與《金史》初印本相較,字體稍異,恐係覆本,其足以訂正殿本者亦頗不少。

### 金史 元至正刊本

卷首進書表、修史官員銜名與殿本同,又有江浙等處行中書省准咨委官印造公文,爲殿本所不載。殿本卷三十三暨初版卷七十六各闕一葉,卷十四、卷十七、卷五十六、卷六十二、卷六十六、卷一百一、卷一百二十五,各有闕文,此均完好無損。烏程施國祁《金史詳校》訂正各字猶多未誤。蓋此爲初印之本,施氏當日所未見也。

### 元史 明洪武刊本

卷首有洪武二年八月李善長等進書表，目後有洪武三年十月宋濂記，紀先後成書源委甚詳，是《元史》第一刻也。用校殿本，訛奪甚多，如卷三十六《文宗紀》衍四百餘字；卷七十五《祭祀志》、卷九十九《兵志》、卷一百四十《達識帖睦邇傳》，各脱十餘字至數十字不等。略舉一斑，已可概見。又殿本卷五十三，錯簡多至三葉，非得是本，幾無從索解矣。

### 明史 清乾隆殿本附考證捃逸

殿本二十三史均有考證，獨《明史》闕如。長洲王㪤卿先生於光緒季年入直樞院，在方略館覓得《明史》卷一百十六至卷三百三十二黄簽案語進呈本，嗣又得考證正本三册，卷數略少，文字亦稍有異同。因參觀互證，汰其文義復沓及空衍無關宏旨者，成《明史考證捃逸》四十二卷。然頗疑是書未全。後二十年，哲嗣君九部郎獲見文津閣《四庫全書》，檢閲《明史》所附考證，實始自卷一百十六，逐條對勘，乃知遺漏甚少，足爲完書。並選得有關考證者三十餘條，列爲補遺。吴興劉氏爲之彙刊行世，列入《嘉業堂叢書》，今特景印，以附《明史》之後，俾讀者有所參訂焉。

# 第三章　校勘學選讀

## 經典釋文序録(節選)

《經典釋文》爲隋唐時期學者陸德明所撰,對《周易》《尚書》《毛詩》《周禮》《儀禮》《禮記》《春秋左傳》《公羊傳》《穀梁傳》《孝經》《論語》《老子》《莊子》《爾雅》十四部文獻,"古今並録,括起樞要,經注畢詳,訓義兼辨",是一部文字、音韻、訓詁經典。同時,陸德明還對各種文獻的不同版本進行校勘,辨别是非。在校勘中,陸德明采取了盡可能地保存異文,不隨意校改文本的謹慎態度。

先儒舊音,多不音注。然注既釋經,經由注顯,若讀注不曉,則經義難明。混而音之,尋討未易。今以墨書經本,朱字辯注,用相分别,使較然可求。舊音皆録經文全句,徒煩翰墨,今則各標篇章於上,摘字爲音,慮有相亂,方復具録;唯《孝經》童蒙始學,《老子》衆本多乖,是以二書特紀全句。

《五經》人所常習,理有大宗,義行於世,無煩覼縷。至於《莊》《老》,讀學者稀,故於此書微爲詳悉。又《爾雅》之作,本釋《五經》,既解者不同,故亦略存其異。

文字音訓,今古不同。前儒作音,多不依注,注者自讀,亦未兼通,今之所撰,微加斟酌。若典籍常用,會理合時,便即遵承,標之於首;其音堪互用,義可並行,或字存多音,衆家别讀,苟有所取,靡不畢書,各題氏姓,以相甄識;義乖於經,亦不悉記。其"或音""一音"者,蓋出於淺近,示傳聞見,覽者察其衷焉。

然古人音書,止爲譬況之説。孫炎始爲反語,魏朝以降,蔓衍實繁。世變人移,音訛字替,如徐仙民反"易"爲"神石",郭景純反"餤"爲"羽鹽",劉昌宗用"承"音"乘",許叔重讀"皿"爲"猛",若斯之儔,今亦存之音内,既不敢遺舊,且欲俟之來哲。

書音之用,本示童蒙。前儒或用假借字爲音,更令學者疑昧。余今所撰,務從易識。援引聚訓,讀者取其意義,亦不全寫舊文。

典籍之文,雖夫子刪定,子思讀《詩》,師資已別,而況其余乎?鄭康成云:"其始書之也,倉卒無其字,或以音類比方假借爲之,趣於近之而已。受之者非一邦之人,人用其鄉,同言異字,同字異言,於兹遂生矣。"戰國交争,儒術用息,秦皇滅學,加以坑焚,先聖之風,掃地盡矣。漢興,改秦之弊,廣收篇籍,孝武之後,經術大隆,然承秦焚書,口相傳授,一經之學,數家競爽,章句既異,踳駁非一。後漢黨人既誅,儒者多坐流廢,後遂私行金貨,定蘭臺漆書經字以合其私文,靈帝乃詔諸儒正定《五經》於石碑之上,爲古文、篆、隸三體書法,以相參檢,樹之學門,使天下取則。未盈一紀,尋復廢焉。班固云:"後世經傳既已乖離,傳學者又不思多聞闕疑之義,而務碎義逃難,便詞巧説,安其所習,毁所不見,終以自弊,此學者之大患也。"誠哉是言。余既撰音,須定紕繆,若兩本俱用,二理兼通,今並出之,以明同異;其涇渭相亂,朱紫可分,亦悉書之,隨加刊正;復有他經別本,詞反義乖,而又存之者,示博異聞耳。

經籍文字,相承已久,至如"悦"字作"説","閑"字爲"閒","智"但作"知","汝"止爲"女",若比之類,今並依舊音之。然音書之體,本在假借,或經中過多,或尋文易了,則翻音正字以辯借音,各於經内求之,自然可見。其兩音之者,恐人惑故也。

《尚書》之字本爲隸古,既是隸寫古文,則不全爲古字,今宋、齊舊本及徐、李等《音》所有古字蓋亦無幾;穿鑿之徒務欲立異,依傍字部,改變經文,疑惑後生,不可承用。今皆依舊爲音,其字有別體,則見之音内,然亦兼采《説文》《字詁》,以示同異者也。

《春秋》移人名字氏族及地名,或前後互出,或經傳更見,如此之類,不可具舉。若國異名同,及假借之字,兼相去遼遠,不容疏略,皆斟酌折衷,務使得宜。

《爾雅》本釋墳典，字讀須逐《五經》，而近代學徒好生異見，改音易字，皆采雜書，唯止信其所聞，不復考其本末。且六文、八體各有其義，形聲、會意寧拘一揆，豈必飛禽即須安鳥，水族便應著魚，蟲屬要作蟲旁，草類皆從兩中，如此之類，實不可依。今並校量，不從流俗。

方言差別，固自不同，河北、江南，最爲巨異，或失在浮清，或滯於沈濁。今之去取，冀祛兹弊，亦恐還是鷇音，更成無辯。夫質有精粗，謂之好惡，並如字。心有愛憎，稱爲好惡，上呼報反，下烏路反。當體即云名譽，音預。論情則曰毁譽，音餘。及夫自敗、蒲邁反。敗他蒲敗反。之殊，自壞、呼怪反。壞撤音怪。之異，此等或近代始分，或古已爲别，相仍積習，有自來矣。余承師説，皆辯析之，比人言者，多爲一例。如、而靡異，邪、不定之詞。也助句之詞。弗殊，莫辯復、扶又反，重也。復，音服，反也。寧論過、古禾反，經過。過，古卧反，超過。又以登、升共爲一韻，攻、公分作兩音，如此之儔，恐非爲得，將來君子，幸留心焉。

《五經》字體乖替者多，至如黿、鼉從龜，亂、辭從舌，席下爲帶，惡上安西，析旁著片，離邊作禹，直是字訛，不亂餘讀；如“寵”丑隴反。字爲“寵”，力孔反。“錫”思歷反。字爲“鍚”，音陽。用“攴”普卜反，《字林》“普角反”。代“文”，武云反。將“无”音無。混“旡”，因既。若斯之流，便成兩失。又來旁作力，俗以爲約勑字，《説文》以爲勞徠之字，水旁作曷，俗以爲饑渴字，字書以爲水竭之字。如此之類，改便驚俗，止不可不知耳。

## 集古録跋尾（節選）

歐陽修

《集古録跋尾》乃歐陽修爲其所收藏的銅器、碑拓等所作的題跋，共有四百餘篇，爲目前現存最早的金石學著作，集録廣博，爲世所重。歐陽修是有意識、大規模地利用出土金石文獻來校勘傳世文獻的第一人，對傳世文獻的文本做了大量的校勘、糾謬工作，態度審慎嚴謹，在實踐中熟練使用各種校勘方法，促進了校勘學的發展。

## 唐颜真卿書東方朔畫贊

右《東方朔畫贊》，晉夏侯湛撰，唐颜真卿書。《贊》在《文選》中，今較《選》本，二字不同，而義無異也。《選》本曰“棄俗登仙”，而此云“棄世”，《選》本曰“神交造化”，而此云“神友”。

## 唐吕諲表

右《吕諲表》，元結撰，顧戒奢八分書。景祐三年，余謫夷陵，過荆南謁吕公祠堂，見此碑立廡下。碑無趺石，埋地中，勢若將踣。惜其文翰，遂得斯本，而入於地處字多缺滅。今世傳《元子文編》亦有此文，以碑考之，集本首尾不完，中間時時小異，當以石本爲是。然石本亦自多亡缺，可不惜哉！

## 唐田弘正家廟碑

右《田弘正家廟碑》，昌黎先生撰。余家所藏書萬卷，惟《昌黎集》是余爲進士時所有，最爲舊物。自天聖以來，古學漸盛，學者多讀韓文，而患集本訛舛。惟余家本屢更校正，時人共傳，號爲善本。及後集録古文，得韓文之刻石者如《羅池神》《黄陵廟碑》之類，以校集本，舛繆猶多，若《田弘正碑》則又尤甚。蓋由諸本不同，往往妄加改易。以碑校集印本，與刻石多同，當以爲正。乃知古文字之傳，久而轉失其真者多矣。則校讎之際，決於取舍，不可不慎也。印本云“銜訓事嗣，朝夕不怠”，往時用他本改云“銜訓嗣事”，今碑文云“銜訓事嗣”，與印本同，知其妄改也。印本云“以降命書”，用他本改爲“降以命書”，今碑文云“以降命書”，與印本同，知爲妄改也。印本云“奉我天明”，用他本改云“奉我王明”，今碑文云“奉我天明”，與印本同，知爲妄改也。此類甚多，略舉三事，要知改字當慎也。治平元年三月八日書。

# 廿二史考異序

錢大昕

錢大昕爲清代乾嘉學者的重要代表，精於經史、音韻、訓詁、地理、金石等，被尊爲“一代儒宗”。《廿二史考異》實則涵蓋了二十三史，主要包括“二十四史”中除了《舊五代史》與《明史》之外的二十二史，以及將司馬彪《續漢書》的志書從《後漢書》中獨立出來，對其進行系統考證，訂正史實、文字等訛誤，徵引廣博，考辨嚴謹，備受學界推崇。其與趙翼《廿二史劄記》、王鳴盛《十七史商榷》並稱清代三大史學名著。

予弱冠時，好讀乙部書，通籍以後，尤專斯業。自《史》《漢》訖《金》《元》，作者廿有二家，反復校勘，雖寒暑疾疢，未嘗少輟，偶有所得，寫於别紙。丁亥歲，乞假歸里，稍編次之，歲有增益，卷帙滋多。戊戌設教鍾山，講肄之暇，復加討論，間與前人暗合者，削而去之；或得於同學啓示，亦必標其姓名，郭象、何法盛之事，蓋深恥之也。

夫史之難讀久矣，司馬温公撰《資治通鑒》成，惟王勝之借一讀，它人讀未盡十紙，已欠伸思睡矣。況廿二家之書，文字煩多，義例紛糾，輿地則今昔異名，僑置殊所；職官則沿革迭代，冗要逐時。欲其條理貫串，了如指掌，良非易事，以予儜劣，敢云有得？但涉獵既久，啓悟遂多，著之鉛槧，賢於博弈云爾。且夫史非一家之書，實千載之書，祛其疑，乃能堅其信，指其瑕，益以見其美。拾遺規過，匪爲齮齕前人，實以開導後學。而世之考古者，拾班、范之一言，擿沈、蕭之數簡，兼有竹素爛脱，豕虎傳訛，易“斗分”作“升分”，更“子琳”爲“惠琳”，乃出校書之陋，本非作者之愆，而皆文致小疵，目爲大創，馳騁筆墨，誇曜凡庸，予所不能效也。更有空疏措大，輒以褒貶自任，强作聰明，妄生瘢痏，不卜年代，不揆時勢，强人以所難行，責人以所難受，陳義甚高，居心過刻，予尤不敢效也。桑榆景迫，學殖無成，惟有實事求是，護惜古人之苦心，可與海内共白。自知槃燭之光，必多罅漏，所冀有道君子，理而董之。

# 十三經注疏校勘記序

阮　元

"十三經"即《易》《詩》《書》《周禮》《禮記》《儀禮》《公羊傳》《穀梁傳》《左傳》《孝經》《論語》《爾雅》《孟子》十三部儒家經典,内容博大精深,對中國社會各方面影響深遠。爲了更好地幫助世人學習、理解"十三經",漢代學者開始爲諸經作注釋,即"傳""注"與"箋",唐、宋時期,學者除了對經書正文進行注釋外,還要對當時已經難以理解的前人注釋進行闡釋,這些内容被稱作"疏"與"正義"。

在南宋以前,"傳""注""箋""疏""正義"等都是單行本,直到南宋初年,才開始散入正文之下合刻。元代俗稱爲"十行本"的《十三經注疏》,是目前現存的最早名爲"十三經注疏"的合刻本;後來刊刻的尚有明代李元陽閩本、萬曆北監本、明末汲古閣刻本以及清代武英殿刻本。嘉慶時期,阮元鑒於《十三經注疏》流傳日久,訛誤增多,貽誤後學,遂設立"十三經局",延請段玉裁、臧庸、顧廣圻等學者,對其進行校勘、整理,並撰成《十三經注疏校勘記》。阮元稱該書爲"大清朝之《經典釋文》也"。日本學者内藤湖南則曰:"清儒校勘之書頗多,然其惠後學,無若阮元《十三經注疏校勘記》,凡志儒學者,無不藏十三經,讀注疏者,必並看校勘記,是學者不可一日無之書也。"

古《周易》十二篇,漢後至宋,晁以道、朱子始復其舊。自晁以道、朱子以前,皆《彖》《象》《文言》分入上、下經卦中,别爲《繫辭》上下、《説卦》《序卦》《雜卦》五篇,鄭玄、王弼之書業已如是,此學者所共知,無庸覼縷者也。《易》之爲書最古,而文多異字,宋晁以道《古文易》捃撦爲文,如郭忠恕、薛季宣《古文尚書》之比。國朝之治《周易》者,未有過於徵士惠棟者也,而其校刊雅雨堂李鼎祚《周易集解》與自著《周易述》,其改字多有似是而非者。蓋經典相沿已久之本,無庸突爲擅易,況師説之不同,他書之引用,未便據以改久沿之本也,但當録其説於考證而已。臣元於《周易注疏》舊有校正各本,今更取唐宋元明經本、經注本、單疏本、經注疏合本讎校，各刻同異，屬元和生員李鋭筆之，爲書九卷，別校略例一卷、陸氏《釋文》一卷，而不取他書妄改經文，以還王弼、孔穎達、陸德明之舊。

自梅賾獻《孔傳》，而漢之真古文與今文皆亡，乃梅本又有今文、古文之別。《新唐書・藝文志》云："天寶三載，詔集賢學士衛包改古文從今文。"説者謂今文從此始，古文從此絶，殊不知衛包以前未嘗無今文，衛包以後又別有古文也。《隋書・經籍志》有《古文尚書》十五卷，《今字尚書》十四卷，又顧彪《今文尚書音》一卷，是隋以前已有今文矣。蓋變古文爲今文，實自范寧始。寧自爲《集注》，成一家言，後之傳寫《孔傳》者從而效之，此所以有今文也。六朝之儒，傳古文者多，傳今文少，今文自顧彪而外，不少概見，李巡、徐邈、陸德明皆爲古文作音，孔穎達《正義》出於二劉，蓋亦用古文本，如"塗"之爲"斁"，"云"之爲"員"是也，然疏内不數數覯，殆爲後人竄改，如陳鄂等之於《釋文》歟！然則衛包之改古從今，乃改陸、孔而從范、顧，非倡始爲之也。乃若天寶既改古文，其舊本藏書府，民間不復有之，更經喪亂，即書府所藏，亦不可問矣。開成初，鄭覃進石經，悉用今文。前此張參之壁經，後此長興之板本，廣政之石本，當無不用今文者。乃後周顯德六年，郭忠恕獨校《古文尚書》上之，上距天寶三載已二百餘年，不知郭氏從何而得其本？宋初仍不甚行，至吕大防得於宋次道、王仲至家，而晁公武取以刻石，薛季宣據以作訓，然後大顯。今按《釋文序録》云："《尚書》之字，本爲隸古。"既是隸寫古文，則不全爲古字。今宋、齊舊本及徐、李等音，所有古字蓋亦無幾。穿鑿之徒，務欲立異，依傍字部，改變經文，疑惑後生，不可寫用。是所謂古文，不過如《周禮》《漢書》，略有古體及假借通用之字而已。晁氏《讀書志》云："陸德明獨存一二於《釋文》。"此正與古字無幾之説相合。若連篇累牘，悉是奇字，則陸氏豈得或釋或不釋哉？晁氏又云："以《古文尚書》校《釋文》，雖小有異同，而大體相類。"夫《釋文》所存僅止一二，就此一二之中，復小有異同，則全經不合者必十之九，其爲贋本無疑。然觀陸氏之言，則穿鑿立異，自古而然，不獨郭氏也。臣於《尚書注疏》舊有校本，兹以各本授德清貢生徐養原校之，並及《釋文》，臣復定其是非，且考其顛末，著於簡首。

考異於《毛詩》《經》有齊、魯、韓三家之異。齊、魯《詩》久亡，韓《詩》則宋以前尚存，其異字之見於諸書可考者，大約毛多古字，韓多今字，有時必互相證而後可以得毛義也。毛公之傳《詩》也，同一字而各篇訓釋不同，大抵依文以立解，不依字以求訓，非執於《周官》之假借者，不可以讀《毛傳》也。毛不易字，鄭《箋》始有易字之例。顧注《禮》則立説以改其字，而《詩》則多不欲顯言之，亦或有顯言之者，毛以假借立説，則不言易字，而易字在其中。鄭又於《傳》外研尋，往往《傳》所不易者而易之，非好異也，亦所謂依文立解，不如此則文有未適也。《孟子》曰："不以文害辭，不以辭害志。"《孟子》所謂文者，今所謂字，言不可泥於字，而必使作者之志，昭著顯白於後世。毛、鄭之於《詩》，其用意同也。傳、箋分而同一《毛詩》，字有各異矣。自漢以後，轉寫滋異，莫能枚數。至唐初，而陸氏《釋文》、颜氏定本、孔氏《正義》先後出焉，其所遵用之本，不能畫一。自唐後至今，鋟版盛行，於經，於傳、箋，於疏，或有意妄更，或無意譌脱，於是謬戾莫可究詰。因以臣舊校本授元和生員顧廣圻，取各本校之，臣復定是非，於以知經有經之例，傳有傳之例，箋有箋之例，疏有疏之例。通乎諸例，而折衷於《孟子》"不以辭害志"，而後諸家之本，可以知其分，亦可以知其一定不可易者矣。

有杜子春之《周禮》，有二鄭之《周禮》，有後鄭之《周禮》。《周禮》出山巖屋壁間，劉歆始知爲周公之書而讀之，其徒杜子春乃能略識其字。建武以後，大中大夫鄭興、大司農鄭衆皆以《周禮解詁》著，而大司農鄭康成乃集諸儒之成，爲《周禮注》。蓋經文古字不可讀，故四家之學皆主於正字。其云"故書"者，謂初獻於秘府所藏之本也。其民間傳寫不同者，則爲今書。有云"讀如"者，比擬其音也；有云"讀爲"者，就其音以易其字也；有云"當爲"者，定其字之誤也。三例既定，而大義乃可言矣。説皆在後鄭之注。唐賈公彥等作疏，發揮殊未得其肯綮。臣元於此《經》舊有校本，且合經、注、疏讀之，時窺見其一二，因通校經、注、疏之譌字，更屬武進監生臧庸搜校各本，並及陸氏《釋文》，臣復定其是非。凡言周制、言漢學者，容有藉於此。

《儀禮》最爲難讀。昔顧炎武以唐石刻《九經》校明監本，惟《儀禮》譌脱尤甚。經文且然，況注疏乎？賈疏文筆冗蔓，詞意鬱轖，不若孔氏《五經正義》之條暢。傳寫者不得其意，脱文誤句，往往有之。宋世注、疏各爲一書，疏自咸平校勘之後更無別本，誤謬相沿，迄今已無從一一釐正。朱子作《通解》，於疏之文義未安者多爲删潤，在朱子自成一家之書，未爲不可，而明之刻注疏者，一切惟《通解》之從，遂盡失賈氏之舊。臣於《儀禮注疏》舊有校本，奉旨充石經校勘官，曾校經文上石。今合諸本，屬德清貢生徐養原詳列異同，臣復定其是非。大約經注則以唐《石經》及宋嚴州單注本爲主，疏則以宋單行本爲主，參以《釋文》《識誤》諸書，予以正明刻之訛。雖未克盡得鄭、賈面目，亦庶還唐、宋之舊觀。鄭注疊古今文最爲詳核，語助多寡，靡不悉紀。今校是經，寧詳毋略，用鄭氏家法也。

《小戴禮記》，隋、唐《志》並二十卷，唐《石經》所分是也。貞觀中，孔穎達等爲《正義》，舊、新《唐書志》皆云七十卷，晁氏《讀書志》、陳氏《書録解題》皆同。案：古人義疏皆不附於經、注而單行，猶古《春秋》三傳、《詩》毛傳不附於經而單行也。單行之疏，北宋皆有鐫本，今僅有存者，《儀禮》《穀梁》《爾雅》間存藏書家，而他經多亡。正義多附載經注之下，其始謂之"兼義"，其後直謂之"某經注疏"；其始本無釋文，其後又附以釋文，謂之"附釋音某經注疏"，最後又去"附釋音"三字，蓋皆紹興以後所爲，而北宋無此也。有在兼義之先爲之者，今所見吴中藏本有《春秋》《禮記》二種，《春秋》曰"春秋正義卷第幾"，《禮記》曰"禮記正義卷第幾"，皆不標爲某經注疏。其卷數則《春秋》三十六卷，《禮記》七十卷，皆與《唐志》正義卷數合。蓋以單行正義爲主，而以經、注分置之，此紹興初年所爲，非如兼義、注疏之以經注爲主，而以疏附之。既不用經注之卷數，又不用《正義》之卷數，《春秋》爲六十卷，《禮記》爲六十三卷，遂使唐人《正義》之卷次不可知。蓋古今之遷變如此。《禮記》七十卷之本，出於吴中吴泰來家，乾隆間，惠棟用以校汲古閣本，識之云："訛字四千七百有四，脱字一千一百四十有五，闕文二千二百一十有七，文字異者二千六百二十有五，羡文九百七十有一，點勘是正，四百年來闕誤之書，犁然備具，爲之稱快。"今《記》中所云"惠棟校宋本"者是也。其真本今藏曲阜孔氏。近年有巧僞之書賈，取六十三卷舊刻，添注塗改，綴以惠棟跋語鬻於人，鏤板京師者，乃贋本耳。今屬臨海生員洪震煊，以惠棟本爲主，並合臣舊校本及新得各本，考其異同，臣復定其是非，爲《校勘記》六十有三卷，《釋文》則别爲四卷，後之爲《小戴》學者，庶幾有取於是。

《春秋左氏傳》，漢初未審獻於何時。《漢藝文志》説孔壁事，只云得《古文尚書》及《禮記》《論語》《孝經》，不言《左氏》經傳也。《景十三王傳》亦但云得古文經傳。所謂傳者，即《禮》之記及《論語》，亦未言有《左氏》也。《楚元王傳》劉歆讓太常博士，亦以《逸禮》三十有九、《書》十六篇系之魯恭王所得，孔安國所獻，而於《春秋左氏》所修二十餘通，則但云"藏於秘府"，不言獻自何人。惟《説文解字序》分别言之曰，"魯恭王壞孔子宅，得《禮記》《尚書》《春秋》《論語》《孝經》"，又"北平侯張蒼獻《春秋左氏傳》"，然後《左氏》經傳所自出始大白於世。顧許言恭王所得有《春秋》，豈孔壁中有《春秋》經文爲孔子手定者歟？北平侯所獻，蓋必有經有傳，度其經必與孔壁經大同。然則班《志》所云《古經》十二篇者，指恭王所得歟？抑指北平所獻歟？《左氏傳》之學，興於賈逵、服虔、董遇、鄭衆、潁容諸家，杜預因之，分經比傳，爲之《集解》。今諸家全書不可見，而流傳間見者，往往與杜本乖異。古有吴皇象所書本，宋臧榮緒、梁岑之敬所校本，今皆不可得，蓋傳文異同可考者亦僅矣。唐人專宗杜注，惟蜀《石經》兼刻經、傳、杜注文，而蜀石盡亡，世間拓本僅存數百字。後唐詔儒臣田敏等校《九經》，鏤本於國子監，此亦經傳注兼刻者，而今多不存。至於孔穎達等依經、傳、杜注爲《正義》三十六卷，本自單行，宋淳化元年有刻本，至慶元間，吴興沈中賓分系諸經注本合刻之，其跋云："踵給事中汪公之後，取國子監《春秋經傳集解》《正義》精校，萃爲一書。"蓋田敏等所鏤，淳化元年所頒，皆最爲善本，而畢集於是，後此附以《釋文》之本，未有能及此者。元和陳樹華即以此本遍考諸書，凡與《左氏》經傳文有異同可備參考者，撰成《春秋内傳考證》一書。《考證》所載之同異，雖與《正義》本敻然不同，然亦間有可采者。臣更病今日各本之踳駁，思爲諟正，錢塘監生嚴傑熟於經疏，因授以舊日手校本，又慶元間所刻之本，並陳樹華《考證》及唐石經以下各本，及《釋文》各本，精詳捃摭，共爲《校勘記》四十二卷，雖班孟堅所謂多古字古言，許叔重所謂述《春秋傳》用古文者，年代綿邈，不可究悉，亦庶幾網羅放佚，冀成注疏善本，用裨學者矣。

漢武帝好《公羊》，治其學者，胡毋子都、董膠西爲最著。膠西下帷講誦，著書十餘萬言，皆明經術之意，至於今傳焉。子都爲景帝時博士，後年老歸教於齊，齊之言《春秋》者莫不宗事之，《公羊》之著竹帛，自子都始。戴宏序稱：子夏傳與公羊高，高傳其子平，平傳其子地，地傳其子敢，敢傳其子壽，壽與弟子胡毋子都著於竹帛。是也。何休爲膠西四傳弟子,本子都條例以作注,著《公羊墨守》《公羊文謚例》《公羊傳條例》,尤邃於陰陽五行之學,多以讖緯釋傳。惟黜周王魯,傳無明文,晉王接以爲乖硋大體,非過毁也。《公羊》傳文初不與經相連綴,《漢志》各自爲卷。孔穎達《詩正義》云:"漢世爲傳訓者,皆與經别行。"故蔡邕石經《公羊》殘碑無經,解詁亦但釋傳也。分經附傳,大抵漢後人爲之,而唐開成始取而刻石。徐彦疏,《唐志》不載,《崇文總目》始著録,亦無撰人名氏。宋董逌云:"世傳徐彦所作,其時代、里居不可得而詳矣。"光禄寺卿王鳴盛云:"即《北史》之徐遵明。"不爲無見也。蓋其文章似六朝人,不似唐人所爲者。《郡齋讀書志》《書録解題》並作三十卷,世所傳本乃止二十八卷,其參差之由,亦無可考也。臣舊有校本,今更以何煌所校蜀大字本、宋鄂州官本及唐《石經》本、宋元以來各注疏本,屬武進監生臧庸臚其同異之字,臣爲訂其是非,成《公羊注疏校勘記》十一卷、《釋文校勘記》一卷,後之爲是學者,俾得有所考焉。

《六藝論》云:"穀梁善於經。"豈以其親炙於子夏所傳爲得其實歟?公羊同師子夏,而鄭氏《起廢疾》則以穀梁爲近孔子,公羊爲六國時人。又云:"傳有先後,然則《穀梁》實先於《公羊》矣。"今觀其書,非出一人之手。如隱五年、桓六年並引尸子,説者謂即尸佼。佼爲秦相商鞅客,鞅被刑後,遂亡逃入蜀,而預爲徵引,必無是事。或傳中所言者非尸佼也。自漢帝宣善《穀梁》,於是千秋之學起,劉向之義存。若更始、唐固、麋信、孔衍、徐幹皆治其學,而范寧以未有善釋,遂沉思積年,著爲《集解》。《晉書·范傳》云:"徐邈復爲之注,世亦稱之。"似徐在范後,而書中乃引邈注一十有七,可知邈成書於前,范寧得以捃摭也。讀《釋文》所列經解傳述人,亦可得其後先矣。《漢志》經傳各自爲帙,今所傳本未審合并於何時也。《集解》則經傳並釋,豈即范氏之所合歟?范注援漢、魏、晉各家之説甚詳。唐楊士勳疏分肌擘理,爲《穀梁》學者未有能過之者也。但晉豕魯魚,紛綸錯出,學者患焉。康熙間,長洲何煌者,焯之弟,其所據宋槧經注殘本、宋單疏殘本,並希世之珍,雖殘編斷簡,亦足寶貴,臣曾校録,今更屬元和生員李鋭合唐石經、元版注疏本及閩本、監本、毛本,以校宋十行本之訛,臣復定其是非,成《穀梁注疏校勘記》十二卷、《釋文校勘記》一卷。

《春秋》《易大傳》，聖人自作之文也；《論語》，門弟子所以記載聖言之文也。凡記言之書，未有不宗之者也。魯、齊、古本異同，今不可詳，今所習者，則何晏本也。臣元於《論語注疏》舊有校本，且有箋識，又屬仁和生員孫同元推而廣之，於經、注、疏、釋文皆據善本讎其同異，暇輒親訂成書，以詒學者云爾。

《孝經》，有古文，有今文，有鄭注，有孔注。孔注今不傳，近日出於日本國者，誕妄不可據，要之，孔注即存，不過如《尚書》之僞傳，決非真也。鄭注之僞，唐劉知幾辨之甚詳，而其書久不存。近日本國又撰一本流入中國，此僞中之僞，尤不可據者。《孝經》注之列於學官者，係唐玄宗御注，唐以前諸儒之説，因藉捃摭以僅存，而當時元行沖《義疏》，經宋邢昺删改，亦尚未失其真，學者舍是，固無由窺《孝經》之門徑也。惟其譌字實繁，臣元舊有校本，因更屬錢塘監生嚴傑旁披各本，並《文苑英華》《唐會要》諸書，或讎或校，務求其是。臣復親酌定之，爲《孝經校勘記》三卷、《釋文校勘記》一卷。

《爾雅》一書，舊時學者苦其難讀，今則三家村書塾毆不讀者，文教之盛，可云至矣。《爾雅》注，郭氏後出，不必精審。而從前古注之散見者，通儒多愛惜捃拾之，若近日寶應劉玉麐、武進臧庸皆采輯成書可讀。邢昺作疏，在唐以後，不得不萃唐人語爲之。近者翰林學士邵晉涵改弦更張，別爲一疏，與邢並行，時出其上。顧邢書列學官已久，士所共習，而經、注、疏三者皆譌舛日多，俗間多用汲古閣本，近年蘇州翻版尤劣。臣元搜訪舊本，於唐石經外，得明吴元恭仿宋刻《爾雅經注》三卷、元槧雪窗書院《爾雅經注》三卷、宋槧《爾雅邢疏》未附合經注者十卷，皆極可貴，授武進監生臧庸取以正俗本之失，條其異同，纖悉畢備。臣復定其是非，爲《爾雅注疏校勘記》六卷。後之讀是經者，於此不無津梁之益。陸德明《經典釋文》此經爲最詳，仍別爲校訂譌字，不依注疏本與經注相淆。若夫《爾雅》經文之字有不與經典合者，轉寫多歧之故也；有不與《説文解字》合者，《説文》於形得義皆本字本義，《爾雅》釋經則假借特多，其用本字本義少也。此必治經者深思而得其意，固非校勘之餘所能盡載矣。

漢人《孟子》注存於今者，惟趙岐一家。趙岐之學，以較馬、鄭、許、服諸儒稍爲固陋，然屬書離辭，指事類情，於訓詁無所戾，七篇之微言大義，藉是可推。且章别爲指，令學者可分章尋求，於漢傳注别開一例，功亦勤矣。唐之張鎰、丁公著始爲之音，宋孫奭采二家之善，補其闕遺，成《音義》二卷。本未嘗作《正義》也，未詳何人擬他經爲《正義》十四卷，於注義多所未解，而妄説之處，全鈔孫奭《音義》，略加數語，署曰“孫奭疏”。朱子所云邵武一士人爲之者，是也。又盡删章指矣，而疏内又往往詮釋其所削，於十三卷自稱其例曰：“凡於《趙注》有所要者，雖於文段不録，然於事未嘗敢棄之而不明。”其可議有如此者。自明以來學官所貯，注疏本而已。疏之悠繆不待言，而經注之訛舛闕逸，莫能諟正。吴中舊有北宋蜀大字本、宋劉氏丹桂堂巾箱本、相州岳氏本、盱郡重刊廖瑩中世彩堂本，皆經注善本也，賴吴寬、毛扆、何焯、何煌、朱奂、余蕭客先後傳校，迄休寧戴震授曲阜孔繼涵、安邱韓岱雲鋟版，於是經注訛可正，闕可補。而注疏本有十行者，亦較他注疏本爲善。今屬元和生員李鋭合諸本，臚其同異，臣爲辨其是非，以經注本正注疏本，以注疏十行本正明之閩本、北監本、汲古閣本，爲《校勘記》十四卷。章指及篇叙，既學者所罕見，則備載之。《音義》亦校訂附後，俾爲趙氏之學者，得有所參考折衷。日本《孟子考文》所據，僅足利本、古本二種，今則所據差廣，考《孟子》者殆莫能舍是矣。

## 讀書雜志

王念孫

《讀書雜志》爲清代著名學者王念孫所撰的經典校勘學專著，本爲其讀書時所撰札記，主要利用校勘與訓詁相結合的手段，對《逸周書》《戰國策》《史記》《漢書》《管子》《晏子春秋》《墨子》《荀子》《淮南内篇》等典籍，糾正傳世文本中的文字訛誤、句讀錯亂、音訓異同等問題。尤其是在《淮南内篇雜志書後》，王念孫對古籍致誤原因進行分析，共總結了六十四條，爲校勘學的發展提供了一定的理論指導。

### 取之於藍

青，取之於藍，而青於藍。盧氏抱經曰：“青取之於藍，從宋本，《困學紀聞》所引同。元刻作青出之藍，無於字。"念孫案：《困學紀聞》云："青出之藍作青取之於藍，監本未必是，建本未必非。"自注云："今監本乃唐與政台州所刊熙寧舊本，亦未爲善。"又云："請占之五泰。注云：五泰，五帝也。監本改爲五帝而删注文。"是王以作"出"者爲是也。元刻作"出之藍"即本於建本，監本作"取之於藍"者，用《大戴記》改之也。《荀子》本文自作"出於藍"，《藝文類聚・草部上》《太平御覽・百卉部三》及《意林》《埤雅》引此並作"出於藍"，《新論・崇學篇》同。《史記》褚少孫續《三王世家》引《傳》曰："三青采出於藍而質青於藍者，教使然也。"即是此篇之文。則本作"出於藍"明矣。宋錢佃本從監本作"取之於藍"，而所引蜀本亦作"出於藍"。宋龔士離《荀子句解》同。今從王説。

## 干　越

干越夷貊之子。楊注曰："干越，猶言吴越。《吕氏春秋》'荆有次非得寶劍於干越'，高誘曰：吴邑也。"盧改干越爲于越，又改注文之吴越爲于越，云："于越，宋本作干越。念孫案：此謂宋刻吕夏卿本也，宋刻錢佃本同。今從元刻，與《大戴禮》同。注於越，舊作吴越，訛。"寶應劉氏端臨《荀子補注》曰："案《淮南・原道訓》，干越生葛絺。高注：干，吴也。楊氏此注，以干越爲吴越，蓋用高義。觀下文引《吕氏春秋》注可見，盧改非也。今《原道訓》作于越，亦妄庸人所改。"念孫案：《道藏》本《淮南》及朱東光本皆作"干"，他本皆改爲于。念孫案：劉説是也。干、越、夷、貊皆國名，不得改干越爲于越，古書言干越者多矣。凡改干越爲于越者，皆所謂知其一説不知又有一説者也。《大戴記》之"于越"，亦後人所改，辯見《漢書・貨殖傳》。

## 絶江河

假輿馬者，非利足也，而致千里；假舟楫者，非能水也，而絶江河。念孫案：江河，本作江海，海與里爲韻，下文"不積小流，無以成江海"，亦與里爲韻，今本海作河，則失其韻矣。《文選・海賦》注引此正作"絶江海"，《大戴記・勸學篇》《説苑・説叢篇》並同，《文子・上仁篇》作"濟江海"，文雖小異，而作"江海"則同。

## 蓬生麻中不扶而直

念孫案：此下有“白沙在涅，與之俱黑”二句，而今本脱之，《大戴記》亦脱此二句，今本《荀子》無此二句，疑後人依《大戴》删之也。楊不釋此二句，則所見本已同，今本此言善惡無常，唯人所習，故“白沙在涅”與“蓬生麻中”義正相反。且黑與直爲韻，若無此二句，則既失其義，而又失其韻矣。《洪範》正義云：“《荀卿書》云：‘蓬生麻中，不扶自直；白沙在涅，與之俱黑。’”褚少孫續《三王世家》云：“《傳》曰‘蓬生麻中，不扶自直；白沙在泥，今本泥下有中字，涉上文而衍。與之皆黑’者，土地教化使之然也。”《索隱》曰：“‘蓬生麻中’以下，並見《荀卿子》。”案：上文引《傳》曰“青采出於藍”云云，下文引《傳》曰“蘭根與白芷’云云，皆見《荀子》。則此所引《傳》亦《荀子》也。然則漢、唐人所見《荀子》皆有此二句，不得以《大戴》無此二句而删之也。又案《群書治要·曾子·制言篇》云：“故蓬生麻中，不扶乃直。《燕禮》注：乃，猶而也。白沙在泥，與之皆黑。”《大戴》同。考《荀子》書多與《曾子》同者，此四句亦本於《曾子》，斷無截去二句之理。

## 騏驥一躍不能十步駑馬十駕功在不舍

楊注曰：“言駑馬十度引車，則亦及騏驥之一躍。據下云‘駑馬十駕，則亦及之’，此亦當同，疑脱一句。”盧云：“案：不能十步，十當爲千。《玉篇》引《大戴禮》‘騏驥一磔，不能千步’，今《大戴禮》步作里、此千作十，皆是訛字，里、海爲韻，步、舍爲韻，古音如是。”劉云：“案‘不能十步’義最長，《大戴禮》作千里，於義疏矣。若《玉篇》作千，直是訛字，盧反引以爲據，非也。十駕，十日之程也。旦而受駕，至暮脱之，故以一日所行爲一駕，若十度引車，則非駕義也。”念孫案：《吕氏春秋·貴卒篇》曰：“所爲貴驥者，爲其一日千里也；旬日取之，則與駑駘同。”《淮南·齊俗篇》曰：“夫驥驥千里，一日而通；駑馬十舍，旬亦至之。”此皆駑馬十日行千里之證，《大戴記》“驥驥一磔，不能千里”，里與舍不合韻，乃涉上文“無以致千里”而誤。《玉篇》引作千步，千字雖訛，而不字不訛。辯見《大戴記述聞》。

（選自《讀〈荀子〉雜志》）

# 顧廣圻論校勘

顧廣圻

顧廣圻爲清代著名學者，校勘學造詣極深，被日本學者神田喜一郎譽爲“清代校勘學第一人”。顧廣圻校勘態度謹慎，主張“不校而校”，即一方面主張在校勘過程中保存書籍原貌，“毋改易其本來”；另一方面主張保存異文，“别撰《考異》，以論其是非得失”。這就使得顧廣圻在校勘中極爲重視版本，尤其是重視古刻、古抄，講求不同版本之間的對校，不以意妄改。

## 禮記考異跋

颜黄門有言：“校定書籍，亦何容易，自揚雄、劉向方稱此職耳。”蓋以校書之弊有二：一則性庸識闇，強預此事，本未窺述作大意，道聽而塗説，下筆不休，徒增蕪累。一則才高意廣，易言此事，凡遇其所未通，必更張以從我，時時有失，遂成瘡痏。二者殊塗，至於誣古人惑來者，同歸而已矣。廣圻竊不自量，思救其弊，每言書必以不校校之。毋改易其本來，不校之謂也；能知其是非得失之所以然，校之之謂也。

今古餘先生重刻宋撫本《禮記》，悉依元書，而别撰《考異》以論其是非得失，可云實獲我心者也。觀乎《考異》之爲書，舉例也簡，持論也平，斷決也精，引類也富。大抵有發疑正讀之功，無繭絲牛毛之苦；去鑿空騰説之損，收實事求是之益。豈但有功於此書也哉？夫固使弊於校者，箴其膏肓，而起其廢疾矣。是爲跋。

## 文選跋

此《文選》朱校出汲古主人，同時馮竇伯手其前二十卷，又有藍筆，則陸敕先所覆校也。今年秋八月，余屬蕘圃以重價購之，復借香巖周氏所藏殘宋尤袤槧本，即馮、陸所據者，重爲細勘。閲時之久，幾倍馮、陸。補其漏略，正其傳訛，頗有裨益。惜宋槧之尚非全豹也。竊思《選》學盛於唐，至王深寧時已謂不及前人之熟，降逮前明，幾乎絶矣。唯詞章之士，掇其字句，以供鞶帨。至其爲經史之鼓吹，聲音訓詁之鍵鑰，諸子百家之檢度，遺文墜簡之淵藪，莫或及也。其間字經淺人改易，文爲妄子刊削，五臣混淆善本，音注抵牾正文，又烏能知之。因訛致舛，其來久遠，承襲輾轉，日滋一日。卷帙鴻富，徵引繁多，詞意奥隱，不容臆測，義例深密，未易推尋。雖以陳文道之精心鋭志，既博且勤，而又淵源多助，然舉正一書，猶時時有失，況余仲林記聞以下，摭華遺實，宜同自鄶矣。廣圻由宋本而知近本之謬，兼由勘宋本而即知宋本亦不能無謬。意欲准古今通借，以指歸文字；參累代聲韻，以區別句逗。經史互載者，考其異；專集尚存者，證其同。而又旁綜四部，雜涉九流，援引者沿流而溯源，已佚者借彼以訂此，未必非此學之功臣也。體用博大，自慚譾陋，懼弗克任，姑識其願於此。並期與蕘圃交勖之焉。嘉慶元年十二月二十日，顧廣圻書於士禮居。

## 文苑英華辨證跋

余性素好鉛槧，從事稍久，始悟害書籍之訛，實由於校。據其所知，改所不知，通人類然，流俗無論矣。叔夏自序云：三折肱爲良醫，知書不可以意輕改。何其知言也。此書乃校讎之模楷，豈獨讀《英華》者資其是正哉。雖亦未免疵纇，如證牛上士《師子賦》“豈方姿於虥儵”，當是黑虎之“虪”，舍《爾雅》而徵《七命》，數典殊失。然終無損大段之佳也。

## 韓非子識誤序

予之爲《韓非子識誤》也，歲在乙丑，客於揚州太守陽城張古餘先生許，宋槧本，太守所借也。與余向所得述古堂影抄正同，第十四卷失第二葉，以影抄者補之。前人多稱《道藏》本，其實差有長於趙用賢刻本者耳，固不如宋槧也。宋槧首題“乾道改元中元日黄三八郎印”，亦頗有誤。通而論之，宋槧之誤，由於未嘗校改，故誤之跡往往可尋也。而趙刻之誤，則由乎凡遇其不解者必校改之，於是而並宋槧之所不誤者，方且因此以至於誤，其宋槧之所誤，又僅苟且遷就仍歸於誤，而徒使可尋之跡泯焉，豈不惜哉！予讎勘數過，推求彌年，既窺得失，乃條列而識之，不可解者，未敢妄説。庚午在里中，友人王子渭爲之寫録，間有所論，厥後攜諸行篋，隨加增定。甲戌以來，再客揚州，值全椒吴山尊學士知宋槧之善，重刊以行，復舉《識誤》附於末。竊惟智恭學短，曾何足云，庶後有能讀此書者，將尋其跡，輒以不敏爲之先道也。嘉慶二十一年歲在丙子秋八月元和顧廣圻序。

## 段玉裁論校勘

段玉裁

段玉裁爲清代著名學者，以文字、訓詁見長，在校勘學方面也卓有見地。與顧廣圻強調要保存書籍原貌、保存各版本間的異文不同，段玉裁強調的是，校勘僅是研究手段，重要的是要定底本的是非、定作者的是非，即從單純地探討外在文本的發展到深入地探討其義理，這便對校勘者的學識有了極高的要求。顧廣圻與段玉裁二人代表了清代學者不同的校勘理念，而從實際角度來説，顧廣圻之法較爲易行。

讀書有本子之是非，有作書者之是非。本子之是非，可讎校而定之；作書者之是非，則未易定也。慎修先生、東原師皆曰：從事經學，蓋有三難，淹博難，識斷難，審定難。僕以爲定本子之是非，存乎淹博；定作書者之是非，則存乎識斷審定。

（選自《與胡孝廉世琦書》）

校書之難，非照本改字不訛不漏之難也，定其是非之難。是非有二：曰底本之是非，曰立説之是非。必先定其底本之是非，而後可斷其立説之是非。二者不分，轇轕如治絲而棼，如算之淆其法實而瞀亂乃至不可理。何謂底本，著書者之稿本是也；何謂立説，著書者所言之義理是也。

（選自《與諸同志論校書之難》）

# 葉德輝論校勘

葉德輝

《藏書十約》乃葉德輝爲後人所撰寫的藏書經驗，明確提出"書不校勘，不如不讀"，並列舉了他所認爲的校勘八善。同時，葉德輝對前人的校勘方法進行了總結，將其劃分爲"死校"與"活校"，發前人所未發，對後世"校勘四法"的出現有啓發作用，促進了校勘學理論的發展。

書不校勘，不如不讀。校勘之功，厥善有八：習靜養心，除煩斷慾，獨居無俚，萬慮俱消，一善也；有功古人，津逮後學，奇文獨賞，疑竇忽開，二善也；日日翻檢，不生潮霉，蠹魚蛀蟲，應手拂去，三善也；校成一書，傳之後世，我之名字，附驥以行，四善也；中年善忘，恒苦搜索，一經手校，可閲數年，五善也；典制名物，記問日增，類事撰文，俯拾即是，六善也；長夏破睡，嚴冬御寒，廢寢忘餐，難境易過，七善也；校書日多，源流益習，出門采訪，如馬識途，八善也。具此八善，較之古人臨池仿帖，酬願寫經，孰得孰失，殆有霄壤之異矣。

顧知校書之善矣，而不得校之之法，是猶涉巨川而忘舟楫，遊名山而無籃輿，終歸無濟而已矣。今試言其法：曰死校，曰活校。死校者，據此本以校彼本，一行幾字，鈎乙如其書，一點一畫，照録而不改，雖有誤字，必存原本。顧千里廣圻、黄蕘圃丕烈所刻之書是也。活校者，以群書所引改其誤字，補其闕文，又或錯舉他刻，擇善而從，別爲叢書，板歸一式。盧抱經文弨、孫淵如星衍所刻之書是也。斯二者，非國朝校勘家刻書之秘傳，實兩漢經師解經之家法。鄭康成注《周禮》，取故書杜子春諸本，録其字而不改其文，此死校也。劉向校録《中書》，多所更定，許慎撰《五經異義》，自爲折衷，此活校也。其後隋陸德明撰《經典釋文》，臚載異本，岳珂刻《九經三傳》，抉擇衆長，一死校，一活校也。明乎此，不僅獲校書之奇功，抑亦得著書之捷徑也已。

# 校史隨筆序

傅增湘

《校史隨筆》爲張元濟主持影印《百衲本二十四史》時所取得的一系列校勘成果。張元濟爲了向學界提供可靠的《二十四史》版本，搜集到了當時所見的最早、最接近原貌的刻本進行影印，但這些刻本中難免有脱文、衍文、倒文、訛字，甚至還有人爲的删削與竄改，張元濟一一予以校勘與考證，力求提供可靠的《二十四史》文本。今日通行的中華書局整理本《二十四史》，便繼承了張元濟的校勘成果。後世學者對《校史隨筆》評價很高，王紹曾認爲，張元濟的校勘工作，有"重缺疑，補缺脱，訂錯亂，釐卷第，校衍奪，斠臆改，證遺文，辨誤讀，勘異同，存古字，正俗字，明體式，決聚訟，揭删竄，匡前修"之成就。

歲在辛未，上海涵芬樓彙集宋、元古本及明槧舊鈔，影印《二十四史》，至丁丑歲而訖功。蓋自乾隆武英殿敕刊之始，洎同治五局合刻以來，括舉全史而整齊之，競克奏無前之偉績，然其間厲精焠掌，始終不懈以底於成者，實前輩張君菊生一人之力也。君自刊印伊始，即獨任校勘之役。每一史成，輒綴跋文於後，臚版刻之源流，舉文字之同異，恒與前賢相發明，或引今時之創獲。其致力之精能，記問之賅博，海内人士披觀而服習之久矣。間嘗語君，書成之後，宜仿子晉《題跋》、蕘圃《書録》之例，取諸跋勒爲一編，以餉學者。其校記稿本亟宜刊布，以競全功。未幾，以《校史隨筆》來，謂全稿紛繁，董理有待，兹撮其領要，萃爲此編，屬爲序而行之。

竊惟史籍浩繁，號爲難治，近代鴻著，無如王氏《商榷》、錢氏《考異》、趙氏《札記》。三君皆當代碩儒，竭畢生之力以成此書，其考辨精深，徵引翔實，足爲讀史之津寄。然於疑、誤、奪、失之處，或取證本書，或旁稽他籍，咸能推斷，以識其乖違，終難奮筆以顯爲刊正，則以未獲多見舊本，無所取證也。第舊本難致，自昔已然。錢氏曉徵博極群書，然觀其《舊唐書考異》，言闕内道地理，於今本多所致疑,似於聞人詮本未全寓目。明刻如此,遑論宋、元。更以近事言之:合州張石卿,亦吾蜀好學之士,嘗侈言欲重勘全史,持書遍謁勝流。共和之初,遇之海上,告以欲校古書,宜先求善本,否則勞而鮮獲,壯志難酬。石卿不喻斯旨,矻矻廿年,取材之書不越殿本、局刊,再上汲古、北監而止。年逾七十,於遷《史》始見震澤王氏本。身後以遺稿見託,則疏失孔多,未堪問世。追惟往事,深足矜憐。可知校勘之事,良未易言。博求廣覽,得所據依,斯可循流以溯源,庶免冥途而暗索也。

今觀《隨筆》所載,凡一百六十四則,視原稿當不及十之一,而博識雅裁,洪纖畢舉。凡所疑窒,悉爲疏通而證明;遇有舛訛,得以隨文而匡正。至於逸文、奪葉,亦皆援據衆本,廣采旁搜,期於信今而傳後。其詣力所到,時與王、錢諸人之説互相闡發,而精審且或過之。蓋君所采獲者,皆前人未見之書,故其論定者,多千古未發之覆。閲之關開節解,如薙叢棘而履康莊,撥雰翳而睹晴昊,其開示後人之功夫豈細哉。昔王氏序《商榷》,有言曰:"予任其勞而使人受其逸,予居其難而使人樂其易,不亦善乎。"今兹編既出,世之讀史者固已受其逸、樂其易矣。豈知其難且勞者至如是耶?

當創議之初,或疑古本傳世日稀,諸史頗難求備,且卷帙繁重,沿襲滋紛,造端既閎,殺青匪易。君獨奮厲圖維,引爲己責,招延同志,馳書四出。又復舟車遠邁,周歷江海、大都,北上燕京,東抵日本,所至官私庫藏,列肆冷攤,靡不恣意覽閲,耳目聞見,籍記於册。海内故家,聞風景附,咸出篋藏,助成盛舉。於是廣羅衆本,拔取殊尤,遠者寫仿以歸,近者投瓻見假,而編排待定,端緒至紛。宋刻舊少完編,則别徵殘卷;秘籍世不再出,則取資覆刊。一史而同備數刻,必録其古者;無刻而兼用傳鈔,必選其精者。或合並異刻,乃完一書;或續獲初鐫,而棄前帙。凡此甄擇之功,皆再三矜審而始定。

舉其大較言之:如黄氏《史記》,遍訪之諸家,卷第粗完;《三國志》遠求之海外,二志始備;晉、唐兩《書》,皆密行細字,或闕或殘,嗣獲别本同式,可云巧合;至《舊唐》宋刊,取之瞿氏;《宋史》元刊,得之内閣,推爲斷種孤籍,此外片楮不存,一則續以沈本,一則續以朱本,牽補經營,强彌缺憾。若薛《史》原書,懸購國門而不得;《周書》蜀本,猝遭劫火而竟亡;此則補救無方,徒懸夢想而已。此成書之難,非盡人能喻者也。

若夫檢正編帙，浩博無涯，今既取精而用宏，加之實事以求是。凡覯古刊，取正官本，旁參衆刻，廣核群書，芟亂截浮之文，殆更僕而難數。聊就所見，舉其大凡。如校《史記》而知《正義》《集解》之文遺佚正多；校《漢書》而知劉之問引宋祁之語要可取信；校《晉書》則知盧氏《校補》率與相符；校《金史》則知施氏《詳校》尚有未盡；校《五代史》益知吴氏《纂誤》、王氏《商榷》，咸以未睹慶元曾本，横生糾摘。兹根據既確，斯榛梗悉除。

又列史舊多闕文，今得宋、元初本，補《南齊》地志、列傳二葉，《宋史》張栻、田況傳二葉，而奪行、衍文更難僂指。若夫片語單詞，形音易舛，而一字偶失，千里遂差。如《南齊紀》"口中出血"，展轉誤作"舌""言"；《梁書・紀》"儁進土囊"，同逆乃遺王偉，罪狀出入，得此究明。"鳪衣"爲隋後采桑之服，今作"鵂衣"者皆誣；"鉤魚"爲遼主遊畋之禮，今作"釣魚"者大失。獲此孤證，幸存典章。至《魏書》"九磬之舞"，《北史》"錫衰之服"，《遼史》"汋者之人"，皆引證《周官》，以糾正時本。凡此斠餘之瑣語，足備前代之遺聞，設令不予標稱，遂恐長兹湮滅。然非雌黄萬卷，穿穴群言，又何以臻此？此校史之勞，非旦夕可幾者也。

嗟夫！文籍顯晦，要有數存；盛業聿興，亦關人力。當乾隆之世，文治修明，才俊蔚起，殿閣刊書，宜可勒垂定本，而流傳及今，尚多遺議。逮夫咸、同以後，各省疆臣乃廣開書局，賓禮耆儒，而全史重刊，未爲精善，留此鴻功，竣諸今日。君乃乘時而起，肩斯鉅任。適會世運日新，禁網大弛，上而天府之珍儲，下而世家之秘庫，西洎於流沙，東極於蓬島，地不愛寶，奇書盡出，加以歐風東被，藝術精奇，毫素之用，蜕以化工，剞劂之勞，易以石墨，此皆前世所未經，而於今爲極盛。君乘此機緘，恢張文運，奮其偉力，運以精思，計日程功，昕夕忘倦，中更禍亂，茹苦支持，不越十年，而煌煌數萬葉鉅編，傳播於海寓内外。兹更出其緒餘，刊此校筆，如開萬寶之庫，傾龍宫之藏，片玉零珠，皆爲瑰異，洵乙部之總龜，非僅丹鉛之餘録也。

自維學殖荒落，垂老無成，只以嗜古耽書，與君氣誼相合，投分遂深。憶刊史之初，引共謀議，參訂版本，相與訪尋。並盡出家世藏書，如宋刻則有《史記》《魏書》《南齊書》《唐書》《五代史》，元刻則有遼、金、北《史》，雖缺完不一，而罕異爲多，樂在觀成，未容秘惜，第慚疏謭，無所神助。君乃殷勤商討，箋札時通，每撰一文，輒千里郵示，遇有疑滯，時獲新解，亦舉相質正，余惟拾墜補遺，聊抒一得而已。嘗聞摹印初稿，悉經手勘，三四未已，偶以數卷見投，觀之朱墨爛然，盈闌溢幅，密若點蠅，縈如赤練，點畫纖細，鈎勒不遺，知君堅毅劬苦，迥越恒人，遂能成兹偉著。故於是書之成也，敢述經始之難，與圖成之勞，表君生平志事，以告當世，而余亦藉以附名簡末，其爲幸不既多乎。

# 校法四例

陳　垣

陳垣在《元典章釋例》中，對中國傳統的校勘手段進行了總結，即後世所稱的"校法四例"。在陳垣之前，中國古代學者一直在進行各種校勘活動，但是卻未對校勘的方法進行系統性的歸納，直到清末葉德輝在理論層面將校勘手段歸爲"死校"與"活校"，但仍較爲粗疏。陳垣的"校法四例"則是對校勘的方法進行了科學的總結，成爲具有指導性的校勘學學説，得到學界的公認，並成爲後人所遵循的校勘原則與方法。

昔人所用校書之法不一，今校《元典章》所用者四端：

一爲對校法。即以同書之祖本或別本對讀，遇不同之處，則注於其旁。劉向《別録》所謂"一人持本，一人讀書，若怨家相對者"，即此法也。此法最簡便，最穩當，純屬機械法。其主旨在校異同，不校是非，故其短處在不負責任，雖祖本或別本有訛，亦照式録之，而其長處則在不參己見，得此校本，可知祖本或別本之本來面目。故凡校一書，必須先用對校法，然後再用其他校法。有非對校決不知其誤者，以其文義表面上無誤可疑也。

二爲本校法。本校法者，以本書前後互證，而抉摘其異同，則知其中之繆誤。吴縝之《新唐書糾繆》、汪輝祖之《元史本證》，即用此法。此法於未得祖本或別本以前，最宜用之。予於《元典章》曾以綱目校目録，以目録校書，以書校表，以《正集》校《新集》，得其節目訛誤者若干條。至於字句之間，則循覽上下文義，近而數葉，遠而數卷，屬詞比事，抵牾自見，不必盡據異本也。

三爲他校法。他校法者，以他書校本書。凡其書有采自前人者，可以前人之書校之，有爲後人所引用者，可以後人之書校之，其史料有爲同時之書所並載者，可以同時之書校之。此等校法，範圍較廣，用力較勞，而有時非此不能證明其訛誤。丁國鈞之《晉書校文》，岑刻之《舊唐書校勘記》，皆此法也。

四爲理校法。段玉裁曰："校書之難，非照本改字不訛不漏之難，定其是非之難。"所謂理校法也。遇無古本可據，或數本互異，而無所適從之時，則須用此法。此法須通識爲之，否則鹵莽滅裂，以不誤爲誤，而糾紛愈甚矣。故最高妙者此法，最危險者亦此法。昔錢竹汀先生讀《後漢書・郭太傳》，太至南州過袁奉高一段，疑其詞句不倫，舉出四證，後得閩嘉靖本，乃知此七十四字爲章懷注引謝承書之文，諸本皆儳入正文，惟閩本獨不失其舊。今《廿二史考異》中所謂某當作某者，後得古本證之，往往良是，始服先生之精思爲不可及。經學中之王、段，亦庶幾焉。若《元典章》之理校法，只敢用之於最顯然易見之錯誤而已，非有確證，不敢借口理校而憑臆見也。

# 第四章　辨僞學選讀

## 四部正譌（節選）

胡應麟

《四部正譌》是我國第一部辨僞學理論專著，突破了明初宋濂《諸子辨》的範圍，將辨僞的對象擴展到四部，共辨别僞書一百零四種。在本書中，胡應麟總結出了二十一種作僞的手段，分析了四部典籍中僞書分布的大致情況，並結合前代學者的辨僞思想與方法，總結出八條行之有效的辨僞方法，促進了辨僞學的發展。

凡贋書之作，情狀至繁。約而言之，殆十數種。

有僞作於前代，而世率知之者，風后之《握奇》、岐伯之《素問》是也。

有僞作於近代，而世反惑之者，卜商之《易傳》、毛漸之《連山》是也。

有掇古人之事而僞者，仲尼傾蓋而有《子華》，柱史出關而有《尹喜》是也。

有挾古人之文而僞者，伍員著書而有《越絶》，賈誼賦鵩而有《鶡冠》是也。

有傳古人之名而僞者，尹負鼎而《湯液》聞，戚飯牛而《相經》著是也。

有蹈古書之名而僞者，汲冢發而《師春》補，《檮杌》紀而楚史傳是也。

有憚於自名而僞者，魏泰《筆録》之類是也。

有恥於自名而僞者，和氏《香奩》之類是也。

有襲取於人而僞者，法盛《晉書》之類是也。

有假重於人而僞者，子瞻《杜解》之類是也。

有惡其人僞以禍之者，僧孺《行紀》之類是也。

有惡其人僞以誣之者，聖俞《碧雲》之類是也。

有本非僞，人託之而僞者，《陰符》不言三皇，而李荃稱黄帝之類是也。

有書本僞，人補之而益僞者，《乾坤鑿度》及諸緯書之類是也。

又有僞而非僞者，《洞靈真經》本王士元所補，而以僞亢倉；《西京雜記》本葛稚川所傳，而以僞劉歆之類是也。

又有非僞而實僞者，《化書》本譚峭所著，而宋齊丘竊而序傳之；莊注本向秀所作，而郭子玄取而點定之類是也。二説尚難信，譚事僅羽流所述，向子期與嵇、阮諸文士友，而絶不爲言，姑據前人載此。

又有當時知其僞，而後世弗傳者，劉炫《魯史》之類是也。又有當時記其僞，而後人弗悟者，司馬《潛虚》之類是也。《潛虚》，司馬公屬草未成，後人贋補行世，見朱紫陽《語録》、黄東發《日鈔》，世以數學，無辨其非是者。

又有本無撰人，後人因近似而僞託者，《山海》稱大禹之類是也。

又有本有撰人，後人因亡逸而僞題者，《正訓》稱陸機之類是也。

（選自卷一）

凡核僞書之道，核之《七略》以觀其源，核之群志以觀其緒，核之並世之言以觀其稱，核之異世之言以觀其述，核之文以觀其體，核之事以觀其時，核之撰者以觀其託，核之傳者以觀其人，核兹八者，而古今贋籍亡隱情矣。

凡四部書之僞者，子爲盛，經次之，史又次之，集差寡。凡經之僞，《易》爲盛，緯候次之。凡史之僞，雜傳記爲盛，瑣説次之。凡子之僞，道爲盛，兵及諸家次之。凡集，全僞者寡，而單篇列什借名竄匿甚衆。於別編詳之。

大率秦漢以還，書若三《易》《連山》《歸藏》《子夏》。《三墳》《六韜》《七緯》《關尹》《子華》《素書》《洞極》《李靖問答》《麻衣心法》、武侯諸策、王氏諸經，全僞者也。《列御寇》《司馬法》《通玄經》，真錯以僞者也。《黄石公》《鶡冠子》《燕丹子》，僞錯以真者也。《管仲》《晏嬰》《文中》，真僞錯者也。《元命包》《孔叢》《潛虚》，真僞疑者也。《鬻熊》殘也，《亢倉》補也，《繁露》訛也，皆不得言僞也。《素問》《握奇》《陰符》《山海》其名訛也，其書非僞也。《穆天子傳》《周書紀年》，其出晚也，其書非僞也。即以僞乎，非戰國後也，餘亡足辯矣。《黄石》《鶡冠》《燕丹》，蓋後人雜取戰國他書之文，易其名號爲此，非謂真三子作也。

（選自《四部正訛》卷三）

# 尚書古文疏證序

黄宗羲

《尚書》在流傳過程中有"今文""古文"之别。《今文尚書》傳自漢初學者伏生,以漢代的隸書書寫,存二十八篇;《古文尚書》則是魯恭王壞孔壁後所發現,以先秦文字書寫,有十六篇;在長期的流傳中,《古文尚書》逐漸失傳,東晉時梅賾又獻《古文尚書》二十五篇。但是從宋代開始,吴棫、朱熹、陳振孫、吴澄、梅鷟等學者皆對梅賾所獻《古文尚書》的真實性表示質疑。至清代,閻若璩在前人研究的基礎之上,利用了多種辨僞方法,提出了一百二十八條論據,來論證《古文尚書》爲僞書。由於《尚書》爲中國傳統的"十三經"之一,學術地位極高,故閻若璩的辨僞結果意義也非常重大,《四庫全書總目提要》稱其"反復釐剔以祛千古之大疑"。

吴草廬以古文《尚書》之僞,其作《纂言》,以伏氏二十八篇爲之解釋,以古文二十五篇自爲卷帙。其《小序》分冠於各篇者,合爲一篇,置於後。歸震川以爲不刊之典。郝楚望著《尚書辨解》,亦依此例。然從來之議古文者,以史傳考之,則多矛盾。既云安國之學以授都尉朝,朝授庸生,庸生授胡常,胡常授徐敖及王璜、涂惲,涂惲授賈徽,徽以授其子逵,其傳授歷然,何以《後漢書》又稱扶風杜林於西州得漆書古文《尚書》一卷,同郡賈逵爲之作訓,則其所授於父者何書耶?既言賈逵爲古文《尚書》作訓,何以逵之所訓者止歐陽、夏侯之書,而不及其他也。又云馬融作傳,鄭康成作注,何以康成之注《書序》有《汩作》《九共》《典寶》《肆命》《原命》,而無《仲虺之誥》《太甲》《説命》諸篇也。即篇名同者,亦不同其文。如注《禹貢》則引《胤徵》云"篚厥玄黄,紹我周王",乃孔書之《武成》文也。又云康成傳其孫小同,小同與鄭沖同事高貴鄉公,沖以古文《尚書》教授,其學未絶,何以東晉豫章内史梅賾始得安國之傳奏之?史傳之矛盾如此。若以文辭格制之不同别之,而爲古文者,其采緝補綴無一字無所本,質之今文,亦無大異。亦不足以折其角也。唯是秦火以前,諸書之可信者,如《左氏内外傳》《孟子》《荀子》《墨子》之類,取以證之,庶乎思過半矣。自來諸儒問指其一二破綻而疑之，其疑信相半也。嘉靖初，旌川梅鷟著《尚書譜》一編，取諸傳記之語與二十五篇相近者類列之，以證其剽竊。稱引極博，然於史傳之異同終不能合也。

淮海閻百詩寄《尚書古文疏證》，方成四卷，屬余序之。余讀之終卷，見其取材富，折衷當。當兩漢時，安國之《尚書》雖不立學官，未嘗不私自流通，逮永嘉之亂而亡。梅賾作僞書，冒以安國之名，則是梅賾始僞。顧後人並以疑漢之安國，其可乎？可以解史傳連環之結矣。中間辨析三代以上之時日、禮儀、地理、刑法、官制、名諱、祀事、句讀、字義，因《尚書》以證他經史者，皆足以祛後儒之蔽，如此方可謂之窮經其原。夷族禍始於《泰誓》，短喪作俑於《太甲》，錯解《金縢》而陷周公於不弟。仁人之言，有功於後世大矣。

憶吾友朱康流謂余曰："從來講學者未有不淵源於'危、微、精、一'之旨，若無《大禹謨》則理學絶矣，而可僞之乎。"余曰："此是古今一大節目，從上皆突兀過去。'允執厥中'本之《論語》，'惟危、惟微'本之《荀子》。《論語》曰：'舜亦以命禹。'則舜之所言者，即堯之所言也。若於堯之言有所增加，《論語》不足信矣。人心、道心，正是《荀子》性惡宗旨。惟危者，以言乎性之惡。惟微者，此理散殊無有形象，必擇之至精，而後始與我一。故矯飾之論生焉。後之儒者，於是以心之所有，唯此知覺。理則在於天地萬物，窮天地萬物之理以合於我心之知覺，而後謂之道。皆爲'人心、道心'之説所誤也。夫人只有人心，當惻隱自能惻隱，當羞惡自能羞惡，辭讓是非，莫不皆然。不失此本心，無有移换，便是'允執厥中'。故孟子言求放心，不言求道心；言失其本心，不言失其道心。夫子之'從心所欲不逾矩'，只是不失人心而已。然則此十六字者，其爲理學之蠹甚矣。"康流不以爲然。嗚呼。得吾説而存之，其於百詩之證，未必無當也。

## 四庫全書總目提要(節選)

《四庫全書總目提要》不僅在目録學中具有里程碑式的價值，而且在辨僞學中也具有同樣的地位。作爲一部解題書目，對文獻真僞考辨是其重要内容。《四庫全書總目》進行過真僞考辨的文獻數量極多，據學者統計，多達七百一十三種，並且遍及四部，這是前所未有的；對胡應麟等前代學者提出的辨僞理論與方法，運用得極爲系統、純熟；同時對於僞書的界定範疇以及僞書的價值，也有深刻的認識。

### 孟子正義十四卷 内府藏本

漢趙岐注。其《疏》則舊本題"宋孫奭撰"。岐字邠卿，京兆長陵人，初名嘉，字臺卿。永興二年，辟司空掾，遷皮氏長。延熹元年，中常侍唐衡兄玹爲京兆尹，與岐夙隙，岐避禍逃避四方，乃自改名字。後遇赦得出，拜并州刺史。又遭黨錮十餘歲。中平元年，徵拜議郎，舉敦煌太守。後遷太僕，終太常。事跡具《後漢書》本傳。奭字宗古，博平人，太宗端拱中九經及第，仁宗時官至兵部侍郎、龍圖閣學士。事跡具《宋史》本傳。是注即岐避難北海時，在孫賓家夾柱中所作。漢儒注經，多明訓詁名物，惟此注箋釋文句，乃似後世之口義，與古學稍殊。然孔安國、馬融、鄭玄之注《論語》，今載於何晏《集解》者，體亦如是。蓋《易》《書》文皆最古，非通其訓詁則不明。《詩》《禮》語皆徵實，非明其名物亦不解。《論語》《孟子》詞旨顯明，惟闡其義理而止，所謂言各有當也。其中如謂宰予、子貢有若緣孔子聖德高美而盛稱之，《孟子》知其太過，故貶謂之汙下之類，紕繆殊甚。以屈原憔悴爲徵於色，以寧戚叩角爲發於聲之類，亦比擬不倫。然朱子作《孟子集注或問》，於岐説不甚掊擊。至於書中人名，惟盆成括、告子不從其學於孟子之説，季孫、子叔不從其二弟子之説，餘皆從之。書中字義，惟"折枝"訓按摩之類不取其説，餘亦多取之。蓋其説雖不及後來之精密，而開辟荒蕪，俾後來得循途而深造，其功要不可泯也。胡廣《拾遺録》據李善《文選注》引《孟子》曰"墨子兼愛摩頂致於踵。"趙岐曰："致，至也。"知今本經文及注均與唐本不同。今證以孫奭《音義》所音，岐注亦多不相應，語詳《孟子音義》條下。蓋已非舊本。至於《盡心》下篇"夫子之設科也"，注稱"孟子曰：夫我設教授之科"云云，則顯爲"予"字，今本乃作"夫子"。又"萬子曰"句，注稱"萬子，萬章也"，則顯爲子字，今本乃作"萬章"。是又注文未改，而經文誤刊者矣。其疏雖稱孫奭作，而《朱子語録》則謂邵武士人假託，蔡季通識其人。今考《宋史·邢昺傳》，稱昺於咸平二年，受詔與杜鎬、舒雅、孫奭、李慕清、崔偓佺等校定《周禮》《儀禮》《公羊》《穀梁》《春秋傳》《孝經》《論語》《爾雅》

義疏，不云有《孟子正義》。《涑水紀聞》載奭所定著，有《論語》《孝經》《爾雅》正義，亦不云有《孟子正義》。其不出奭手，確然可信。其疏皆敷衍語氣，如鄉塾講章。故《朱子語録》謂其全不似疏體，不曾解出名物制度，只繞纏趙岐之説。至岐注好用古事爲比，疏多不得其根據。如注謂非禮之禮，若陳質娶妻而長拜之；非義之義，若藉交報讎。此誠不得其出典。案：藉交報讎以謂藉交遊之力以報讎，如朱家、郭解，非有人姓藉名交也，疑不能明，謹附識於此。至於單豹養其内而虎食其外，事出《莊子》，亦不能舉，則弇陋太甚。朱彝尊《經義考》摘其欲見西施者人輸金錢一文事，詭稱《史記》。今考注，以尾生爲不虞之譽，以陳不瞻爲求全之毁，疏亦並稱《史記》。尾生事實見《莊子》，陳不瞻事實見《説苑》，案《説苑》作"陳不占"，蓋古字同音假借。皆《史記》所無。如斯之類，益影撰無稽矣。以久列學官，姑仍舊本録之爾。

### 論語義疏十卷 浙江巡撫采進本

魏何晏注，梁皇侃疏。書前有《奏進論語集解序》，題"光禄大夫關内侯孫邕、光禄大夫鄭沖、散騎常侍中領軍安鄉亭侯曹羲、侍中荀顗、尚書駙馬都尉關内侯何晏"五人之名。《晉書》載鄭沖與孫邕、何晏、曹羲、荀顗等共集《論語》諸家訓詁之善者，義有不安，輒改易之，名《集解》，亦兼稱五人。今本乃獨稱何晏。考陸德明《經典釋文》，於"《學而》第一"下題"集解"二字，注曰："一本作何晏集解。"又《序録》曰"何晏集孔安國、包咸、周氏、馬融、鄭玄、陳群、王肅、周生烈之説，並下己意爲《集解》。正始中上之，盛行於世，今以爲主"云云。是獨題晏名，其來久矣。殆晏以親貴總領其事歟？邕字宗儒，樂安青州人。沖字文和，滎陽開封人。羲，沛國譙人，魏宗室子。顗字景倩，荀彧之子。晏字平叔，南陽宛人，何進之孫，何咸之子也。侃，《梁書》作偘，蓋字異文，吴郡人，青州刺史皇象九世孫，武帝時官國子助教，尋拜散騎侍郎，兼助教如故，大同十一年卒，事跡具《梁書・儒林傳》。《傳》稱所撰《禮記義》五十卷、《論語義》十卷。《禮記義》久佚，此書宋《國史志》《中興書目》、晁公武《讀書志》、尤袤《遂初堂書目》皆尚著録。《國史志》稱侃疏雖時有鄙近，然博極群言，補諸書之未至，爲後學所宗。蓋是時講學之風尚未甚熾，儒者説經亦尚未盡廢古義，故史臣之論云爾。迨乾、淳以後，講學家門户日堅，羽翼日衆，鏟除異己，惟恐有一字之遺，遂無復稱引之者，而陳氏《書録解題》亦遂不著録。知其佚在南宋時矣。惟唐時舊本流傳，存於海外。康熙九年，日本國山井鼎等作《七經孟子考文》，自稱其國有是書，然中國無得其本者，故朱彝尊《經義考》注曰"未見"。今恭逢我皇上右文稽古，經籍道昌，乃發其光於鯨波鮫室之中，藉海舶而登秘閣。殆若有神物撝訶，存漢、晉經學之一線，俾待聖世而復顯者。其應運而來，信有非偶然者矣。據《中興書目》，稱侃以何晏《集解》去取爲疏十卷。又列晉衛瓘、繆播、欒肇、郭象、蔡謨、袁宏、江淳、蔡系、李充、孫綽、周瑰、范寧、王珝等十三人爵里於前，云"此十三家是江熙所集。其解釋於何《集》案"何集"二字，不甚可解，蓋何氏《集解》之省文，今姑仍原本録之。無妨者亦引取爲説，以示廣聞"云云。此本之前，列十三人爵里，數與《中興書目》合。惟"江厚"作"江淳"、"蔡溪"作"蔡系"、"周懷"作"周瑰"，殆傳寫異文歟？其經文與今本亦多異同。如"舉一隅"句下有"而示之"三字，頗爲冗贅，然與《文獻通考》所引石經《論語》合。"夫子之言性與天道不可得而聞也"下有"已矣"二字，亦與錢曾《讀書敏求記》所引高麗古本合。其疏文與余蕭客《古經解鉤沉》所引，雖字句或有小異，而大旨悉合。知其確爲古本，不出依託。觀《古文孝經》孔安國傳，鮑氏《知不足齋》刻本信以爲真，而《七經孟子考文》乃自言其僞，則彼國於授受源流，分明有考，可據以爲信也。至"臨之以莊則敬"作"臨民之以莊則敬"，《七經孟子考文》亦疑其"民"字爲誤衍，然謹守古本而不敢改，知彼國遞相傳寫，偶然訛舛或有之，亦未嘗有所竄易矣。至何氏《集解》，異同尤夥。雖其中以"包氏"爲"苞氏"，以"陳恒"爲"陳桓"之類，不可據者有之，而勝於明刻監本者亦復不少，尤可以旁資考證也。

### 韻經五卷 安徽巡撫采進本

舊本題"梁吴興沈約撰類，宋會稽夏竦集古，明弘農楊慎轉注，江夏郭正域校"。前有正域《自序》曰："近體詩惟宗沈韻。今所傳韻非沈也，唐禮部韻也，故唐詩宗之。沈韻上平有九咍、十八痕，下平有二十二凡，上有十六混、十九豏，去有八祭、十代、十七掀，入有十六昔，而今韻無之。"其《凡例》又稱家藏有《四聲韻》及約故本。案：《梁書》《南史》沈約傳，並載約撰《四聲譜》。《隋志》載其書一卷，而《唐志》已不著録。觀陸法言《切韻序》，歷述吕静、夏侯該、陽休之、周思言、李季節、杜臺卿六家之韻，獨不及約書，是隋開皇時其書已不顯。唐李涪作《刊誤》，但詬陸韻而不及沈書，則僖宗時已佚矣。正域何由於數百年後得其故本？且沈韻雖不可見，而其集猶存。今以所用之韻一一排比鉤稽之，惟東、冬、鍾三韻同用，魚、虞、模三韻同用，庚、耕、清、青四韻同用，而蒸、登兩韻各獨用，與《廣韻》異。餘則四聲並同，又安得如正域所云"九咍"之類。其爲贋託，殆不足辨。至夏竦《古文四聲》五卷，本采鐘鼎奇字分韻編次，以便檢尋，乃字書，非韻書，乃古文，非今文。正域乃稱夏竦集古，尤爲乖迕。觀其首列徐蒧所作吴棫《韻補序》、楊慎《轉注古音略自序》，而不及竦《序》，知並未見其書，而但以名剿説也。王弘撰《山志》乃指此爲沈約真本，譏屠隆未見《韻經》，誤指《平水韻》爲約書，不亦傎乎？又朱彝尊《重刊廣韻序》曰："近有嶺外妄男子，僞撰沈約之書，信而不疑者有焉。"考王士禛《居易録》，記康熙庚午，廣東香山縣監生楊錫震，自言得沈約《四聲譜》古本於廬山僧今帾，因合吴棫《韻補》而詳考音義，博徵載籍，爲《古今詩韻注》凡二百六十一卷，赴通政司疏上之。奉旨付内閣，與毛奇齡所進《古今通韻》訂其同異。彝尊所指，當即其人。今内府書目但有奇齡之書，而錫震之書不録，未知其門目何如。疑其所據，即正域此本也。

## 太公兵法一卷 浙江范懋柱家天一閣藏本

案此書首列天陣、地陣、人陣之名，其説出於《六韜》。而風雲、日星等占皆以七言詩句爲歌訣，辭甚鄙俚。其僞託不待辨也。

## 乙巳占略例十五卷 兩淮鹽政采進本

舊本題唐李淳風撰。皆雜占天文、雲氣、風雨並及分野星象之説。按淳風有《乙巳占》十卷，蓋以貞觀十九年乙巳，在上元甲子中，書作於是時，故以爲名。《唐志》《宋志》所載卷數並同，惟《宋志》别出有《乙巳指占圖經》三卷，不言何人所撰，而無此書。尤袤《遂初堂書目》、焦竑《國史經籍志》亦僅載《乙巳占》，不云别有《略例》。檢《永樂大典》，絶無一字之徵引，可知明以前無此書矣。錢曾《述古堂書目》始以《乙巳占》《乙巳略例》二書並列，而又不言其所自來。考朱彝尊《曝書亭集》有《乙巳占》跋，是其書近時尚存，今特偶未之見耳。彝尊所論分野，以此本相較，皆參錯不合。且所占至於天寶九載，其非淳風所作甚明。書中援引亦多龐雜無緒，疑後人取《開元占經》與《乙巳占》之文參互成書，而別題此名，託之淳風也。

### 古玉圖譜一百卷 内府藏本

舊本題宋龍大淵等奉敕撰。《宋史·藝文志》不載，他家著録者皆未之及。尤袤《遂初堂書目》有《譜録》一門，自《博古》《考古圖》外，尚有李伯時《古器圖》、晏氏《辨古圖》《八寶記》《玉璽譜》諸目，亦無是書之名。朱澤民《古玉圖》作於元時，亦不言曾見是書。莫審其所自來。今即其前列修書諸臣職銜，以史傳考證，舛互之處，不可枚舉。案宋制，凡修書處有提舉監修、詳定、編修諸職名，從無總裁、副總裁之稱，其可疑一也。宋制，翰林學士承旨以學士久次者爲之。《宋史·佞倖傳》載龍大淵紹興中爲建王内知客，孝宗受禪，自左武大夫除樞密副都承旨，知閤門事，出爲江東總管。是大淵官本武階，不應爲是職。又提舉嵩山崇福宫下加一使字，宋制亦無此名。且傳稱大淵於乾道四年死，此書作於淳熙三年，在大淵死後九年，何得尚領修纂之事？其可疑二也。又宇文粹中列銜稱翰林直學士，考南宋《館閣録》及《翰院題名記》，自乾道至淳熙，僅有王淮、崔敦詩、胡元質、周必大、程叔達諸人，無粹中之名。其可疑三也。又《宋史·佞倖傳》載曾覿字純甫，汴人，紹興中爲建王内知客。孝宗以潛邸舊人，除權知閤門事，淳熙元年除開府儀同三司，六年加少保，醴泉觀使。今是書既作於淳熙三年，而於覿之列銜僅稱檢校工部侍郎，轉無儀同三司之稱，且考《宋志》檢校官一十九，但有檢校尚書，從無檢校侍郎者，殊爲不合。其可疑四也。張掄即明人所稱作《紹興内府古器評》者，《武林舊事》稱爲知閤張掄，蓋其官爲知閤門事，亦武臣之職。而是書乃作提舉徽猷閣。按徽猷閣爲哲宗御書閣，據《宋志》只設有學士、待制、直閣，並無提舉一官，若提舉秘閣則當用宰執，又非掄所應爲，顯爲不考宋制，因知閤而附會之。其可疑五也。《宋志》皇城司但有幹當官，無提舉之名。此作提舉皇城司事張青，與志不合。其可疑六也。又士禄列銜稱帶御器械忠州防御使，直寶文閣；葉盛列銜稱帶御器械汝州團練使，直敷文閣。案帶御器械、防御、團練皆環衛武臣所授階官，而直閣爲文臣貼職，南宋一代，從未有以加武職者。其可疑七也。北宋有太常禮儀院，元豐定官制，已歸並太常寺，南渡無禮儀院之名，而此又有太常禮儀院使錢萬選。其可疑八也。《書畫譜》引陳善《杭州志》，載劉松年於寧宗朝進《耕織圖》稱旨，賜金帶。此書作於淳熙初，距寧宗即位尚二十年，而已云賜金帶。其可疑九也。《圖繪寶鑒》稱李唐官成忠郎，畫院待詔，而此乃作儒林郎，既不相合，且唐在徽宗朝已入畫院，建炎中以邵宏淵薦，授待詔，《圖繪寶鑒》稱其時已年近八十，淳熙距建炎五十年，不應其人尚存。其可疑十也。《畫史會要》稱馬遠爲光、寧朝待詔，陳善杭州志稱夏圭爲寧宗朝待詔，今淳熙初已有其名，時代不符。其可疑十一也。《宋志》樞密院無都事，工部無司務，文思院只有提轄監管監門諸職，無掌院之名，種種乖錯不合。其可疑十二也。此必後人假託宋時官本，又僞造銜名以證之，而不加考據，妄爲捃摭，遂致舛錯乖互，不能自掩其跡。其亦不善作僞者矣。

**勿軒集八卷** **福建巡撫采進本**

宋熊禾撰。禾初名鉌，字去非，號勿軒，又號退齋，建陽人。咸淳十年進士，授寧武州司户參軍，宋亡不仕，教授鄉里以終。近時儀封張伯行嘗刊是集，多所刊削，殊失其真。是書凡《易學圖傳》二卷、《春秋通義》一卷、《四書標題》一卷、詩文三卷、《補遺》一卷，蓋明天順中舊刻，猶爲完帙。惟前有元許衡《序》，稱“其晚年修《三禮通解》，將脱稿，竟以疾卒。平生著述，獨《四書標題》《易經講義》《詩選正宗》《小學句解》傳於世。嗣孫澍，家藏遺稿，存什一於千百。族孫孟秉，類次成帙，釐爲八卷。傳諸二世孫斌，授梓以傳，求予序之”云云。末署至元十七年，考至元爲世祖年號，而禾卒於仁宗皇慶元年，自至元訖皇慶，相距三十餘年，何以先稱其疾卒。年月錯謬，依託顯然。蓋其後人僞撰此文，借名炫俗，不知禾亦通儒，固不必以衡重也。今删除此序，庶不以僞亂真焉。

# 考信録提要(節選)

崔　述

在文史研究中，辨僞並非專指辨别典籍的真僞，还包括辨僞説、辨僞事、辨僞史等。崔述在《考信録》中，系統闡釋了考辨古書、古史的必要性和現實性，認爲只有在考辨真僞的基礎上才能進行學術研究，對大量先秦史實進行考證，分析古書、古史致誤的原因。他的疑古辨僞精神最終影響了後世的“古史辨派”。

## 釋　例

聖人之道，在《六經》而已矣。二帝、三王之事，備載於《詩》《書》；《書》謂《堯典》等三十三篇。孔子之言行，具於《論語》。文在是，即道在是，故孔子曰：“文王既没，文不在兹乎？”六經以外，别無所謂道也。

顧自秦火以後，漢初諸儒傳經者各有師承，傳聞異詞，不歸於一，兼以戰國之世，處士横議，説客託言，雜然並傳於後，而其時書皆竹簡，得之不易，見之亦未必能記憶，以故難於檢核考正，以别其是非真僞。東漢之末，始易竹書爲紙，檢閲較前爲易；但魏、晉之際，俗尚詞章，罕治經術，旋值劉、石之亂，中原陸沉，書多散軼，漢初諸儒所傳《齊詩》《魯詩》《齊論》《魯論》陸續皆亡，惟存《毛詩序傳》及張禹更定之《論語》，而伏生之《書》，田何之《易》，鄒、夾之《春秋》，亦皆不傳於世。於時復生妄人，僞造《古文尚書經傳》《孔子家語》，以惑當世。二帝、三王、孔門之事於是大失其實。學者專己守殘，沿訛踵謬，習爲固然，不之怪也。雖間有一二有識之士摘其疵謬者，然特太倉稊米，而亦罕行於世。直至於宋，名儒迭起，後先相望，而又其時印本盛行，傳布既多，稽核最易，始多有抉摘前人之誤者。或爲文以辨之，如歐陽永叔《帝王世次圖序》《泰誓論》、蘇明允《嚳妃論》、王介甫《伯夷論》之類。或爲書以正之，如鄭樵《詩辨妄》、趙汝談《南塘書説》之類。或作傳注以發明之，如朱子《論語》《孟子集注》《詩集傳》、蔡氏《書傳》之類。蓋至南宋而後《六經》之義大著。

然經義之失真已千餘年，僞書曲説久入於人耳目，習而未察，沿而未正者尚多，所賴後世之儒踵其餘緒而推廣之，於所未及正者補之，已正而世未深信者闡而明之，帝王聖賢之事豈不粲然大明於世！乃近世諸儒類多摭拾陳言，盛談心性，以爲道學，而於唐、虞、三代之事罕所究心。亦有參以禪學，自謂明心見性，反以經傳爲膚末者。而向來相沿之誤，遂無復有過而問焉者矣！

余年三十，始知究心《六經》，覺傳記所載與注疏所釋，往往與經互異，然猶未敢决其是非，乃取經傳之文類而輯之，比而察之，久之而後曉然，知傳記注疏之失。顧前人罕有言及之者，屢欲茹之而不能茹，不得已乃爲此録以辨明之。非敢自謂繼武先儒，聊以效愚者千慮之一得云爾。

**以下三章通論讀書當考信之意**

人之言不可信乎？天下之大，吾非能事事而親見也，況千古以上，吾安從而知之。人之言可盡信乎？馬援之薏苡以爲明珠矣，然猶有所因也。無兄者謂之盗嫂，三娶孤女者謂之撾婦翁，此又何説焉！舌生於人之口，莫之捫也；筆操於人之手，莫之掣也。惟其意所欲言而已，亦何所不至者！余自幼時聞人之言多矣，日食止於十分，月食有至十餘分者，世人不通曆法，咸曰月一夜再食，甚有以爲己嘗親見之者。余雖尚幼，未見曆書，然心獨疑之。會月食十四分有奇，夜不寢以觀之，竟夜初未嘗再食也。唯食既之後，良久未生光，計其時刻，約當食四分有奇之數，疑即指此而言。然同人皆不以爲然。又數年，見諸家曆書，果與余言相同。人之言其安從而信之！郡城劉氏家有星石二枚，里巷相傳，咸謂先時嘗落星於其第，化而爲石。余自幼即聞而疑之。稍長，從劉氏兄弟遊，親見其石，及其所刻篆文楷字，細詰之，則曰："實無是事。先人宦南方，得此石，奇其狀非人世所有，聊刻此言以爲戲耳。"此現有石可據，有文可徵，然且非實，人之言其又安從而信之！周道既衰，異端並起，楊、墨、名、法、縱横、陰陽諸家莫不造言設事以誣聖賢。漢儒習聞其説而不加察，遂以爲其事固然，而載之傳記。若《尚書大傳》《韓詩外傳》《史記》《戴記》《説苑》《新序》之屬，率皆旁采卮言，真僞相淆。繼是復有讖緯之術，其説益陋，而劉歆、鄭康成咸用之以説經。流傳既久，學者習熟見聞，不復考其所本，而但以爲漢儒近古，其言必有所傳，非妄撰者。雖以宋儒之精純，而沿其説而不易者，蓋亦不少矣。至《外紀》《皇王大紀》《通鑒綱目前編》六字共一書名，與温公《通鑒》、朱子《綱目》無涉。等書出，益廣搜雜家小説之説以見其博，而聖賢之誣遂萬古不白矣！孟子曰："盡信《書》則不如無《書》。吾於《武成》，取二三策而已矣。"聖人之讀經，猶且致慎如是，況於傳注，又況於諸子百家乎！孟子曰："博學而詳説之，將以反説約也。"然則欲多聞者，非以逞博也，欲參互考訂而歸於一是耳。若徒逞其博而不知所擇，則雖盡讀五車，遍閱四庫，反不如孤陋寡聞者之尚無大失也。

凡人多所見則少所誤，少所見則多所誤。唐衛退之餌金石藥而死，故白居易詩云："退之服硫黄，一病訖不痊。"而宋人雜説遂謂韓退之作《李于墓志》戒人服金石藥，而自餌硫黄。無他，彼但知有韓昌黎字退之，而不知唐人之字退之者尚多也！故曰，少所見則多所誤也。余崔在魏，族頗繁，然外縣人罕識之，多知有余兄弟。族人有病於試場者，則相傳以爲余兄弟病也；族人有畜優者，則相傳以爲余兄弟畜優也。此耳目之前、身親之事猶若此，則天下之大，千古以上可知已。故好德不如好色，許允事也，而近世類書以爲許渾。韓魏公在揚州與客賞金帶圍，王珪與陳旭、王安石也，而近世類書以爲王曾。晉、宋之事且猶不免傳訛，況乎三代以上，固當有十倍於此者。是以顔闔之事載爲顔淵，闞我所爲移之宰我，諸如此類，蓋不可數。但此幸而本書尚存，猶可考而知之，若不幸而《吕氏春秋》亡，人必以論東野畢者爲顔淵，《左傳》亡，人必以陳恒所殺者爲宰予。雖聒而與之語，終不見聽，必曰："古者言如是，夫豈無所傳而妄記者！"然則唐、虞、三代之事，戰國、秦、漢所述，其移甲爲乙，終古不白者，豈可勝道哉！故堯之臣多矣，乃見重、黎，遂以爲必羲、和也；紂之臣亦多矣，乃見父師、少師，遂以爲必箕、比也；禹之佐豈止一人，乃見大費，遂以爲必益；太甲之佐亦豈止一人，乃見阿衡，遂以爲必伊尹。無他，彼心中止有此一二人，故遇有仿佛近似者，遂以爲必此人。猶之乎許允之事移之渾，王珪之事移之曾也。甚至南宫載寳，公然移之南容，使三復白圭之賢受誣於百世。猶之乎衛退之餌金石藥，而以餌藥而死爲昌黎罪也。故今《録》中凡事之不見於經者，度其不類此人之事，則削之而辨之。嗟夫，嗟夫，此難爲眇見寡聞而粗心浮氣者道也！孔毅夫《雜説》，昔人有辨其係僞撰者，故今但稱"宋人雜説"，不欲古人之受誣也。

人之情好以己度人，以今度古，以不肖度聖賢。至於貧富貴賤，南北水陸，通都僻壤，亦莫不互相度，往往逕庭懸隔，而其人終不自知也。漢疏廣爲太子太傅，以老辭位而去，此乃士君子常事，而後世論者謂廣見趙、蓋、韓、楊之死故去。無論蓋、韓、楊之死在此後，藉使遇寬大之主，遂終已不去乎？何其視古人太淺也。昭烈帝臨終，託孤於諸葛武侯，曰："嗣子可輔，輔之；若不可輔，君可自取，毋令他人得之。"此乃肺腑之言，有何詐僞，而後世論者謂昭烈故爲此言，以堅武侯之心。然則將使昭烈爲袁本初、劉景升而後可乎？此無他，彼之心固如是，故料古人之亦必如是耳。然此猶論古人也。邯鄲至武安六十里，山道居其大半，向不可車，有肥鄉僧募修之，人布施者甚少，乃傾己囊以成之。議者咸曰："僧之心本欲多募以自肥，以施者之少也，故不得已而傾其囊。"夫僧之心吾誠不知其何如，然其事則損己以利人也，損己利人而猶謂其欲損人以利己，其毋乃以己度人矣乎？然此猶他人事也。余之在閩也，無名之徵悉蠲之民，有餘之税悉解之上，淡泊清貧之況，非惟百姓知之，即上官亦深信之。然而故鄉之人隔數千餘里終不知也，歸里之後，人咸以爲攜有重貲。既而僦居隘巷，移家山村，見其飯一盂，蔬一盤，猶曰："是且深藏，不肯自炫耀也。"故以己度人，雖耳目之前而必失之，況欲以度古人，更欲以度古之聖賢，豈有當乎。是以唐、虞、三代之事，見於經者皆純粹無可議，至於戰國、秦、漢以後所述，則多雜以權術詐謀之習，與聖人不相類，無他，彼固以當日之風氣度之也。故《考信録》但取信於《經》，而不敢以戰國、魏、晉以來度聖人者遂據之爲實也。

### 以下七章皆論戰國邪説寓言不可徵信

戰國之時，説客辨士尤好借物以喻其意。如"楚人有兩妻""豚蹄祝滿家""妾覆藥酒""東家食，西家宿"之類，不一而足。雖孟子書中亦往往有之，非以爲實有此事也。乃漢、晉著述者往往誤以爲實事，而采之入書，學者不復考其所本，遂信以爲真有，而不悟者多矣。其中亦有原有是事而衍之者。公父文伯之卒也，見於《國語》者，不過其母惡其以好内聞，而戒其妾無瘠容，無洵涕，無掐膺而已。《戴記》述之，而遂謂其母據床大哭，而内人皆行哭失聲。樓緩又衍之，遂謂婦人自殺於房中者二八矣。又有無是事，有是語，而遞衍之爲實事者。《春秋》傳，子太叔云："嫠不恤其緯而憂宗周之隕，爲將及焉。"此不過設言耳。其後衍之，遂謂漆室之女不績其麻而憂魯國。其後又衍之，遂謂魯監門之女嬰尤衛世子之不肖，而有"終歲不食葵，終身無兄"之言，若真有其人其事者矣。由是韓嬰竟采之以入《詩外傳》，劉向采之以入《列女傳》。傳之益久，信者愈多，遂至虚言竟成實事。由是言之，雖古有是語，亦未必有是事，雖古果有是事，亦未必遂如後人之所云云也，況乎戰國遊説之士，毫無所因，憑心自造者哉！乃世之士但見漢人之書有之，遂信之而不疑，抑亦過矣。故今

《考信録》中,凡其説出於戰國以後者,必詳爲之考其所本,而不敢以見於漢人之書者,遂真以爲三代之事也。

戰國、秦、漢之書,非但託言多也,亦有古有是語而相沿失其解,遂妄爲之説者。古者日官謂之日御,故曰“天子有日官,諸侯有日御”。羲仲、和仲爲帝堯臣,主出納日,以故謂之日御。後世失其説,遂誤爲御車之御,謂羲和爲日御車。故《離騷》云“吾令羲和弭節兮,望崦嵫而勿迫”,已屬支離可笑。又有誤以御日爲浴日者,故《山海經》云“有女子名羲和,浴日於甘淵”,則其謬益甚矣!古者羲、和占日,常儀占月。常儀,古之賢臣,占者占驗之占,常儀之占月,猶羲、和之占日也。儀之音古皆讀如娥。故《詩》云:“菁菁者莪,在彼中阿。既見君子,樂且有儀。”又云:“親結其縭,九十其儀。其新孔嘉,其舊如之何?”皆與“阿”“何”相協。後世傳訛,遂以“儀”爲“娥”,而誤以爲婦人。又誤以占爲“占居”之意,遂謂羿妻常娥竊不死之藥而奔於月中,由是詞賦家相沿用之。雖不皆信爲實,要已誣古人而惑後世矣。諸如此類,蓋不可以勝數。然此古語猶間見於經傳,可以考而知者,若夫古書已亡,而流傳之誤但沿述於諸子百家之書中者,更不知凡幾矣。大抵戰國、秦、漢之書皆難徵信,而其所記上古之事尤多荒謬。然世之士以其傳流日久,往往信以爲實。其中豈無一二之實?然要不可信者居多。乃遂信其千百之必非誣,其亦惑矣!

先儒相傳之説,往往有出於緯書者。蓋漢自成、哀以後,讖緯之學方盛,説《經》之儒多采之以注《經》。其後相沿,不復考其所本,而但以爲先儒之説如是,遂靡然而從之。如龍負河圖,龜具洛書,出於《春秋緯》。黄帝作《咸池》,顓頊作《五莖》,帝嚳作《六英》,帝堯作《大章》,出於《樂緯》。諸如此類,蓋不可以悉數。即禘爲祭其始祖所自出,亦緣緯書之文而遞變其説者。蓋緯書稱三代之祖出於天之五帝,鄭氏緣此,遂以禘爲祭天,而謂《小記》“禘其祖之所自出”爲禘其始祖之所自出。王氏雖駁鄭氏祭天之失,而仍沿始祖所自出之文。由是始祖之前復别有一祖在,豈非因緯書而誤乎!余幼時嘗見先儒述孔子言云,“吾志在《春秋》,行在《孝經》”。稽之經傳,並無此文。後始見何休《公羊傳序》,唐明皇《孝經序》有此語,然不知此兩序本之何書。最後檢閲《正義》,始知其出於《孝經緯》之《鈎命訣》也。大抵漢儒之説,本於《七緯》者不下三之一,宋儒頗有核正,然沿其説者尚不下十之三。乃世之學者動曰漢儒如是説，宋儒如是説，後生小子何所知而妄非議之。嗚乎，漢儒之説果漢儒所自爲説乎？宋儒之説果宋儒所自爲説乎？蓋亦未嘗考而已矣！嗟夫，讖緯之學，學者所斥而不屑道者也，讖緯之書之言，則學者皆遵守而莫敢有異議。此何故哉？此何故哉？吾莫能爲之解也已！

近世淺學之士動謂秦、漢之書近古，其言皆有所據，見有駁其失者，必攘臂而争之。此無他，但徇其名而實未嘗多觀秦、漢之書，故妄爲是言耳！劉知幾《史通》云："秦漢之世，《左氏》未行，遂使《五經》、雜史、百家諸子，其言河、漢，無所遵憑。故其記事也：當晉景行霸，公室方強，而云韓氏攻趙，有程嬰、杵臼之事；出《史記趙世家》。子罕相國，宋睦於晉，而云晉將伐守，覘其哭於陽門介夫。出《禮記》。其記時也：秦穆居春秋之始，而云其女爲荆昭夫人；出《列女傳》。韓、魏處戰國之時，而云其君陪楚莊王葬焉。出《史記滑稽傳》。列子書論尼父，而云生在鄭穆之年；出劉向《七録》。扁鵲醫療虢公，而云時當趙簡子之。出《史記扁鵲傳》。樂書仕於周子，而云以晉文如獵，犯颜直言；出劉向《新序》。荀息死於奚齊，而云覯晉靈作臺，累碁申誡。原注：出劉向《説苑》。或以先爲後，或以後爲先，日月顛倒，上下翻覆。古來君子曾無所疑，及《左傳》既行，而其失自顯。"由是論之，秦、漢之書其不可據以爲實者多矣，特此未有如知幾者肯詳考而精辨之耳。顧吾猶有異者，知幾於秦、漢之書紀春秋之事，考之詳而辨之精如是，至於虞、夏、商、周之事，乃又采摭百家雜史之文而疑經者，何哉？夫自春秋之世，下去西漢僅數百年，而其舛誤乖刺已累累若此，況文、武之代去西漢千有餘年，唐、虞之際去西漢二千有餘年，即去戰國亦二千年，則其舛誤乖剌必更加於春秋之世數倍可知也。但古史不存於世，無《左傳》一書證其是非耳，豈得遂信以爲實乎！故今爲《考信録》，於殷、周以前事但以《詩》《書》爲據，而不敢以秦、漢之書遂爲實録，亦推廣《史通》之意也。

非惟秦、漢之書述春秋之事之多誤也，即近代之書述近之事，其誤者亦復不少。洪景盧《容齋隨筆》云："俗間所傳淺妄之書，所謂《雲仙散録》《開元天寶遺事》之屬，皆絶可笑。其一云：'姚崇，開元初作翰林學士，有步輦之召。'按崇自武後時已爲宰相，及開元初，三入輔矣。其二云：'郭元振少時，美風姿，宰相張嘉貞欲納爲婿，遂牽紅絲線，得第三女。'按元振爲睿宗宰相，明皇初年即貶死，後十年嘉貞方作相。其三云：'楊國忠盛時，朝之文武争附之，惟張九齡未嘗及門。'按九齡去相位十年,國忠方得官耳。其四云:'張九齡覽蘇頲文卷,謂爲文陣之雄師。'按頲爲相時,九齡元未達也。此皆顯顯可信者,固鄙淺不足攻,然頗能疑誤後生也。"至於《孔氏野史》《後山叢談》所載張、杜、范、趙、歐陽、司馬諸公之事,亦皆考其出處日月而糾駁之。然則雖近代之書,述前數十年之事,亦有未可以盡信者,況於戰國、秦、漢之人述唐、虞、商、周之事,其舛誤固當有百倍於此者乎!惜乎三代編年之史不存於今,無從一一證其舛誤耳。然亦尚有千百之一二,經傳確有明文,顯然可徵者。如稷、契之任官,皆在嚳崩之後百十餘年,而世乃以爲嚳之子、堯之兄弟。成王乃武王元妃之長子,武王老而始崩,成王不容尚幼,而世乃以爲成王年止十三,周公代之踐阼。公山弗擾之畔,孔子方爲司寇,聽國政,佛肸之畔,孔子卒已數年,而世以爲孔子往應二人之召。其年世之不符,何異於《開寶遺事》之所言。然而世莫有疑之者,何哉?安得知幾、景盧復生於今日,移其考辨春秋、唐、宋之事之心,以究帝王、孔門之事,而與之上下今古也!

自宋以前,士之讀書者多,故所貴不在博而在考辨之精,不但知幾、景盧然也。至明,以三場取士,久之而二三場皆爲具文,止重《四書》文三篇,因而學者多束書不讀,自舉業外茫無所知。於是一二才智之士務搜覽新異,無論雜家小説,近世贋書,凡昔人所鄙夷而不屑道者,咸居之爲奇貨,以傲當世不讀書之人。曰:吾誦得《陰符》《山海經》矣!曰:吾誦得《吕氏春秋》《韓詩外傳》矣!曰:吾誦得《六韜》《三略》《説苑》《新序》矣!曰:吾誦得《管》《晏》《申》《韓》《莊》《列》《淮南》《鶡冠》矣!公然自詫於人,人亦公然詫之以爲淵博,若《六經》爲藜藿,而此書爲熊掌雉膏者然,良可慨也!

戰國之時,邪説並作,寓言實多,漢儒誤信而誤載之,固也。亦有前人所言本係實事,而遞傳遞久以致誤者。此於三代以上固多,而近世亦往往有之。晉陶淵明《桃花源記》言武陵漁人入深山,其居人自言先世避秦時亂,率妻子邑人來此,遂與外人間隔。此特漢、晉以前,黔、楚之際,山僻人稀,以故未通人世,初無神仙誕妄之説也。而唐韓昌黎《桃源圖詩》云:"神仙有無何渺茫,桃源之説誠荒唐!"又云:"自説經今六百年,當時萬事皆眼見。"劉夢得《桃源行》亦云:"俗人毛骨驚仙子。"又云:"仙家一出尋無蹤。"皆以淵明所言者爲神仙,雖有信不信之殊,而其誤則一也。至宋洪興祖始據淵明原文以正韓、劉之誤，然後今人皆知其非神仙，淵明之冤始白。向使淵明之記不幸而亡於唐末、五代之時，後之人但讀韓、劉之詩，必謂桃源真神仙所居；不則以爲淵明之妄言，雖百洪興祖言之，亦必不信矣，而豈有是事哉！晉石崇《王明君即昭君，避晉諱，故作明。辭序》云："昔公主嫁烏孫，令琵琶馬上作樂，以慰其道路之思。其送明君，亦必爾也。"其後唐杜子美詠昭君村，遂有"千載琵琶，曲中怨恨"之句。由是詞人相沿用之，世之學者遂皆以琵琶爲昭君嫁時之所彈矣。然此現有石崇之詞可證，少知讀書者猶能考而知之。若使此詞遂亡，後之人但見前代詩人群焉稱之如此，雖好學之士亦必皆以爲實，誰復知其爲烏孫公主之事者乎？嗟夫！昌黎，大儒也，自漢以來學未有過於昌黎者，而子美號爲詩史，説者謂其無一字無來歷，然其言皆不可指實如是，然則漢、晉諸儒之所傳者，其遂可以盡信乎哉！乃世之學者多據爲定案，惟宋朱子間糾駁其一二，而人且曰"漢世近古，漢儒之言必非無據"而云然者，然則韓、杜之詩豈皆無據而云然乎！嗟夫，古之國史既無存於世者，但據傳記之文而遂以爲固然，古人之受誣者尚可勝道哉！故余爲《考信録》，於漢、晉諸儒之説，必爲考其原本，辨其是非，非敢詆諆先儒，正欲平心以求其一是也。

## 以下五章論漢人解詁之有誤

傳記之文，有傳聞異詞而致誤者，有記憶失真而致誤者。一人之事，兩人分言之，有不能悉符者矣。一人之言，數人遞傳之，有失其本意者矣。是以三傳皆傳《春秋》，而其事或互異，此傳聞異詞之故也。古者書皆竹簡，人不能盡有也，而亦難於攜帶，纂書之時無從尋覓而翻閱也。是以《史記》録《左傳》文，往往與本文異，此記憶失真之故也。此其誤本事理之常，不足怪，亦不足爲其書累。顧後之人阿其所好，不肯謂之誤，必曲爲彌縫，使之兩全，遂致大誤而不可挽。如九州之名，《禹貢》詳之矣，而《周官》有幽、并而無徐、梁，誤也，必曲爲之説曰："周人改夏九州，故名互異。"《爾雅》有幽、營而無青、梁，亦誤也，必曲爲之説曰："記商制也。"説詳《唐虞考信録》中。此非大誤乎？《春秋傳》成公之母呼聲伯母曰姒，伯華之妻呼叔向妻曰姒，是長婦稚婦皆相呼以姒也。衛莊公娶於陳曰厲嬀，其娣戴嬀，孟穆伯娶於莒曰戴己，其娣聲己，是妹隨姐嫁者稱娣也。而《爾雅》云："長婦謂稚婦爲娣，稚婦謂長婦爲姒。"誤矣。必曲爲之説曰:"長婦稚婦據妻之年論之,不以夫之長幼别也。"此非大誤乎!鄭氏之注《禮》也,凡記與經異及兩記互異者,必以一爲周禮,一爲殷禮,不則以一爲士禮一爲大夫禮。此皆不知其本有一誤,欲使兩全,而反致自陷於大誤者也。夏太康時,有窮之君曰羿,而《淮南子》有堯時羿射日之事,説者遂謂羿本堯臣,有窮之羿襲其名也。晉文公舅子犯,戴記謂之舅犯,或作咎犯,而《説苑》誤以爲平公時人,説者遂謂晉有兩咎犯,一在文公時,一在平公時也。凡兹之誤,皆顯然易見者,推而求之,蓋不可以悉數。而東周以前,世遠書缺,其誤尤多。故今爲《考信録》,不敢以載於戰國、秦、漢之書者,悉信以爲實事,不敢以東漢、魏、晉諸儒之所注釋者,悉信以爲實言,務皆究其本末,辨其同異,分别其事之虚實而去取之。雖不爲古人之書諱其誤,亦不至爲古人之書增其誤也。

傳記之文,往往有因傳聞異詞,遂誤而兩載之者。《春秋傳》鄢陵之戰:"韓厥從鄭伯,曰:'不可以再辱國君。'乃止。郤至從鄭伯,曰:'傷國君有刑。'亦止。"按此時晉四軍,楚三軍,晉非用三軍不足以敵楚,若鄭則國小衆寡,以一軍敵之足矣,必無止以兩軍當楚,復以兩軍當鄭之理。此二事必有一誤,顯然易見者。按後文云:"郤至三遇楚子之卒。"襄二十六年傳云:"中行、二郤必克二穆。"然則是郤至以新軍當楚右軍,而後萃於王卒,無緣得從鄭伯,從鄭伯者,獨韓厥一軍耳。襄二十七年傳,齊慶封聘於魯,其車美,叔孫譏之,叔孫與慶封食,不敬,爲賦《相鼠》。二十八年傳,慶封奔魯,獻車於季武子,美澤可以鑒,展莊叔譏之,叔孫食慶封,慶封氾祭,使工爲之賦《茅鴟》。此二事絶相似,亦必有一誤。且叔孫既食慶封,以不敬故而譏之矣,逾年而又食之,又譏之,胡爲者!鄭之葬簡公也,將毁游氏之廟,而子産中止。鄭之爲蒐除也,復將毁游氏之廟,而子産又中止。此二事亦必有一誤。不然,前既不肯毁人之廟矣,後又何爲而欲毁之乎!《春秋左傳》於諸傳記中爲最古,然其失猶如是,則他書可知矣。是以《史記》記周公請代武王死,又記周公請代成王死,一本之《金縢》,一本之《戰國策》,而不知其實一事也。《列子》稱孔子觀於吕梁而遇丈夫厲河水,又稱息駕於河梁而遇丈夫厲河水,此本莊周寓言,蓋有采其事而稍竄其易其文者,僞撰《列子》者誤以爲兩事,而遂兩載之也。《戰國策》中如此之類不可枚舉,而《家語》爲尤甚,亦不足縷辨也。由此觀之,一事兩載乃傳記之常事,或因傳者異詞,亦有兩事皆非實者。正如唐人小說,以餅拭手之事,或以爲肅宗,或以爲宇文士及;誤稱猶子之事,或以爲趙需,或以爲何儒亮耳。必盡以爲兩事,誤之甚矣! 以此例之,漢以來之書以誤傳誤者甚多,不得盡指以爲實也。

後人之書,往往有因前人小失而曲全之,或附會之,遂致大謬於事理者。《大戴記》云:"文王十二而生伯邑考,十五而生武王。"《小戴記》云:"文王九十七而終,武王九十三而終。"信如所言,則武王元年,年八十有四,在位僅十年耳。而《序》稱十有一年伐殷,《書》稱十有三祀訪范,其年不符。說者不得已,乃爲說以曲全之云:"文王受命九年而崩,武王冒文王之年,故稱元年爲十年。"說詳《豐鎬考信録》中。《春秋》書齊桓公之卒在十有二月乙亥,周正也,殯於十二月辛巳,距卒僅七日耳。而《傳》采夏正之文,以爲卒於十月乙亥,則卒與殯遂隔六十七日。說者以其日之久也,遂附會之以爲屍蟲出於户。此豈近於情理哉! 前人之爲此言,不過一時失於考耳,初不料後之人引而伸之,遂至於如是也。然此猶皆前人之誤之有以啓之也,若乃經傳本無疑義,而注家誤會其意,及與他文不合,不肯自反,而反委曲穿鑿以蘄其說之通者,亦復不少。如《堯典》之"四岳",注者誤以爲四人,因與二十二人之文不合,遂以稷、契、皋陶爲申命,以治水明農爲在堯世矣。《書序》之"以箕子歸",說者誤以爲本年之事,因與伐殷之年不合,遂以伐殷爲觀兵,以《序》之度孟津爲有月日而無年矣。說並詳唐虞、豐鎬兩《考信録》中。凡兹之誤,其類甚多。展轉相因,誤於何底。姑舉數端,以見其概。乃學者但見其說如是,不知其所由誤,遂謂其事固然而不敢少異,良可歎也! 故今爲《考信録》,悉本經文以證其失,並爲抉其誤之所由,庶學者可以考而知之,而經傳之文不至於終晦也。

孔子曰:"知之爲知之,不知爲不知,是知也。"又曰:"吾猶及史之闕文也。"夫聖人豈不樂於人之盡知,然其勢必不能。強不知以爲知,則必並其所知者而淆之。是故無所不知者,並真知也,有所不知者,知之大者也。今之去二帝、三王遠矣,言語不同,名物各異,且易竹而紙,易篆而隸,遞相傳寫,豈能一一之不失真。《韓文考異》,閣、杭、蜀本互相異同,石本亦有舛誤。宋祁所藏《杜詩》,與行世本迥異。近者如此,遠者可知,以爲不知,夫亦何病。而學者必欲爲之說以通之,此古書之所以晦也。偶閲《雲谷雜記》,記蘇子瞻集二事，其事雖小，然可喻大。其一，子瞻過虔州，有"行看鳳尾詔，卻下虎頭州"之句，虎頭蓋指虔也，虔與虎皆從虍，董德元言"虔州俗謂之虎頭城"是也。注者乃云："虎頭，顧愷之也。愷之常州人，蓋是時先生乞居常州也。"夫不知虎頭之爲虔，固其學之不廣，然天下之書豈能盡見，缺之未爲大失也。強以意度之，而屬之顧愷之，則其失何啻千里。彼漢人之説經，有確據者幾何，亦但自以其意度之耳，然則其類此者蓋亦不少矣，特古書散軼，無可證其誤耳，烏在其可盡信也哉。其一，子瞻所記韓定辭事，見於《北夢瑣言》。以《瑣言》校《蘇集》，則《蘇集》誤以"幕客"作"慕容"，"銀筆之僻"作"銀筆之譬"，"從容"作"從客"，"江表"作"士表"，"李密"作"孝密"，諸本皆然，遂至於不可讀。夫以宋人讀宋人之書，時代甚近，宜無誤也，然其誤尚如此，況二千年以前之書，又無他書可校者乎！故今爲《考信録》，凡無從考證者，輒以不知置之，寧缺所疑，不敢妄言以惑世也。

磁州故産磁器。有孫某者，仿古哥、定、汝諸窰之式造之。既成，擇其佳者埋地中。逾兩年，取出，市於京師、保定諸貴人家，見者莫不以爲真也，由此獲利十倍。州中鬻煙草者，楊氏最著名，價視他肆昂甚，貿易者常盈肆外，肆中物不能給，則取他肆之物，印以楊氏之號而畀之。人咸以爲美，雖出重價，不惜也。由是言之，人之所貴者，名而已矣，非有能知其實者也。鄭康成，東漢名儒也，所注雖不盡是，然亦未嘗盡非，而王肅百計攻之以求勝。然而公道難奪，卒不可勝，於是其徒雜取傳記、諸子之文，僞撰《古文尚書》《孔子家語》《家語》雖有王肅序，然玩其文，亦係其徒僞撰，非肅自作。以欺世人而伸肅説。至於隋、唐之際，復遇劉焯、孔穎達者，不學無識，妄爲表章，由是鄭學遂微，鄭書遂亡，後之學者遂信之而不疑。嗟夫，聖人之經猶日月也，其貴重猶金玉也，僞作者豈能襲取其萬一，乃世之學者聞其爲"經"輒不敢復議，名之爲"聖人之言"遂不敢有所可否，即有一二疑之者，亦不過曲爲之説而已，是貴人之買磁器而市賈之販煙草也！司馬遷，漢武帝時人也，而今《史記》往往述元、成時事。劉向，西漢人也，而今《列女傳》有東漢人在焉。謂此二子者有前知之術乎？抑亦其書有後人之所作，而妄入之其中者邪？《周秦行紀》，李德裕之客所爲也，而嫁名牛僧孺。《碧雲騢》，小人毁君子者之所爲也，而嫁名梅堯臣。然則天下之以僞亂真者，比比然矣，若之何以其名而信之也！漢董仲舒疏論災異，武帝下群臣議，仲舒弟子吕步舒不知爲其師書，以爲大愚，由是下仲舒吏。然則是其師書則尊信之，非其師書則詆諆之，而不復問其是與非矣。是故，辨異端於戰國之時最易，爲其別名爲楊、墨也；辨異端於兩漢之世較難，而人亦或不信，爲其雜入於傳記也；辨異端於唐、宋以後最難，而人斷斷乎不之信，爲其僞託之聖言也。故余謂讀經不必以經之故浮尊之，而但當求聖人之意，果知聖人之文之高且美，則僞者自不能亂真。嗟夫，嗟夫，此固未易爲人道也。

## 以下三章論東晉以後僞書

自明以來，儒者多辟象山、陽明，以爲陽儒陰釋，而罕有辨《尚書》《家語》之僞者。然吾謂象山、陽明不過其自爲説之偏，而聖人之經故在，譬如守令不遵朝廷法度，而自以其臆見決事，然於朝廷無加損也。若僞撰經傳，則聖人之言行悉爲所誣而不能白，譬如權臣擅政，假天子之命以呼召四方，天下之人爲所潛移默轉而不之覺，其所關於宗社之安危者非小事也。昔隋牛弘奏請購求天下遺逸之書，劉炫遂僞造書百餘卷，題爲《連山易》《魯史記》等，録上送官，其後有人訟之，始知其僞。陳師道言王通《元經》，關子明《易傳》，及李靖《問對》，皆阮逸所僞撰，蓋逸嘗以草示蘇明允云。然則僞造古書乃昔人之常事，所賴達人君子平心考核，辨其真僞，然後聖人之真可得，豈得盡信以爲實乎！然亦非但有心僞造者之能惑世也，蓋有莫知誰何之書，而妄推奉之，以爲古之聖賢所作者，亦有旁采他文，以入古人之書者。莊周，戰國初年人也，而其書稱陳成子有齊國十二；《孔叢子》，世以爲孔鮒所作也，而其中載孔臧以後數世之事。然則其言之不出於莊周、孔鮒明甚。古書之如是者，豈可勝道，特世人輕信而不之察耳。故吾嘗謂自漢以後諸儒，功之大者，朱子之外，無過趙岐；過之大者，無過漢張禹、隋二劉、唐孔穎達、宋王安石等。何者？岐删《孟子》之外四篇，使《孟子》一書精一純粹，不爲邪説所亂，實大有功於聖人之經。禹采《齊論》章句雜入於《魯論》中，學者争誦張文，遂棄漢初所傳舊本，焯、炫等得江左之《僞尚書》，喜其新奇，驟爲崇奉，穎達復從而表章之，著之功令，用以取士，遂致帝王聖賢之行事爲異説所淆誣而不能白者千數百年，雖有聰明俊偉之士，皆俯首帖耳莫敢異詞者，皆此數人之惑之也。至王安石揣摩神宗之意，以行聚斂之法，恐人之議己也，乃尊《周官》爲周公所作以附會之，卒致蔡京紹述，京亦以《周官》附會徽宗之無道者。靖康亡國之禍，而周公亦受誣於百世。象山、陽明之害，未至於如是之甚也。孰輕孰重，必有能辨之者。

昔人有言曰："買菜乎？求益乎？"言固貴精不貴多也。《韓昌黎文集》，李漢所訂也。其序自稱"收拾遺文，無所失墜"，此外更無他文甚明。而好事者復别訂有《外集》，此何爲者邪？陳振孫《書録解題》云："朱侍講校定異同，定歸於一，多所發明，有益後學。《外集》獨用方本，益大顛三書，但欲明世間問答之僞，而不悟此書爲僞之尤也。方氏未足責，晦翁識高一世，而其所定者乃爾，殆不可解。案《外鈔》云'潮州靈山寺所刻'，末云'吏部侍郎、潮州刺史'，退之自刑部侍郎貶潮，晚乃由兵部爲吏部，流俗但稱'韓吏部'爾，其謬如此。又潮本《韓集》不見有此書，使靈山舊有此，刻集時何不編入？可見此書妄也。"原文太繁，今節録之如此。由是言之，吾輩生古人之後，但因古人之舊，無負於古人可矣，不必求勝於古人也。《論語》所記孔子言行不爲少矣，昔人有以半部治天下者，況於其全。學者果欲躬行以期至於聖人，誦此亦已足矣。乃學者猶以爲未足，而參以晉人僞撰之《家語》。尚恨《家語》所采之不廣也，復别采異端小説之言爲《孔子集語》及《論語外篇》以益之。不問其真與贋，而但以多爲貴。嗟乎，是豈非買菜而求益者哉！余在閩時，嘗閱一人文集，忘其姓名。皆其所自訂者，其序有云："異日有人增一二篇，及稱吾《外集》者，吾死而有知，必爲厲鬼以擊之！"嗚呼，爲人訂《外集》，而使天下之能文者痛心切齒而爲是言，夫亦可以廢然返矣！故今爲《考信録》，寧缺毋濫，即無所害，亦僅列之"備覽"，寧使古人有遺美，而不肯使古人受誣於後世。其庶幾不爲厲鬼所擊也已。

經傳之文亦往往有過其實者。《武成》之"血流漂杵"，《雲漢》之"周餘黎民，靡有孑遺"，孟子固嘗言之。至《閟宫》之"荆、舒是懲，莫我敢承"，不情之譽，更無論矣。戰國之時，此風尤盛，若淳于髡、莊周、張儀、蘇秦之屬，虚詞飾説，尺水丈波，蓋有不可以勝言者。即孟子書中亦往往有之。若舜之"完廩，浚井""不告而娶"，伊尹之"五就湯，五就桀"，其言未必無因，然其初事斷不如此，特傳之者遞加稱述，欲極力形容，遂不覺其過當耳。又如文王不遑暇食，不敢盤於遊田，而以爲其囿方七十里，管叔監殷，乃武王使之，而屬之周公，此或孟子不暇致辨，或記者失其詞，均不可知，不得盡以爲實事也。蓋《孟子》七篇，皆門人所記，但追述孟子之意，而不必皆孟子當日之言，既流俗傳爲如此，遂率筆記爲如此。正如蔡氏《書傳》言《史記》稱朱虎、熊、羆爲伯益之佐，其實《史記》但稱爲益，從未稱爲伯益，蔡氏習於世俗所稱，不覺其失，遂誤以伯益入於《史記》文中耳。然則學者於古人之書，雖固經傳之文，賢哲之語，猶當平心靜氣求其意旨所在，不得泥其詞而害其意，况於雜家小說之言，安得遽信以爲實哉！

## 以下三章論經傳記注亦有不可盡信之語

傳雖美，不可合於經，記雖美，不可齊於經，純雜之辨然也。《曲臺雜記》，戰國、秦、漢諸儒之所著也，得聖人之意者固有之，而附會失實者正復不少。大小兩戴迭加删削，然尚多未盡者。若《檀弓》《文王世子》《祭法》《儒行》等篇，舛謬累累，固已不可爲訓。至《月令》乃陰陽家之說，《明堂位》乃誣聖人之言，而後人亦取而置諸其中，謂之《禮記》，此何以說焉！《周官》一書，尤爲雜駁，蓋當戰國之時，《周禮》籍去之後，記所傳聞而傅以己意者。乃鄭康成亦信而注之，因而學者群焉奉之，與《古禮經》號爲三禮。魏、晉以後，遂並列於學官。迨唐，復用之以分科取士，而後儒之淺說遂與《詩》《書》並重。尤可異者，孔氏穎達作《正義》，竟以《戴記》備《五經》之數，而先儒所傳之《禮經》反不得與焉。由是，學者遂廢經而崇記，以致周公之制，孔子之事，皆雜亂不可考。本末顛倒，於斯極矣！朱子之學最爲精純，乃亦以《大學》《中庸》躋於《論》《孟》，號爲《四書》。其後學者亦遂以此二篇加於《詩》《書》《春秋》諸經之上。然則君子之於著述，其亦不可不慎也夫！

朱子《易本義》《詩集傳》，及《論語》《孟子》集注，大抵多沿前人舊說，其偶有特見者，乃改用己說耳。何以言之？《孟子》"古公亶父"句，趙注以爲太王之名，朱注亦云："亶父，太王名也。"《大雅》"古公亶父"句，毛傳以字與名兩釋之，朱傳亦云："亶父，太王名也，或曰字也。"是其沿用舊說，顯然可見。《豳風·鴟鴞篇》，傳采僞孔傳之說，以"居東"爲"東征"，遂以此詩爲作於東征之後。及後與蔡九峰書，則又言其非是，以故蔡氏《書傳》改用新說。然則朱子雖采舊說，初未嘗執一成之見矣。今世之士，矜奇者多尊漢儒而攻朱子，而不知朱子之誤沿於漢人者正不少也。拘謹者則又尊朱大過,動曰:"朱子安得有誤。"而不知朱子未嘗自以爲必無誤也。即朱子所自爲説,亦間有一二誤者。衛文公以魯僖二十五年卒,至二十六年寧莊子猶見於經,則武子固未嘗逮事文公矣。而《論語·寧武子章》注云:"武子在位,當文公、成公之時,文公有道,而武子無事可見。"誤矣。蓋人之精神心思止有此數,朱子仕爲朝官,又教授諸弟子,固已罕有暇日,而所著書又不下數百餘卷,則其沿前人之誤而未及正者,勢也,一時偶未詳考而致誤者,亦勢也。所謂"智者千慮,必有一失"。惟其不執一成之見,乃朱子所以過人之處。學者不得因一二説之未當而輕議朱子,亦不必爲朱子諱其誤也。

大抵古人多貴精,後人多尚博,世益古則其取舍益慎,世益晚則其采擇益雜。故孔子序《書》,斷自唐、虞,而司馬遷作《史記》,乃始於黄帝,然猶删其不雅馴者。近世以來,所作《綱目前編》《綱鑒捷録》等書,乃始於庖羲氏,或天皇氏,甚至有始於開闢之初盤古氏者,且並其不雅馴者而亦載之。故曰:"世益晚則其采擇益雜也。"管仲子卒也,預知豎刁、易牙之亂政,而歷詆鮑叔牙、賓須無之爲人,孔子不知也,而宋蘇洵知之,故孔子稱管仲曰:"如其仁,民到於今受其賜。"而蘇氏責管仲之不能薦賢也。禘之禮,爲祭其始祖所自出之帝,而以始祖配之,左氏、公羊、穀梁三子者不知也,而唐趙匡知之,故三傳皆以未三年而吉祭爲譏,而趙氏獨以禘爲當於文王,不當於莊公也。漢李陵有《重答蘇武書》,陵與武有相贈之詩,班婕妤有《團扇詩》,揚雄有《劇秦美新》之作,司馬遷、班固不知也,而梁蕭統知之,故《史記》《漢書》不載其一字,而其詩文皆見於《昭明文選》中也。由是言之,後人之學遠非古人之所可及,古人所見者經而已,其次乃有傳記,且猶不敢深信,後人則自諸子百家,漢唐小説、演義、傳奇,無不覽者。自《莊》《列》《管》《韓》《吕覽》《説苑》諸書出,而經之漏者多矣。自三國、隋唐、東西漢、晉《演義》,及傳奇、小説出,而史之漏者亦多矣。無怪乎後人之著述之必欲求勝於古人也!近世小説有載孔子與采桑女聯句詩者,云:"南枝窈窕北枝長,夫子行陳必絶糧。九曲明珠穿不過,回來問我采桑娘。"謂七言詩始此,非《柏梁》也。夫《柏梁》之詩,識者已駁其僞,而今且更前於《柏梁》數百年,而託始於春秋。嗟夫!嗟夫!彼古人者誠不料後人之學之博之至於如是也!

# 梁啓超論辨僞

梁啓超

《古書真僞及其年代》原爲梁啓超一九二七年在燕京大學的講義，分爲總論與分論。總論探討了典籍辨僞的必要性，僞書的種類與作僞的原因，梳理了歷代辨僞學的發展情況，總結了辨僞的方法，以及指出了要正確認識僞書所具有的價值；分論則探討了十四部經書如《易》《尚書》等典籍真僞與産生年代。由於本書原爲講義，故對於辨僞的論述非常系統，而且深入淺出，便於初學者使用。

## 僞書的種類及作僞的來歷

僞書的種類很多，各家的分類法亦不同。按照性質，用不十分科學的方法，大概講起來，可以分爲十種。現在依次討論如下：

一、全部僞。此類書，子部很多，如《鬼谷子》《關尹子》之類皆是。經部書亦不少，如《尚書孔氏傳》《子貢詩傳》《孔子家語》皆是。

二、部分僞。這類書，古籍中多極了，幾乎每部都有可疑的地方，如《管子》《莊子》之類。其中一部分爲後人竄附，先輩多已論及了。即極真之書，如《論語》，如《左傳》，如《史記》，尚不免有一部分非其原本，他更何論。有的同在一書，若干篇真，若干篇僞。有的同在一篇，大部分真，參幾句僞。

三、本無其書而僞。如《亢倉子》《子華子》之類。《亢倉子》一書，《漢書·藝文志》及《隋書·經籍志》皆不著録，因《史記·老子韓非列傳》稱其爲書，謂"《畏累虚》《亢桑子》皆空語無事實"，故後人據以作假。《子華子》，前世史志及諸家書目並無此書，因《家語》有孔子遇程子傾蓋之事，《莊子》亦載子華子見昭僖侯，後人從此附會出來。

四、曾有其書，因佚而僞。如《列子》，昔稱列御寇撰，劉向所校定，共分八篇，《漢志》曾有其目，早亡。今本爲魏、晉間張湛所僞託，全非劉向、班固之舊。如《竹書紀年》，晉時出河南汲冢，當係戰國時人所撰，至唐中葉而没。今通行本爲宋後人所假造，惟王國維所輯則真，可以證通行本之僞。

五、内容不盡僞，而書名僞。如《左傳》，原名《左氏春秋》，與《吕氏春秋》《晏子春秋》相同，本爲創作，今名《春秋左氏傳》，與《公羊傳》《穀梁傳》相同，不過《春秋經》三注解之一而已。原書本真，經劉歆之改竄，大非本來面目。名字改，内容改，體例亦改，其中内容百分之九十可靠，然因書名假，精神亦全變了。

六、内容不盡僞，而書名人名皆僞。《管子》及《商君書》，皆先秦作品，非後人僞造者可比，很可以用作研究春秋戰國時事的資料。惟兩書皆非原名，《管子》爲無名氏的叢抄，《商君書》亦戰國時的法家雜著，其中講管仲、商鞅死後之事甚多，當然非管仲、商鞅所作。

七、内容及書名皆不僞而人名僞。如《孫子》十三篇，爲戰國時書，非漢人撰。《史記》稱孫武、孫臏皆作書，則此書也許爲孫臏作，或另一個姓孫的人所作，今本稱孫武所作，非是。又如《西京雜記》，分明爲晉時葛洪所撰，述東晉時事甚詳，然後人以爲劉歆所作，則大謬。

八、盜襲割裂舊書而僞。如郭象《莊子注》，偷自向秀；王鴻緒《明史稿》，偷自萬斯同。此種偷書賊，最可惡。《莊子注》十之八九爲向秀作，十之一二爲郭象作，然研究時，頗難分别，雖知其有僞而無可如何。《明史稿》爲一代大事跡，萬斯同爲二千年大史家，内容極可寶貴，王爲明史館總裁，盜竊萬稿，大加改竄，題曰横雲山人所著書，這無異殺人滅屍，令後人毫無根據，居心尤爲險毒。

九、僞後出僞。如《今文尚書》本只二十八篇，漢武帝時，孔壁《古文尚書》多出十六篇，後人已疑其僞，不久旋佚。東晉時，重出十六篇，又非孔壁《尚書》之舊，當然没有可信的價值。又如《孟子》《漢志》有十一篇，七内篇，四外篇。武帝時，趙岐作《孟子注》，判定外篇爲僞，不久遂佚，本無可惜，明人姚士璘又假造《孟子外書》四篇，更非武帝時舊物，這真是畫蛇添足了。再如《慎子》《漢志》有之，後佚，《百子全書》本乃宋以後人零湊而成，其中一部分僞託，一部分由古書中輯出。近《四部叢刊》有足本《慎子》，係繆荃孫家藏書，説是明人慎懋賞傳下的，顯係慎懋賞僞造，爲同姓人張目。繆氏是專門目録學者，居然相信這種僞書，我們看見之後，大大失望。

十、僞中益僞。此類書,讖緯最多。如《乾鑿度》,本戰國陰陽家及西漢方士所作,恐後人不置信,僞託爲孔子於删定群經之後爲之,當然全部皆假。然今本《乾鑿度》又非漢時舊物,乃後人陸續增加補綴而成,這豈不是僞中益僞嗎?如果研究此書,應以辨别《左傳》的方法,下一番爬梳剔校的工夫。

由上面看來,中國的僞書,真是多極了。爲什麽有這麽多的僞書,其來歷怎樣,依我看來,約有下列四種:

一、好古。好古本爲人類通性,中國人因爲受儒家的影響,好古性質尤爲發達。孔子嘗説:"述而不作,信而好古……"又説:"多聞闕疑……多見闕殆……"孔子如此,其門下亦復如此,所以好古成爲儒家的特别精神。儒家在中國思想界影響極其偉大,儒家好古,因此後來的人每看見一部古書,都是非常珍重。書愈古,愈寶貴,若是後人所作,反爲没有價值。有許多書,年代不確,想抬高他的價值,只得往上推,有許多書,分明是後人所作,又往往假託古人名字以自重。

二、含有秘密性。從前印刷術尚未發明,讀書專靠抄寫,抄寫是極費事的。中國地方又大,交通不便,流通很感困難,又没有公共藏書機關,如今日之圖書館,可以公開閲覽。因此每得一種佳本,不肯輕以示人,書籍變成爲含有秘密性的東西了。要是印刷發明,流通容易,收藏方便,書籍人人能見,不易隨便造假。即造假,亦會讓人發見的。凡事愈公開,愈是本來面目,愈秘密,愈有造假的餘地。書籍亦當然不能獨外。

三、散亂及購求。中國内亂太多,而藏書的人太少,所有書籍大半聚在京城,或者藏之天府,古書的收藏和傳播,靠皇帝之力爲多。既然好書都在天府,每經一次的内亂,焚毁散失,一掃而空,再要收集恢復,異常費事。隋牛弘請開獻書表,稱書有五厄:"……秦皇馭宇,始下焚書之令,一厄也……王莽之末,長安起兵,宫室圖書,並從焚毁……二厄也……孝獻移都,西京大亂,一時燔蕩……三厄也……劉石憑陵,京華覆滅,朝章國典,從而失墜……四厄也……蕭繹據有江陵……江表圖書,因斯盡萃於繹矣,及周師入郢,繹悉焚之於外城……五厄也……"在隋以前,書已有此五厄,牛弘以後,爲厄更多。隋煬帝在江都,把内府藏書攜去,煬帝死,書亦散失無遺,這可以算是一厄。安史之亂,長安殘破,唐代藏書,焚毁一空,這可以算是一厄。及黄巢作亂,到處焚殺，所過之處，幾於寸草不留，天下文獻，喪失大半，這亦算是一厄。以下歷宋、元、明到清，每代都有内亂，而且每經一次内亂，天府藏書，必遭一次浩劫，費了許多工夫所聚集的抄本孤本，掃蕩得乾乾淨淨。在每次内亂書籍散亡之後，就有稽古右文的君主或宰相，設法恢復補充，願出高價，收買私家書籍，實之天府。把歷史打開，大致翻一翻，這類事情不少。如漢武帝，廣開獻書之路，置寫書之官，一面找人搜集，一面找人抄寫。漢成帝時，使謁者陳農，廣求遺書於天下。隋開皇時，因宰相牛弘的條陳，分頭使人訪求異本，每書一卷，賞絹一匹。唐貞觀中，魏徵及令狐德棻請購募亡逸書籍，酬報從厚。肅宗、代宗當安史亂後，皆相繼購求典籍。諸如此類，不勝枚舉。

大亂之後，書籍失佚得很多，政府急於補充，因之不能嚴格，從重賞賜，從寬取録，以廣招徠，遂與人以作僞的機會。有的改頭换面，有的割裂雜湊，有的僞造重抄，許多人出來作這種投機事業，以圖弋取厚利。僞書所以重見疊出以此，一方面因爲散亡太多，真本失傳；一方面因爲購求太急，贋品充斥。四個原因之中，要算這個最重。

四、因秘本偶然發現而附會。古代書籍，中經散佚，時常有偶然的意外發現。如晉太康三年，河南汲郡地方，有人偷掘古冢，得著許多竹簡。經後人的考證，知道古冢是魏襄王（從前人以爲安釐王）的葬地，竹簡是戰國時的東西，襄王死時，以書殉葬，《竹書紀年》《穆天子傳》皆從其中得來。古冢中發現書籍，本來是可能的，因此後代有許多人假造附會，所以歷史上記載某處老房子、某處古冢發現古書的事情很多。或者發現是真的，書卻是假的，或者發現是假的，書亦是假的，於是僞籍流傳，日甚一日了。又如前清光緒末年，在河南殷墟發現許多甲骨，其上刻有文字，那都是孔子以前的東西，孔子所不曾見過的。本來極可寶貴，不過發現以後，二十年來至於今，琉璃廠的假甲骨就很多。因爲從前不貴，現在很貴，小者數元，大者數十元，自然有人僞造牟利了。書契典籍，亡佚後有再出的可能，開後人作僞之路，僞書之多，這亦是一個原因，不過没有第三個原因重要而已。

前面講僞書的種類，以書的性質分，大概有十種。若以作僞的動機分，又可另外别爲二類，這種分類法，比頭一種分類法還重要些。

**甲、有意作僞**

有意作僞，其動機可歸納成六項：

（一）託古。這項動機，比較上最純潔，我們還可以相當的原諒。爲什麼要託古？因爲中國人喜歡古董，以古爲貴，所以有許多人，雖然有很好的見解，但恐旁人不相信他，只得引古人以爲重，要説古人如此主張，才可以博得一般人的信仰。作者的心理，不爲名，不爲利，爲的是擁護自己的見解。依附古人，以便推行，手段雖然不對，動機尚爲清白。這種現象，春秋、戰國時最多。如《史記・五帝本紀》贊稱："百家言黄帝，其文不雅馴。"可見春秋戰國時人皆篤信文化甚古説，以爲黄帝時代各種學術思想已經很發達了。

《孟子・滕文公上》説："有爲神農之言者許行……"許行是無政府黨，與馬克思派的唯物主義氣味有點相近，他因爲理想特别，恐大家不相信，所以託爲神農以自重。神農去得很遠，其時社會如何，不得而知。亦許許行理想中的神農時代，真是自耕而食，自織而衣，所以他才去模仿。不特諸子百家託古，即孔、孟亦復託古。孔子説："大哉，堯之爲君也。"又説："巍巍乎，舜禹之有天下也。"孟子更厲害，《滕文公上》説："孟子道性善，言必稱堯舜。"儒家如此，墨家亦然，《尚賢》中説："堯、舜、禹、湯、文、武之王天下、正諸侯者，此亦其法已。"而尤崇拜大禹，《莊子・天下篇》説："墨子稱道曰，昔者禹之湮洪水……親自操橐耜……禹，大聖也，而形勢天下如此。"

大凡春秋戰國的開宗大師，莫不挾古人以爲重。《韓非子・顯學篇》批評他們道："孔子墨子，俱道堯舜而取舍不同，皆自謂真堯舜，堯舜不復生，將誰使定儒墨之誠乎？"這真痛快極了！堯舜死了，没有生口對證，誰知你是真是假呢？孟子可以説"有爲神農之言者許行"，許行又可以説"有爲堯舜之言者孟軻"，儒家可以説"有爲大禹之言者墨翟"，墨家亦可以説"有爲黄帝之言者老聃"，每一家引一個古代著名的人物，以自重其學説，動機本不甚壞，不過先生一種主張，學生變本加厲的鼓吹之，所謂"其父殺人報仇，其子必且行劫"，則流弊就不堪設想了。

即如許行並耕之説，本來是他自創的唯物主義、無政府主義，偏要説神農時代如此，後來愈説愈像，便就弄假成真了。《漢書・藝文志》中有《神農》二十篇、《神農教田相土耕種》十四卷、《神農黄帝食禁》七卷，全部是附會的。最著名的《神農本草》一書，相傳爲神農口嘗百草，辨別苦辛，然後編著成書。其實此書與神農絲毫無關，乃漢末以後漸漸湊成，至梁陶弘景，才完全寫定。又如莊子著書，明白聲明寓言十九，因爲要發表自己主張，最好用小説體裁，容易暢達。《天地篇》説："黄帝遊乎赤水之北，登乎昆侖之丘，而南望還歸，遺其玄珠……"這本是莊子理想，借名字以點染文章的，好像曹雪芹作《紅樓夢》，借寶玉、黛玉的口吻，以發舒他的牢騷一樣，後人卻因爲莊周説黄帝，憑空附會許多關於黄帝的事實及黄帝所著的書籍。

我們看，《漢書·藝文志》所載那許多僞書，大半由於引古人以自重的動機而出。書之著成，亦多半在戰國時代，因爲戰國末年，社會變動很大，思想極其自由，有人借寓言發表，有借神話發表。開宗大師都引一個古人作護身符，才足以使人動聽，他們的學生變本加厲，於是大造僞書，學術所以隆盛在此，僞書所以充斥亦在此。始皇焚書以前，春秋戰國間的僞書，大概都只有這一個動機。

（二）邀賞。方才講每經喪亂以後，出重價求書，免不了有人造假，普通的如漢武、唐太稽古右文，懸賞徵集。當然有許多無聊的人，專作投機事業，所以每失一回，每收一回，僞書愈多一回。還有幾次特別一點的，如漢景帝之子河間獻王，修學好古，實事求是，他以親王的力量，親賢下士，訪求典籍，得書異常之多。他尤喜歡秦漢以前古文字，搜羅不遺餘力，所以古文各經，俱從河間獻王而出，漢朝經師有今文、古文的争辯，其來源也在此。他所得的遺書，真的固然很多，假的亦頗不少，因爲這一部僞書，既可賣錢，又可做官，利之所在，人争趨之，僞書就層出不窮了。

漢代除僞古文的經書以外，還有所謂緯書，前回所説的《乾鑿度》就是緯書之一種。緯書，古代有無，殊不可知。戰國末年，陰陽家造作五行神仙之説，這可以説是緯書一大根源。至西漢中葉以後，作品極多，流傳亦盛，尤以宣帝一朝爲數特夥。宣帝是武帝曾孫，戾太子之孫，戾太子被誘而死，宣帝自獄中輾轉流落民間。當他年輕的時候，常聽見《燒餅歌》一類的寓言，偶有幾次巧合，使他深信不疑。後來他做皇帝，極力推崇獎勵，當然以皇帝的威權臨之，不愁全國人不從風而靡，其時"燒餅歌式"的著作——即讖緯——極爲流行。西漢、東漢，這類東西都是十分的發達。

漢成帝時，有一宗特别的事情，就是成帝特别喜歡《尚書》，可是《尚書》百篇，自經秦火後，十喪其七，只餘二十八篇，成帝因爲酷好這部書，打盡了主意，以求得足本爲快。於是張霸出來作投機的事業，造出了一部百兩《尚書》，比足本還多兩篇，稱爲春秋以前舊物。書上，成帝大喜，立刻賜他一個博士的官職，等於現今的國立大學教授。後來仔細研究，才知道除原有二十八篇外，盡都是假的。有人主張殺他，成帝深愛其才，又憐他造假不易，僅革博士職，饒他一命。

到了東漢時代，不特僞書充斥，《燒餅歌》亦很流行。漢光武，一代中興之主，雄才大略，不愧中國史上第一流皇帝，但是他亦很迷信。光武名劉秀，王莽時，民間有“劉秀作天子”的謠言，時劉歆作國師，欲符合流傳的歌謡，改稱劉秀。光武正在南陽耕田，有人把這個話傳到他耳朵裏，説“國師欲作天子啦”，光武投鋤而起，答道：“安知非我？”後來他居然以一匹夫起兵，打倒王莽，自爲皇帝。他覺得《燒餅歌》很靈驗，十分的相信。一般人民欲投人主之好，於是矯揉造作，故作隱語以欺世，雖然不是直接假造僞書，但於假造僞書有極大的影響。

降至隋代，又有一宗特别的事情。文帝酷愛古書，尤愛《易經》。當時有一個大學者劉炫，學問聲望都很好，在北魏、北周之末，爲北方大經師，又作了一二十年的大學教授，因爲迎合文帝的嗜好，造了《連山》《歸藏》兩部《易經》。他説《連山》是夏朝的《易經》《歸藏》是商朝的《易經》《周易》是周朝的《易經》。我們年輕時讀《三字經》，中間有幾句：“有連山，有歸藏，有周易，三易詳。”就從這裡生出來的。《連山》《歸藏》《周禮》中提到過，乃假造《周禮》的人隨便亂説，本來没有這兩部書，劉炫因《周易》而想及《連山》《歸藏》。書初上時，文帝大喜，後來知道是假的，以爲大逆不道，就把劉炫殺了。一代大學者，因爲造假書，砍頭太不值得，但須知奬勵過分，無異明白教人作假，這也不能單怪劉炫啊。

（三）争勝。中國人有好古的習氣，愈古愈好，以爲今人的見解，無論如何，不如古人高明，所以有許多學術上的争辨。徒恃口舌，不能勝人，便造作僞書或改竄古書，以爲武器。這種動機，與託古不同。託古是好的，爲發表自己主張，引古人以自重，然絶不誣陷古人，亦未詆毁旁人，争勝是不好的，只要可以達到目的,古人今人,一概利用抹殺,未免過於刻薄。

爲争勝而作假,自西漢末劉歆起。其時經學上有今文、古文之争,歆父劉向,爲大經師,歆自己學問亦很淵博,《漢書·藝文志》即根據他的底稿。在學問上,我們應當敬禮,在人格上,我們就不敢贊成。他姓劉,但是爲王莽作國師,又改名劉秀,以應民謡,可謂不忠。他父親是今文家,《詩》宗《魯詩》《春秋》宗《穀梁》,他自己推崇古文,《詩》宗《毛詩》《春秋》宗《左氏》,可謂不孝。從前只有《左氏春秋》,後有《春秋左氏傳》,傳歆引傳改經,又添上許多話,才有《左傳》出現。他説《公羊》《穀梁》皆晚出,得諸傳説,訛漏百出,惟左丘明親見孔子,好惡與聖人同,《論語》曾有"左丘明恥之,丘亦恥之"的話,當然最爲可靠。他專門與今文家作對,《春秋》既用《左氏》以打倒《公羊》《穀梁》《詩經》則用《毛詩》以打倒齊、魯、韓三家,《禮》則用《周禮》以打倒《儀禮》。又恐怕徒恃口舌,不足以争勝,就全部或一部的改竄古書。如《周禮》,全部由劉歆假造的,《左傳》一部是劉歆編定的,其餘各經,塗改亦多。

漢以後至魏、晉間,有王肅出,師劉歆的故智,以爲要打倒當時大經師鄭康成,非假造僞書不可,所以有許多僞書,都由他一手造成的。《僞古文尚書》孔安國傳據説是他改竄的,主名雖未完全確定,十成之中,總有九成可信。《孔子家語》及《孔叢子》,幾乎可以説完全由他一手造成,簡直没有什麼問題。此外,歷代假造古書以求打倒對手方的人,還很多,這裡只舉劉歆、王肅二人作爲代表。

儒家如此,道教亦然。道教與道家不同,道家是一種哲學思想,如老聃、莊周一派。道教是無聊的宗教,最初由黄巾賊張角,以符咒搧惑人心,後來愈演愈厲,成爲江西龍虎山張天師一派。道教自東漢末起,二千年來,在社會上有極大勢力,直至去年,黨軍入江西,才把張天師趕走。道教初起的時候,符咒騙人,其中無甚奥義,其後愚民信之者衆這才野心勃發,想樹立一大宗派。會佛教自印輸入,道教與之争勝,造出許多無聊的書。現在《道藏》中黄帝著作,幾達百種,老聃、莊周亦各數十種。諸如此類,僞書甚多,其目的在與佛教争勝,或與儒家争勝,年代愈久,書目愈增,到現在不可勝數了。

佛教本身,僞書亦復不少。佛經從域外輸入,辭義艱深晦澀,不易理會,譯書比自己作書還難,大家都有這種經驗的。六朝、隋、唐之間,佛教盛行,真的佛典正確翻譯過來,一般人看不懂,於是投機的人東拼西湊,用佛家的話,雜以周、秦諸子的話,看時易解,人人都喜歡誦,但不是佛經原樣了。佛徒爲增進自己勢力起見,爲同大師争名起見,一意迎合常人心理,不惜假造僞書的往往有之。如《楞嚴經》,直到現在,大家還以爲佛教入門寶籍,就是因爲其中思想與我國思想接近。然而《楞嚴經》便不可靠,其他無聊作品,不如《楞嚴經》的還多得很哪。

(四)炫名。這種動機,比邀賞好一點,不過還是卑劣,只是爲外來的虛榮,不是爲自己的主張。假造《列子》的張湛,學得當時學者,對於《老》《莊》的注解甚多。若不别開生面,不能出風頭,而列御寇這個人,《莊子》中説及過,《漢書·藝文志》又有《列子》八篇之目,於是搜集前説,附以己見,作爲《列子》一書,自編自注,果然因此大出風頭。在未曾認爲假書之前,他的聲名,與王弼、向秀、何晏並稱,這算是走偏鋒以炫名,竟能如願以償。

又如楊慎,生平喜歡吹淵炫博,一心要他人所未看之書。本來個人講學,只問見地之有無,不問學識之博否,但楊老先生則不然,專以博學爲貴。《太平御覽》是中國很大的一部類書,根據《修文御覽》而出。《修文御覽》早佚,楊老先生偏説他曾看見過。後來的人因爲知道他手脚不乾淨,所以對於他所説所寫的,都不十分相信。否則以他的話作根據,一口説《修文御覽》明時尚有此書,豈非受愚?

再如豐坊,爲明代一大藏書家,范氏天一閣所藏之書,多半從豐氏得來。豐氏累代藏書,購置極富,第三代坊,好書九酷。他家裏所藏抄本,誠然很多,足以自豪,但他猶以爲未足,偏要添造些假的如《子貢易傳》《子夏詩傳》《晉史乘》《楚檮杌》之類,真是可笑。豐坊又好書,又好名,他的喜歡假造書,許有點神經病作用。晚年,真的秘本因不足以滿足他的欲望,假造之書似乎又趕造不及,結果竟得神經病而死。

(五)誣善。造作僞書,誣毁旁人。譬如前回所講《涑水記聞》,是後人假司馬光之名,痛詆王安石。《幸存録》,是後人假夏允彝之名,毁謗東林黨,其實皆本無此書,或有此書而無毁人的話,係後人偷造或參雜進去的。還有想害某人,故意栽贓。如宋魏泰,欲害梅聖俞,故作《碧雲騢》一書,託名爲梅聖俞撰。碧雲騢者,謂馬有旋毛,品格雖貴,不能掩其旋毛之丑,全書一卷,所載

皆歷詆當時朝士的話,欲借此引起公憤,不幸後來讓人發覺了。

有一種人,費了許多心血,作成一部書,想出自己的名字,又覺得不方便,想拋棄了,似乎又舍不得,於是造一個假名,拿去付印。如《香奩集》,本爲和凝所作,在文學界,價值很高,惟其中講戀的話太多,和凝做宰相後,覺得與自己身份不稱,乃嫁名韓偓所作。其實和凝在當時有曲子相公之名,就説《香奩集》是他自己所作豔體詩,亦無不可,偏要故意規避,其動機雖非純粹出於誣善,然有點相近,終究是不正當。

(六)掠美。這類人,在學術界很多。如前回所説郭象的《莊子注》是盜竊向秀的。王鴻緒的《明史稿》,是盜竊萬斯同的。《莊子注》還好,没有什麼大錯。《明史稿》就改得很不堪,所謂點金成鐵,令我們讀去,常有不睹原稿之憾。又如谷應泰《明史紀事本末》,編制排比,詳略得中,允推佳制,但據邵念魯《思復堂文集·遺民傳》稱,爲山陰張岱所撰,谷應泰以五百金購得之。果爾,我們對於谷氏,不能不説他有掠美的嫌疑了。

有意作僞之書,除第一種動機可原諒外,其餘五種,動機皆壞。

**乙、非有意作僞**

有許多書,作者不僞,後人胡猜瞎派,名稱内容遂亂。既然要辨别古書,這種著作,也不能存而不論。以下分爲子、丑兩部説明之。

**子、全書誤題或妄題者**

這類作品又可分爲四類:

(一)因篇中有某人名而誤題。如《素問》一書,最早是戰國末年的作品,稍晚則在西漢末葉始出,爲中國一部頂古的醫書。其中雖然可議的地方很多,然亦至可寶貴,古代醫學知識,可考見的,多賴此書。原書作者,姓名不傳,今稱《黄帝素問》,或稱《黄帝内經》。還有一部《靈樞》,作者姓名亦不傳,今稱《靈樞針經》,或稱《黄帝針經》。做書的人,本來不想作僞,然因爲《素問》起首有“黄帝問於岐伯曰……”的話,乃屬作者假爲黄帝、岐伯問答之詞,以發抒其醫學上的見解。而後人不察,即以此誤會爲黄帝所作,是以今人稱贊名醫,説他“術精岐黄”以此。

又如《周髀算經》一書,當屬漢人作品,爲中國一部最古的數學書,價值亦極寶貴。原書作者,姓名不傳,後人因爲起首有“周公問於商高曰……”的話,遂誤爲周公所作。實則“周”是講圓，“髀”是講股，等於現在的幾何三角。其稱周公、商高，亦不過作者假古人的名字，以發抒其數學上的見解，初非有意作僞，後人不察，硬派爲周公所作，於是一圓一股的“周”“髀”便成爲周公的一條腿了。許多古書，皆以有古人問答之詞，因而得名。

(二)因書中多述某人行事或言論而得名。這類書，與前一類相近亦以戰國、西漢時代爲最多。如《孝經》一書，不惟不是孔門著作，而且不是先秦遺書，乃漢儒抄襲《左傳》，益以己見，雜湊而成。後人因爲裡邊講曾子的話及曾子所做的事很多，遂以爲曾參所作，實大誤。此書若認爲漢儒作品，有相當的價值，若認爲孔門作品，則抵牾掛漏之處特多。

又如《管子》及《商君書》，本爲戰國末年著作，其中不過多載管仲、商鞅的話及其行事而已，關於管仲、商鞅死後的事情，記載亦復不少。若認爲戰國末年法家作品，其價值極高，有許多很好的參考資料。若認爲管、商本人所作，則萬萬説不通。這種書，作者没有標出姓名，大致是一種類書，雜記各項言語行事，起初並不是誠心作僞，乃後人看見書中多述某人言行，從而附會之，因此得名。

(三)不得主名而臆推妄題。許多很有價值的書籍，因爲尋不著主名，就編派到一個闊人身上。如《山海經》，是一部古代神話集成。最古的部分，許是春秋戰國時人手筆，最晚的部分，當出於西漢、東漢之間。因爲其中多荒誕之語，歷代皆認爲一部異書。《史記》雖引其名，但未言爲何人所作，惟《列子》曾説：“大禹行而見之，伯益知而名之，夷堅聞而志之。”後人因爲太史公都看見過，相信確有其書，《列子》又有這套話，遂編派爲大禹、伯益所作。實在書中多載春秋、戰國地名，至早以春秋爲止，絶不會出在三代以前。

又如《難經》，是中國醫學界最有名的古書，内中載八十一個醫學上的難題及其答案，當係東漢末三國時人所作，與《素問》《靈樞》齊名。《素問》《靈樞》要早點，就派給黄帝，《難經》稍晚點，就派給秦越人，因爲秦越人(扁鵲)是戰國時代最有名的醫生，非他似乎不能有此傑作。當初作《難經》的人，何嘗有意造假，都是後人摸不著主名，無端編派到扁鵲名下。

古書如此，近代之書亦然。如坊間通行的《黄梨洲集》，中有《鄭成功傳》，作品雖然不壞，然絶非黄氏手筆。一則文筆不像，再則恭維滿清，有“聖朝”

"大兵"等語,與黄氏身份不稱。黄爲明室遺民,滿洲入關,抵死不肯屈節,安有恭維滿清之理?大抵當時有人作《鄭成功傳》,然因他種關係,不敢自出主名,後人因爲梨洲有《行朝録》,言魯王、唐王之事甚詳,鄭成功爲排滿中堅分子,爲之作傳者,必係梨洲無疑,遂把此傳收入黄氏集中,鑄此大錯。

諸如此類,作者無心造假,後人瞎亂胡猜,遂致張冠李戴。古書如此,字畫詩詞亦然。所以無名漢碑,往往誤認爲蔡邕所書;無名唐畫,往往誤認爲吴道子所作;《古詩十九首》,後人多謂出自枚乘;《菩薩蠻》《憶秦娥》兩闋,後人多謂出自李白。事情雖不一様,道理完全相同,我們從事研究的人,切忌不要爲虚名所誤。

(四)本有主名,不察而妄題。如《越絶書》,記江浙間事甚詳,爲漢、魏時人所作。作者滑稽好戲,不願明標主名,故意在書後作了四句隱語:"以去爲姓,得衣乃成。厥名有米,覆之以庚。"我們看這四句話,明明白白,知道是袁康二字。作者姓袁名康,還有什麽問題?後人不察,偏要編派在一個名人身上,以爲書中多記吴、越之事,細考孔門弟子中,惟子貢曾到越國,遂指爲子貢所作。今《四庫全書》,仍題爲子貢撰,這是多麽可笑一件事情。

佛經中有一部《牟子理惑論》,係中國人最先批評佛教的著作,共三十七章,極有價值。自序云:"靈帝時,遭世亂離,避地交州,著書不仕。"把時代、經歷、地方,都説得很明白。《隋書·經籍志》,因爲作者姓牟,而姓牟的人,只有牟融最知名,遂題爲牟融作,已經大錯了。《唐書·藝文志》更糊塗,又考出牟融官職,給他加上官銜,題漢太尉牟融作。本來是隱士,忽然變作達官;本來在安南,忽然跑到中原;本當桓、靈時代,忽然提到光武,前後相差兩百年。書錯還是小事,後人根據作者姓名,用以推斷佛教,説佛教之輸入,確在光武之前,牟融時已經很發達了,這様一來,那真是受害不淺。

**丑、部分誤編或附入**

這類作品,又可分爲五類:

(一)類書誤作專書。如《管子全書》,非一人一時所作,乃雜志體,聚集若干篇法家言,並未標明何人所作,其中《弟子職》《内業》等篇,與全書體例不符,範圍、文體皆有出入,可見顯係雜抄之書無疑。若認爲一部類書,倒還可以,若認爲一種專書,那就錯了,因爲其中講管子的話很多,所以名之《管子》,

實非管仲所作。

(二)注解與正文同列,混入正文。《莊子》一書,内篇是莊周所作,外篇乃後人注解莊周之書。抄書的人,抄了内篇,又把注解一并抄下,統名之爲《莊子》。但是内篇、外篇,内容文體,俱不相同,一見可以了然,絶不能認爲出自一人之手。如認爲内篇爲正文,則外篇、雜篇,必爲注解,如認爲外篇、雜篇非注解,則外篇、雜篇,必爲後人所僞託,總之不是莊周所作的東西。

一部之中,有注解附入正文處,一篇之中,亦有注解附入正文處,因爲古代用竹簡,正文是刀刻或漆書,注解亦是刀刻或漆書,没有法子區别。如《禮記·王制篇》,最末一段:"自恒山至於南河,千里而近,自南河至於江,千里而近……"下面一段:"古者以周尺八尺爲步,今以周尺六尺四寸爲步……"這兩段皆與本文無關,當係注解,或者後人讀《周禮》,讀到此處,做了一點考證的功夫,因而隨筆記下,所以與正文連接不起來。

有時讀者在書的空白處,記下幾行旁的事情,本來毫無關係,後人看見,誤認成爲足本。如《論語.季氏》章最末一段:"邦君之妻,君稱之曰夫人,夫人自稱曰小童;邦人稱之曰君夫人,稱諸異邦曰寡小君;異邦人稱之亦曰君夫人。"這幾句話,毫無意義,孔子不會這樣講。《微子》章末一段:"周有八士:伯達、伯適、仲突、仲忽、叔夜、叔夏、季隨、季騧。"這幾句話,亦復毫無意義,不像孔子口吻。《論語》前幾篇,不相干的話還少,後幾篇,不相干的話很多。前人以爲奇文奥義,其實不過後人信筆寫上的備忘録而已。

(三)獻書時,求增篇幅。前面講歷代帝王廣開獻書之路,有許多人立心不良,造假書以邀賞。又因爲賞之重輕,以卷數之多寡爲准,所以有人割裂他書篇幅充數,以求賞賜增加。周、秦諸子,同一篇文章,往往彼此互見。如《韓非子》頭一篇,就與《戰國策》内一篇相同。不是獻《韓非子》的人盗竊《戰國策》,就是獻《戰國策》的人盗竊《韓非子》。此類作品,秦漢之間甚多,所以《管子》中的《弟子職》《内業》兩篇,與全書體例不同,大致是獻書的人,牟利邀賞,隨意竄入的。

(四)後人續作。後人續作前人之書,本來無心造假,然而原作與續作相混,於是生出許多破綻。最顯明的例子是《史記》。司馬遷作《史記》,共一百三十篇。現存之本,差不多有一小半不是太史公作的,其中記載司馬遷死後十幾年乃至一百年的事情甚多。但這不是續作的人有心造假,實因感覺著有續作的必要。《史通·正史篇》説:"《史記》所書,年止漢武太初,以後闕而不録。其後劉向、向子歆及諸好事者,若馮商、衛衡、揚雄、史岑、梁審、肆仁、晉馮、段肅、金丹、馮衍、韋融、蕭奮、劉恂等,相次撰續,迄於哀、平間,猶名《史記》。"而褚少孫、班彪、班固,尚不在内。由此看來,漢代續《史記》的人,有十八人之多,無怪《史記》一書,破綻百出了。其中惟褚少孫所續標明"褚先生曰"數字,尚可識别,其餘十七人的手筆,大都無法辨認。所以有人説司馬遷活到八十、九十,乃至百二十歲,使得後人徬徨迷惑。

(五)編輯的人無識貪多。這種情形,古代有之,而以近代爲尤甚。如前回所講《李太白集》《蘇東坡集》,本人皆未寫定,死後由門生弟子陸續編成。編書的人,抱定以多爲貴主義,好像買菜,苦口求添,而眼光不到,不足以識别真假,因此有許多他人作品得以乘機攔入。這不能怪編書的人有意造假,他的本心,只覺得片紙只字,皆可寶貴。殊不知,已造成碔砆亂玉的惡果了。

有意作假,動機很壞,非辨别不可。無意作假,雖無壞的動機,亦當加以考訂。爲求真正知識,爲得徹底了解起見,對於古書,應當取此種態度。否則,年代錯亂,思潮混雜,是非顛倒,在學術界遺害甚大。而且研究的結論如果建築在假的材料上,一定站不住,很容易爲他人所駁倒。以上把僞書的種類、作僞的來歷、年代錯亂的原因,簡單的説明如此。

(選自《古書真僞及其年代》第二章)

## 鑒别僞書公例

僞書者,其書全部分或一部分純屬後人僞作,而以託諸古人也。例如現存之《本草》號稱神農作,《内經》號稱黄帝作,《周禮》號稱周公作,《六韜》《陰符》號稱太公作,《管子》號稱管仲作……假使此諸書而悉真者,則吾國歷史便成一怪物。蓋社會進化説全不適用,而原因結果之理法亦將破壞也。文字未興時代之神農已能作《本草》,是謂無因,《本草》出現後若干千年而醫學藥學上更無他表見,是謂無果。無因無果,是無進化,如是,則吾儕治史學爲徒勞。是故苟無鑒别僞書之識力,不惟不能忠實於史跡,必至令自己之思想途徑大起混亂也。

書愈古者,僞品愈多。大抵戰國、秦漢之交有一大批僞書出現,《漢書·藝文志》所載三代以前書,僞者殆不少。新莽時復有大批出現,如《周禮》及其他古文經皆是。晉時復有一大批出現,如晚出《古文尚書》《孔子家語》《孔叢子》等。其他各時代零碎僞品亦尚不少,且有僞中出僞者,如今本《鬼谷子》《鶡冠子》等。莽、晉兩期,劉歆、王肅作僞老手,其作僞之動機及所作僞品前清學者多已言之,今不贅引。戰國、秦漢間所以多僞書者:(一)因當時學者本有好"託古"的風氣,己所主張,恒引古人以自重(説詳下)。本非有意捏造一書指爲古人所作,而後人讀之則幾與僞託無異。(二)因當時著述家本未嘗標立一定之書名,且亦少泐成定本。展轉傳鈔,或合數種而漫題一名;或因書中多涉及某人,即指爲某人所作。(三)因經秦焚以後,漢初朝野人士皆汲汲以求遺書爲務。獻書者往往剿鈔舊籍,託爲古代某名人所作以售炫。前兩項爲戰國末多僞書之原因,後一項爲漢初多僞書之原因。

僞書有經前人考定已成鐵案者,吾儕宜具知之,否則徵引考證,徒費精神。例如今本《尚書》有《胤徵》一篇,載有夏仲康時日食事,近數十年來成爲歐洲學界一問題。異説紛争殆將十數,致勞漢學專門家、天文學專門家合著專書以討論。殊不知《胤徵》篇純屬東晉晚出之僞古文,經清儒閻若璩、惠棟輩考證,久成定讞。仲康其人之有無且未可知,遑論其時之史跡?歐人不知此樁公案,至今猶刺刺論難,由吾儕觀之,可笑亦可憐也。欲知此類僞書,略翻清《四庫書目提要》便可得梗概,《提要》中指爲真者未必遂真,指爲僞者大抵必僞,此學者應有之常識也。

然而僞書孔多,現所考定者什僅二三耳,此外古書或全部皆僞或真僞雜糅者尚不知凡幾。吾儕宜拈出若干條鑒别僞書之公例,作自己研究標准焉。

(一)其書前代從未著録或絶無人徵引而忽然出現者,什有九皆僞。例如三墳、五典、八索、九丘之名雖見《左傳》《晉乘》《楚檮杌》之名雖見《孟子》,然漢、隋、唐《藝文》《經籍》諸志從未著録,司馬遷以下未嘗有一人徵引。可想見古代或並未嘗有此書,即有之,亦必秦火前後早已亡佚。而明人所刻《古逸史》忽有所謂《三墳記》《晉史乘》《楚史檮杌》等書。凡此類書,殆可以不必調查内容,但問名即可知其僞。

(二)其書雖前代有著録,然久經散佚,乃忽有一異本突出,篇數及内容等與舊本完全不同者,什有九皆僞。例如最近忽發現明鈔本《慎子》一種,與今行之《四庫本》《守山閣》本全異,與隋唐《志》《崇文總目》《直齋書録解題》等所記篇數無一相符,其流傳之緒又絶無可考。吾儕乍睹此類書目便應懷疑,再一檢閲内容,則可定爲明人僞作也。

(三)其書不問有無舊本,但今本來歷不明者,即不可輕信。例如漢河内女子所得《泰誓》,晉梅賾所上《古文尚書》及孔安國《傳》皆固來歷曖昧,故後人得懷疑而考定其僞。又如今本《列子》八篇,據張湛序言由數本拼成,而數本皆出湛戚屬之家,可證當時社會絶無此書,則吾輩不能不致疑。

(四)其書流傳之緒從他方面可以考見,而因以證明今本題某人舊撰爲不確者。例如今所稱《神農本草》《漢書·藝文志》無其目,知劉向時決未有此書。再檢隋、唐《經籍志》以後諸書目及其他史傳,則知此書殆與蔡邕、吴普、陶弘景諸人有甚深之關係,直至宋代然後規模大具。質言之,則此書殆經千年間許多人心力所集成,但其書不惟非出神農,即西漢以前人參預者尚極少,殆可斷言也。

(五)真書原本經前人稱引,確有左證,而今本與之歧異者,則本必僞。例如古本《竹書紀年》有夏啓殺伯益、商太甲殺伊尹等事,又其書不及夏禹以前事。此皆原書初出土時諸人所親見,信而有徵者。而今本記伯益、伊尹等文全與彼相反,其年代又託始於黄帝,故知決非汲冢之舊也。

(六)其書題某人撰而書中所載事跡在本人後者,則其書或全僞或一部分僞。例如《越絶書》《隋志》始著録,題子貢撰。然其書既未見《漢志》且書中叙及漢以後建置沿革,故知其書不惟非子貢撰,且並非漢時所有也。又如《管子》《商君書》《漢志》皆著録,題管仲、商鞅撰,然兩書各皆記管、商死後之人名與事跡,故知兩書決非管商自撰,即非全僞,最少亦有一部分羼亂也。

(七)其書雖真,然一部分經後人竄亂之跡既確鑿有據,則對於其書之全體須慎加鑒別。例如《史記》爲司馬遷撰固毫無疑義,然遷自序明言"訖於麟止",今本不惟有太初、天漢以後事,且有宣、元、成以後事,其必非盡爲遷原文甚明。此部分既有竄亂,則他部分又安敢保必無竄亂耶?

(八)書中所言確與事實相反者,則其書必僞。例如今《道藏》中有劉向撰《列仙》,其書《隋志》已著録。書中言諸仙之荒誕固不俟辯,其自序云"七十四人已見佛經”，佛經至後漢桓、靈時始有譯本，上距劉向之没將二百年，向何從知有佛經耶？即據此一語，而全書之僞已無遁形。

（九）兩書同載一事絶對矛盾者，則必有一僞或兩俱僞。例如《涅槃經》佛説云：“從今日始，不聽弟子食肉。”《入楞伽經》佛説云：“我於《象腋》《央掘魔》《涅槃》《大雲》等一切《修多羅》中，不聽食肉。”《涅槃經》共認爲佛臨滅度前數小時間所説，既《象腋》等經有此義，何得云“從今日始”？且《涅槃》既佛最後所説經，《入楞伽》何得引之？是《涅槃》《楞伽》最少必有一僞或兩俱僞也。

以上九例皆據具體的反證而施鑒别也，尚有可以據抽象的反證而施鑒别者：

（十）各時代之文體蓋有天然界畫，多讀書者自能知之，故後人僞作之書有不必從字句求枝葉之反證，但一望文體即能斷其僞者。例如東晉晚出《古文尚書》，比諸今文之周《誥》、殷《盤》截然殊體，故知其決非三代以上之文。又如今本《關尹子》中有“譬犀望月，月影入角，特因識生，故有月形，而彼真月，初不在角”等語，此種純是晉、唐翻譯佛經文體，決非秦、漢以前所有，一望即知。

（十一）各時代之社會狀態，吾儕據各方面之資料總可以推見崖略，若某書中所言其時代之狀態與情理相去懸絶者，即可斷爲僞。例如《漢書·藝文志》農家有《神農》二十篇，自注云：“六國時諸子託諸神農。”此書今雖不傳，然《漢書·食貨志》稱晁錯引神農之教云：“有石城十仞，湯池百步，帶甲百萬而亡粟，弗能守也。”此殆晁錯所見《神農》書之原文。然石城、湯池、帶甲百萬等等情狀，決非神農時代所能有。故劉向、班固指爲六國人僞託，非武斷也。

（十二）各時代之思想，其進化階段自有一定，若某書中所表現之思想與其時代不相銜接者，即可斷爲僞。例如今本《管子》有“寢兵之説勝則險阻不守，兼愛之説勝則士卒不戰”等語。此明是墨翟、宋鈃以後之思想，當管仲時並寢兵、兼愛等學説尚未有，何所用其批評反對者？《素問·靈樞》中言陰陽五行，明是鄒衍以後之思想，黄帝時安得有此耶？

以上十二例，其於鑒别僞書之法雖未敢云備，循此以推，所失不遠矣。

（選自《中國歷史研究法》第五章）

# 王國維論辨僞

王國維

王國維在辨僞學上最大的貢獻,不在於其對具體典籍、史事的辨僞,而在於提出了突破性的辨僞學理論——二重證據法。王國維所處的時代出土了大量文獻,如殷墟甲骨文、甘肅漢簡、敦煌遺書等,故其將實證主義與乾嘉考據結合起來,主張將出土文獻與傳世文本相互印證,以探究古書或古史的真僞。在二重證據法理論的指導下,王國維利用甲骨文、金文文獻對《尚書》《詩經》等典籍,以及殷商時期歷史進行考辨,代表作有《殷卜辭所見先公先王考》;利用甘肅漢簡來考辨漢代歷史與西北的史地情況;利用敦煌遺書考辨唐代歷史。王國維的二重證據法影響巨大,至今被學者奉爲圭臬。

研究中國古史,爲最糾紛之問題。上古之事,傳説與史實混而不分,史實之中,固不免有所緣飾,與傳説無異,而傳説之中,亦往往有史實爲之素地。二者不易區別,此世界各國之所同也。在中國古代已注意此事。孔子曰:“信而好古。”又曰:“君子於其不知,蓋闕如也。”故於夏、殷之禮,曰:“吾能言之,杞……宋……不足徵也,文獻不足故也。”孟子於古事之可存疑者,則曰:“於傳有之。”於不足信者,曰:“好事者爲之。”太史公作《五帝本紀》,取孔子所傳《五帝德》及《帝系姓》,而斥不雅馴之百家言;於《三代世表》,取《世本》,而斥黄帝以來皆有年數之《諜記》。其術至爲謹慎。然好事之徒,世多有之。故《尚書》於今、古文外,在漢有張霸之百兩篇,在魏、晉有僞孔安國之書。百兩雖斥於漢,而僞孔書則六朝以降,行用迄於今日。又汲冢所出《竹書紀年》,自夏以來皆有年數,亦《諜記》之流亞。皇甫謐作《帝王世紀》,亦爲五帝、三王盡加年數,後人乃復取以補《太史公書》。此信古之過也。至於近世,乃知孔安國本《尚書》之僞,《紀年》之不可信。而疑古之過,乃並堯、舜、禹之人物而亦疑之。其於懷疑之態度及批評之精神,不無可取;然惜於古史材料,未嘗爲充分之處理也。吾輩生於今日,幸於紙上之材料外,更得地下之新材料。由此種材料，我輩固得據以補正紙上之材料，亦得證明古書之某部分全爲實録，即百家不雅馴之言，亦不無表示一面之事實。此二重證據法，惟在今日始得爲之。雖古書之未得證明者，不能加以否定，而其已得證明者，不能不加以肯定，可斷言也。

（選自《古史新證》）

## 今本竹書紀年疏證序

昔元和惠定宇徵君作《古文尚書考》，始取《僞古文尚書》之事實、文句，一一疏其所出，而梅書之僞益明。仁和孫頤谷侍御復用其法，作《家語疏證》，吾鄉陳仲魚孝廉叙之曰："猶捕盗者之獲得真贓。"誠哉是言也。余治《竹書紀年》，既成《古本輯校》一卷，復怪《今本紀年》爲後人搜輯，其跡甚著，乃近三百年學者疑之者固多，信之者亦且過半。乃復用惠、孫二家法，一一求其所出，始知今本所載，殆無一不襲他書，其不見他書者，不過百分之一，又率空洞無事實，所增加者年代而已。且其所出，本非一源，今古雜陳，矛盾斯起，既有違異，乃生調停，糾紛之因，皆可剖析。夫事實既具他書，則此書爲無用，年月又多杜撰，則其説爲無徵。無用無徵，則廢此書可。又此《疏證》亦不作可也。然余懼後世復有陳逢衡輩爲是紛紛也，故寫而刊之，俾與《古本輯校》並行焉。

# 第五章　輯佚學選讀

## 通志校讎略（節選）

鄭　樵

由於在文獻學中，校勘與輯佚關係密切，鄭樵在《校讎略》中雖然没有明確談到輯佚，但是卻針對古書名亡而實存的問題進行了論述，實際上提出了輯佚的思路與方法，並對前代輯佚工作进行了總結，影響了後代輯佚理論、方法與實踐的發展。由於鄭樵時輯佚學尚屬於萌芽階段，其僅提出理論而未曾實踐，存在疏失，故清代學者章學誠在《校讎通義·補鄭篇》中對鄭樵進行了一定的批評。

### 書有名亡實不亡論一篇

書有亡者，有雖亡而不亡者，有不可以不求者，有不可求者。《文言》略例雖亡，而《周易》具在。漢、魏、吴、晉《鼓吹曲》雖亡，而樂具在。《三禮目録》雖亡，可取諸三《禮》。《十三代史目録》雖亡，可取諸《十三代史》。常鼎寳《文選著作人名目録》雖亡，可取諸《文選》。孫玉汝《唐列聖實録》雖亡，可取諸《唐實録》。《開元禮目録》雖亡，可取諸《開元禮》。《名醫別録》雖亡，陶隱居已收入《本草》。李氏《本草》雖亡，唐慎微已收入《證類》。《春秋括甲子》雖亡，不過起隱公至哀公甲子耳。韋嘉《年號録》雖亡，不過起漢後元至唐中和年號耳。《續唐曆》雖亡，不過起續柳芳所作至唐之末年，亦猶《續通典》續杜佑所作至宋初也。《毛詩蟲魚草木圖》，蓋本陸機《疏》而爲圖，今雖亡，有陸機《疏》

在，則其圖可圖也。《爾雅圖》，蓋本郭璞注而爲圖，今雖亡，有郭璞注在，則其圖可圖也。張頻《禮粹》出於崔靈恩《三禮義宗》，有崔靈恩《三禮義宗》則張頻《禮粹》爲不亡。《五服志》出於《開元禮》，有《開元禮》則《五服志》爲不亡。有杜預《春秋公子譜》，無顧啓期《大夫譜》可也。有《洪範五行傳》，無《春秋災異應録》可也。丁副《春秋三傳同異字》，可見於杜預《釋例》、陸淳《纂例》。京相璠《春秋土地名》，可見於杜預《地名譜》、桑欽《水經》。李騰《説文字源》不離《説文》《經典分毫正字》不離《佩觿》。李舟《切韻》乃取《説文》而分聲，《天寶切韻》即《開元文字》而爲韻。《内外轉歸字圖》《内外傳鈐指歸圖》《切韻樞》之類，無不見於《韻海鏡源》。書評、書論、書品、書訣之類，無不見於《法書苑》《墨藪》。唐人小説多見於《語林》，近代小説多見於《集説》。天文横圖、圓圖、分野圖、紫微圖、象度圖，但一圖可該，《大象賦》《小象賦》《周髀星述》《四七長短經》、劉石甘《巫占》，但一書可備。《開元占經》《象應驗録》之類，即《古今通占鑒》《乾象新書》可以見矣。李氏《本草拾遺》《删繁本草》、徐之才《藥對》《南海藥譜》《藥林》《藥論》《藥忌》之書，《證類本草》收之矣。《肘後方》《鬼遺方》《獨行方》《致方》及諸古方之書，《外臺秘要》《太平聖惠方》中盡收之矣。紀元之書，亡者甚多不過《紀運圖》《歷代圖》可見其略。編年紀事之書，亡者甚多，不過《通曆》《帝王曆數圖》可見其略。凡此之類，名雖亡而實不亡者也。

## 求書之道有八論九篇

求書之道有八：一曰即類以求，二曰旁類以求，三曰因地以求，四口因家以求，五曰求之公，六曰求之私，七曰因人以求，八曰因代以求，當不一於所求也。

凡星曆之書，求之靈臺郎；樂律之書，求之太常樂工。靈臺所無，然後訪民間之知星曆者；太常所無，然後訪民間之知音律者。眼目之方多，眼科家或有之。疽瘍之方多，外醫家或有之。紫堂之書多亡，世有傳紫堂之學者。九曜之書多亡，世有傳九星之學者。《列仙傳》之類，《道藏》可求。此之謂即類以求。

凡性命道德之書，可以求之道家；小學文字之書，可以求之釋氏。如《素履子》《玄真子》《尹子》《鬻子》之類，道家皆有。如《蒼頡篇》《龍龕手鑒》、郭逐《音訣圖字母》之類，釋氏皆有。《周易》之書，多藏於卜筮家。《洪範》之書，多藏於五行家。且如邢璹《周易略例正義》,今《道藏》有之。京房《周易飛伏例》,卜筮家有之。此之謂旁類以求。

《孟少主實録》,蜀中必有。《王審知傳》,閩中必有。《零陵先賢傳》,零陵必有。《桂陽先賢贊》,桂陽必有。《京口記》者,潤州記也。《東陽記》者,婺州記也。《茅山記》必見於茅山觀,《神光聖跡》必見於神光寺。如此之類,可因地以求。

《錢氏慶系圖》可求於忠懿王之家,《章氏家譜》可求於申公之後。黄君俞《尚書闕言》雖亡,君俞之家在興化。王棐《春秋講義》雖亡,棐之家在臨漳。徐寅《文賦》,今莆田有之,以其家在莆田。潘佑文集,今長樂有之,以其後居長樂。如此之類,可因家以求。

禮儀之書、祠祀之書、斷獄之書、官制之書、版圖之書,今官府有不經兵火處,其書必有存者。此謂求之公。

書不存於秘府而出於民間者甚多,如漳州吴氏,其家甚微,其官甚卑,然一生文字間,至老不休,故所得之書,多蓬山所無者。兼藏書之家,例有兩目録,所以示人者,未嘗載異書,若非與人盡誠盡禮,彼肯出其所秘乎?此謂求之私。

鄉人李氏曾守和州,其家或有沈氏之書,前年所進褚方回《清慎帖》,蒙賜百匹兩,此則沈家舊物也。鄉人陳氏嘗爲湖北監司,其家或有田氏之書,臣嘗見其有荆州《田氏目録》,若跡其官守,知所由來,容或有焉。此謂因人以求。

胡旦作《演聖通論》,余靖作《三史刊誤》。此等書卷帙雖多,然流行於一時,實近代之所作。書之難求者,爲其久遠而不可跡也,若出近代人之手,何不可求之有?此謂因代以求。

## 澹生堂藏書約(節選)

祁承㸁

《澹生堂藏書約》爲明末藏書家祁承㸁的藏書理論著作,其中部分内容涉及輯佚。鄭樵曾經提出八種求書之道,以搜求典籍,防止其亡佚;祁承爜則在鄭樵的基礎之上，提出從前代古書引文、注文以及類書中輯佚，其對清代學者的輯佚活動具有一定的啓發作用。

鄭漁仲論求書之道有八：一即類以求，二旁類以求，三因地以求，四因家以求，五曰求之公，六曰求之私，七因人以求，八因代以求，可謂典簿中之經濟矣。然自有書契以來，名存而實亡者，十居其九。如丁寬、孟喜之《易》《尚書》之牟長《章句》、周防《雜記》，韓嬰僅存《詩外傳》，而亡其《内傳》，董仲舒《春秋繁露》雖存，而《春秋決疑》二百三十二事竟不可得。夫經傳猶日星之麗天，尚多湮没，況其他一人一家之私集乎？若此之類，即國家秘府尚不能收，民間亦安從得之？縱欲因地因人以求，無益也。

余於八求之外更有三説：書如有著於三代而亡於漢者，然漢人之引經多據之；書有著於漢而亡於唐者，然唐人之著述尚存之；書有著於唐而亡於宋者，然宋人之纂集多存之。每至檢閲，凡正文之所引用，注解之所證據，有涉前代之書，而今失其傳者，即另從其書，各爲録出。如《周易坤靈圖》《禹時鈞命訣》《春秋考異郵》《感精符》之類，則於《太平御覽》中間得之；如《會稽典録》、張璠《漢紀》之類，則於《北堂書鈔》間得之；如《晉簡文談疏》《甘澤謡》《會稽先賢傳》《渚宫故事》之類，則於《太平廣記》間得之。諸如此類，悉爲裒集。又如漢唐以前，殘文斷簡，皆當收羅。此不但吉光片毛，自足珍重，所謂舉馬之一體，而馬未嘗不立於前也。

（選自《購書》）

書籍與代日增，而亦與代日亡之物也。概按籍而求，固已有虚用其力者矣。乃有實同而名異者，有名亡而實存者。有得一書而即可概見其餘者，有得其所散見而即可湊合其全文者。又有本一書也，而故多析其名以示異者，如顔師古之《南部煙花》即《大業拾遺》也，李綽之《尚書談録》即《尚書故實》也，劉珂之《帝王曆歌》即《帝王鏡略》也，此所謂實同而名異者也。如蔡蕃節《太平廣記》之事而爲《鹿革事類》三十卷，《廣記》在，《鹿革事類》即湮軼可也，如司馬温公之編《資治通鑒》也，先具叢目，次修長編，删削成書，《通鑒》行則叢目、長編廢，弗録可也，此所謂名亡而實存者也。又如漢人之談經在訓詁，讀注疏而漢之釋經可概也，晉人之詞旨尚隱約，閲《世説》而晉之談論可想也，所謂得其一而概可見其餘者也。如《北夢瑣言》《酉陽雜俎》之類，今刊本雖盛行矣，然悉括《太平廣記》之所載，更有溢其全帙之外者，此所謂得其所散見而即可湊合其全文者也。至如陶弘景之《真誥》，而析以《協昌期》《甄授命》之名，馮贄之《雲仙散録》，而託以詭秘之目，又如近日偶從友人王堇父家借得《比事摘録》一卷，中所引用如《畢辜》《厲陬》等録，不曉其何書，及按其文，乃知即《餘冬序録》所以分别卷帙者也，且刊者訛謬，以"極如"爲"橘如"，以"畢相"爲"終相"，事同兒戲，殊爲可笑，此所謂故析其名以示博者也。諸如此類，爾輩須逐一研核，不爲前人所謾，則既不至虚用其力，而亦不至徒集其名，得一書始得一書之實矣。

（選自《鑒書》）

## 鈔永樂大典記

全祖望

《永樂大典》爲明成祖朱棣下旨纂修的一部大型類書，收録了"凡書契以來經史子集百家之書，至於天文、地志、陰陽、醫卜、僧道、技藝之言"，其中大量典籍在流傳過程中逐漸亡佚，僅存於《永樂大典》之中。早在明嘉靖時期，張四維已利用《永樂大典》進行輯佚；入清之後，徐乾學亦有此倡議，但終未能成。後來在李紱的幫助之下，全祖望得以利用《永樂大典》輯出了大量佚書。由此全祖望竭力宣傳《永樂大典》的學術價值，在官方纂修三《禮》時，向總裁官方苞建議利用《永樂大典》輯佚宋、元諸家《禮》説。全祖望之舉，對清政府纂修《四庫全書》時認識到《永樂大典》的價值具有影響作用。

明成祖敕胡廣、解縉、王洪等纂修《永樂大典》，以姚廣孝監其事，始於元年之秋，成於六年之冬，計二萬二千七百七十七卷，凡例目録六十卷，冠以御制文序，定爲萬二千册，廣孝奉詔再爲之序。其時公車徵召之士，自纂修以至繕寫幾千人，緇流羽士亦多預者。書成，選能詩古文詞及説書者二百人充試吏部，拔其尤者三十人授官，其餘亦有注籍選人者。方是書初上，詔名《文獻大成》，後改焉。孝宗最好讀書，召對廷臣之暇，即置是書案上。嘉靖四十一年，禁中失火，世宗亟命救出此書，幸未被焚。遂詔閣臣徐階照式槧鈔一部，當時書手一百八十，每人日鈔三紙，一紙三十行，一行二十八字。至隆慶改元始畢。崇禎時劉若愚著《酌中志》，已言是書不知今貯何所。是其書在有明二百餘年以來，賴世廟得如卿雲之一見，而總未嘗入著述家之目。

暨我世祖章皇帝萬機之餘，嘗以是書充覽，乃知其正本尚在乾清宫中，顧莫能得見者。及《聖祖仁皇帝實録》成，詞臣屏當皇史宬書架，則副本在焉，因移貯翰林院，然終無遇而問之者。前侍郎臨川李公在書局，始借觀之，於是予亦得寓目焉。其例乃用洪武四聲韻分部，以一字爲綱，即取十三經、廿一史、諸子百家，無不類而列之，所謂因韻以統字，因字以系事者也，而皆要直取全文，未嘗擅減片語。夫偶舉一事，即欲貫穿前古後今書籍，斯原屬事勢所必不能。而《大典》輯香並包，不遺餘力，雖其間不無汗漫陵雜之失，然神魄亦大矣。蓋嘗聞諸儒商榷凡例，初多參辰，王偁笑曰："欲構層樓華屋，乃計功於簸桶都料耶?"則凡例蓋取偁手也。若一切所引書，皆出文淵閣儲藏本，自萬曆重修書目，已僅有十之一，繼之以流寇之火，益不可問。聞康熙間，昆山徐尚書健庵以修《一統志》言於朝，請權發閣中書資考校，寥寥無幾，則是書之存，乃斯文未喪一碩果也。因與公定爲課，取所流傳於世者概置之，即近世所無而不關大義者亦不録，但鈔共所欲見而不可得者。而別其例之大者爲五：

其一爲經，諸解經之集大成者，莫如房審權之《易》，衛湜、王與之之二禮，此外莫有仿之者，今使取《大典》所有，稍爲和齊而斟酌，則諸經皆可成也。其一爲史，自唐以後，六史篇日雖多，文獻不足，今采其稗野之作、金石之記，皆足以資考索。其一爲志乘，宋、元圖經舊本，近日存者寥寥，明中葉以後所編，則皆未見古人之書而妄爲之，今求之《大典》，釐然具在。其一爲氏族，世家系表而後，莫若夾漈《通略》，然亦得其大概而已，未若此書之該備也。其一爲藝文，東萊《文鑒》不及南渡遺集之散亡者，《大典》得十九焉。其餘偏端細目，信手薈萃，或可以補人間之缺本，或可以正後世之僞書，則信乎取精多而用物宏，不可謂非宇宙間之鴻寶也。

會逢今上纂修三《禮》，予始語總裁桐城方公，鈔其三《禮》之不傳者，惜乎其闕失幾二千册，予嘗欲奏之今上，發宫中正本以補足之，而未遂也。夫求儲藏於秘府，更番迭易，往復維艱，而吾輩力不能多畜寫官，自從事於是書，每日夜漏三下而寢,可盡二十卷。而以所簽分令四人鈔之,或至浹旬未畢則欲卒業,於此非易事也。然以是書之沈屈,忽得人讀之,不必問其卒業與否,要足爲之吐氣。嗟乎!温公《通鑒》之成,能讀之至竟者祇王益柔一人,其餘未及一卷,即欠伸思睡。況《大典》百倍於此,其庋閣也固宜。今吾輩鋭欲竟之,而力不我副,是則不能不心以爲憂者也。

## 全上古三代秦漢三國六朝文總叙

嚴可均

《全上古三代秦漢三國六朝文》爲清代著名的輯佚總集,共收録唐前作者三千餘人,並有作者小傳,是目前收録唐前文章最全的一部總集,學術價值極高。在《總叙》中,嚴可均詳細説明了該書的編纂體例方法,對後世編纂大型輯佚總集具有啓發作用。

嘉慶十三年開全唐文館,不才越在草茅,無能爲役,慨然曰:“唐之文盛矣哉!唐已前要當有總集,斯事體大,是不才之責也。”其秋始草創之。廣搜三分書,與夫收藏家秘笈、金石文字,遠而九譯,旁及釋道鬼神。起上古迄隋,鴻裁巨制,片語單詞,罔弗綜録。省并復疊,聯類畸零,作者三千四百九十五人,分代編次爲十五集,合七百四十六卷。肆力九年,草創粗定。又肆力十八年,拾遺補闕。抽換之,整齊之,畫一之,已於事而竣。挚五戹之亡散,揚萬古之天聲,唐已前文咸萃於此,可繕寫。烏程嚴可均。

### 總　目

《全上古三代文》十六卷。二册,三百五人。

《全秦文》一卷。一册,十六人。

《全漢文》六十三卷。十册,三百三十四人。

《全後漢文》一百六卷。十二册,四百七十人。

《全三國文》七十五卷。十二册,三百九十四人。

《全晉文》一百六十七卷。二十四册,八百三十人。

《全宋文》六十四卷。八册,二百七十八人。

《全齊文》二十六卷。四册，一百三十一人。

《全梁文》七十四卷。十二册，二百四人。

《全陳文》十八卷。二册，六十三人。

《全後魏文》六十卷。八册，三百二人。

《全北齊文》十卷。一册，八十六人。

《全後周文》二十四卷。二册，六十人二。

《全隋文》三十六卷。四册，一百六十八人。

《先唐文》一卷。一册，五十四人。

《韻編全文姓氏》五卷。一册。

## 總　例

一、是編從群書纂録，字體正俗，略依本書。凡廟諱、御名，謹遵《四庫書聚珍本》定例，敬闕末筆。

一、是編創始於嘉慶十三年，時初開全唐文館，館臣以唐碑或有王侍郎昶《金石萃編》所未載者，屬爲廣輯。既録本呈館，遂並録唐已前文，逾七八年，積稿等身者再，省併復重，得厚寸許者百餘册。一手校讎，不假衆力，無因襲，無重出。各篇之末，注明見某書某卷，或再見、數十見，亦皆注明，以待覆檢。

一、是編大例遵《全唐文》。《全唐文》不載詩，以有《全唐詩》。而唐已前詩有馮惟訥《古詩紀》，罣漏無多，故是編亦不載詩。然如班固《兩都賦》末有《明堂》《辟雍》等五詩，理無割棄，不能不破例。

一、分代編次，曰上古三代、曰秦、曰漢、曰後漢、曰三國、曰晉、曰宋、曰齊、曰梁、曰陳、曰後魏、曰北齊、曰後周、曰隋。每代姓名次第，曰帝、曰后、曰宗室諸王、曰國初群雄、曰諸臣、曰宦官、曰列女、曰闕名、曰外國、曰釋氏、曰悟道、曰鬼神。

一、開創之君，如魏武造魏，長沙桓王造吴，晉宣、文、景造晉，齊神武造齊，周文造周，依各史列當代諸帝之首。其諸臣以始仕之年分别先後，而子、弟、孫、曾聯屬其下。其仕前代又仕後代者，歸後代，如漢臣臣魏列魏初，魏臣臣晉列晉初。其累仕數代者歸最後之代，如陽休之、崔猷、袁聿修累仕後魏、北齊、周、隋，王元規、江總累仕梁、陳、隋，列隋初。其前代遺老卒於後代者歸前代，如譙玄列漢末，陶潛列晉末。其後代佐命功臣卒於前代者，以卒年爲斷，歸前代，如荀彧列漢末，劉穆之列晉末，而關壯繆、周瑜、魯肅等亦從此例。史家限斷無定，今皆畫一。

一、唐已前舊集見存今世者，僅阮籍、嵇康、陸雲、陶潛、鮑照、江淹六家。《蔡邕集》，宋時得殘本，重加編次；《謝朓集》，宋時尚存，僅刻其詩，不刻其文。見行董仲舒、司馬相如、東方朔、揚雄、孔融、曹植、劉楨、王粲、陳琳、阮瑀、徐幹、潘岳、陸機、支遁、謝靈運、顔延之、謝惠連、梁武帝、簡文帝、元帝、蕭統、沈約、任昉、陶弘景、何遜、徐陵、庾信等集二十七家，皆近代輯本，罣漏羼越，絶無罕見之篇。今此纂録，得三千四百九十五家，家一二篇至十餘卷不等。其文分類編次，曰賦、曰騷、曰制、曰誥、曰詔、曰敕、曰璽書、曰下書、曰賜書、曰册、曰策命、曰策問、曰令、曰教、曰誓、曰盟文、曰對策、曰對詔、曰章、曰表、曰封事、曰疏、曰上書、曰上言、曰奏、曰議、曰駁、曰檄、曰移、曰符、曰牒、曰判、曰啓、曰箋、曰奏記、曰書、曰答、曰對問、曰設論、曰論、曰難、曰釋難、曰考、曰辨、曰説、曰七、曰記、曰序、曰頌、曰贊、曰連珠、曰箴、曰銘、曰誡、曰傳、曰叙傳、曰别傳、曰諫、曰哀册、曰哀辭、曰墓志銘、曰碑、曰靈表、曰行狀、曰弔文、曰祭文、曰祝文、曰題後以及雜著之文、曰約、曰券、曰簕。其僭逆如王莽、桓玄等，則先表疏，後詔令，變例以别之。

一、是編於四部爲總集，亦爲别集，與經、史、子三部必分界限，然界限有定而無定。詔、令、書、檄、天文、地里、五行、食貨、刑法之文出於《書》，騷、賦、韻語出於《詩》，禮議出於《禮》，紀、傳出於《春秋》。百家九流，皆六經餘潤，故四部别派而同源，故《文選》爲總集，而收《尚書序》《毛詩序》《春秋左氏傳序》《史論》《史述贊》《典論・論文》《文苑英華》《唐文粹》亦如此。是經、史、子三部闌入集部，在所不嫌。《全唐文》不載晉、梁、陳、北齊、周、隋史論贊，又不載《帝範》《元子》《伸蒙》《續孟》《素履》《兼明》《化書》等子書，以諸史、子見存，今遵其例而推廣之，以定界限。凡經傳不録，録經傳中所載之誓、告、箴、銘等文。録佚經，而佚《詩》屬詩，不録。石鼓亦屬詩，不録。録金石刻辭，而《岣嶁碑》字難識，不録。《史記》、兩《漢》《三國》《宋》《齊》《後魏》及《漢紀》《後漢紀》《華陽國志》之論贊全本見存，不録，録其總序及撰進表。録佚史之論贊、評述，而佚史之紀傳不録。方志不録。子書見存者不録，録佚子書及佚文。屈騷見存，不録，録宋玉、賈誼等之擬騷。又面敕、面對未登簡牘者不録。然史家語例，頗未畫一，如《魏志》張既、王基千里陳事不云書啓，《漢書》莽詔半作“莽曰”，《史記》文、景、武詔作“上曰”。若此之類，皆入録。

一、文有煩簡、完闕、雅俗，或寫刻承訛，或唐、宋已前依託，畢登無所去取。

一、詔、令、書、疏、奏、議、碑、版等文，皆按年月日爲先後。年月未詳，列於各類之末。賦、頌、箴、銘等文，依唐人類書分門爲先後。

一、詔、令、書、檄有可考具草人者，編入撰人集中。

一、詔、令、表、疏、奏、議等題目，皆望文追題，或舊有題，便仍其舊。至《文苑英華》等題或繁冗，偶亦删改。

一、唐已前舊集體例不與今同，如揚雄上書諫勿許單于朝，《御覽》八百十一引雄集曰“單于上書願朝，哀帝以問公卿。公卿以虚費府帑，可且勿許。單于使辭去，未發，雄上書諫”云云，所以識其緣起也。末又引雄集曰：“書奏天子，召還匈奴使者，復報單于書而許之。賜雄黄金十斤。”所以竟其事也。諸引舊集，此類甚多，今皆纂録。

一、宋、齊、梁、陳、隋文多完篇，後漢、三國、晉文散見群書者，各自删節。往往有文同此篇，從數處采獲，合而訂之，得成完篇，亦有終不成完篇者。張溥《百三家集》所載魏、晉諸賦亦如此，而《賦彙》遂據爲定本。今遵此例，剌取引見之文以補闕校訛，至乃義不貫通，則爲散條，附當篇之末，一語兩語亦無棄遺。

一、是編三千四百餘家，皆爲之小傳，里系察舉，遷除封拜，贈謚著述，略具始末。或其人不見於史傳，則參考群書，略著爵里。如又不得，則云爵里未詳，或並不知當何帝之時，則列每代之末。至胡安道等，不得朝代，但知在唐已前耳。昔河間獻王得古文先秦舊書，先秦猶言秦，“先”謂未焚書之前。今仿先秦之目，別爲《先唐文》一卷，列全書之末。

# 皮錫瑞論輯佚

皮錫瑞

皮錫瑞在學術研究中認識到了輯佚的價值，並提出清代學者最重要的貢獻有三——輯佚、校勘與小學，將輯佚放到了與校勘、訓詁同樣重要的地位上。皮錫瑞雖然尚未清醒地認識到輯佚應當是一門獨立的學科，但是他已經將輯佚活動與其他的文獻活動區別對待了，客觀上促進了輯佚學的發展。

國朝經師有功於後學者，有三事。

一曰輯佚書。兩漢今文家説，亡於魏、晉；古文家鄭之《易》，馬、鄭之《書》，賈、服之《春秋》，亡於唐、宋以後。宋王應麟輯三家《詩》、鄭氏《易經注》，雖搜采未備，古書之亡而復存者，實爲首庸。至國朝而此學極盛。惠棟教弟子，親授體例，分輯古書。余蕭客《古經解鈎沉》，采唐以前遺説略備。王謨《漢魏遺書鈔》、章宗源《玉函山房叢書》，輯漢、魏、六朝經説尤多。孫星衍輯馬、鄭《尚書注》，李貽德述《左傳》賈、服注，陳壽祺、喬樅父子考今文《尚書》、三家《詩》。其餘間見諸家叢書。抱闕守殘，得窺崖略，有功後學者，此其一。

一曰精校勘。校勘之學，始於《顔氏家訓》《匡謬正俗》等書。至宋，有三劉、宋祁之校史。宋、元説部，間存校訂，然未極精審，説經亦非專門。國朝多以此名家，戴震、盧文弨、丁傑、顧廣圻尤精此學。阮元《十三經校勘記》，爲經學之淵海。余亦間見諸家叢書。刊誤訂訛，具析疑滯，有功後學者，又其一。

一曰通小學。古人之語言、文字，與今之語言、文字異。漢儒去古未遠，且多齊、魯間人，其説經有長言、短言之分，讀爲、讀若之例，唐人已不甚講，宋以後更不辨，故其解經如冥行擿埴，又如郢書燕説，雖可治國，而郢人之意不如是也。小學兼聲音、故訓。宋吴棫、明陳第講求古音，猶多疏失，顧炎武《音學五書》始返於古，江、戴、段、孔益加闡明，是爲音韻之學。段玉裁《説文解字注》昌明許慎之書，同時有嚴可均、鈕樹玉、桂馥，後有王筠、苗夔諸人，益加闡明，是爲音韻兼文字之學。經師多通訓詁、假借，亦即在音韻、文字之中。而經學訓詁以高郵王氏念孫、引之父子爲最精，郝懿行次之，是爲訓詁之學。有功於後學者，又其一。

## 鳴沙石室佚書序

羅振玉

《鳴沙石室佚書》爲清末羅振玉所編纂的敦煌文獻集，包括《唐寫本隸古定尚書》《唐寫本春秋穀梁傳解釋》等十八種。清代末年是我國大量發現出土文獻的時期，大量亡佚的古籍重現於世爲學術研究提供了新的資料，豐富了我國古文獻的内容。羅振玉對出土文獻極爲重視，前後編纂了《鳴沙石室佚書》《鳴沙石室佚書續編》《鳴沙石室古籍叢殘》《敦煌石室碎金》《貞松堂西陲秘籍叢殘》等。

距晉太康初紀汲郡出竹書之年，又千七百餘載，爲我先皇帝光緒之季歲，海内再見古遺寶焉。一曰殷虚之文字，二曰西陲之簡軸。洹陽所出，我得其十九，既已氈拓之，編類之，考證之，雖舉世尚未知重，而吾則怏然自足，一若天特爲我出之者。鳴沙之藏，則石室甫開，縹緗已散，我國人士初且未知，宣統改元，伯希和博士始爲予言之，既就觀目録，復示以行笈所攜，一時驚喜欲狂，如在夢寐，亟求寫影，遽承許諾，後先三載，次第郵致，則斯編所載者是也。自夏徂秋，校理斯畢，爰書其端曰：予於斯編之成，欣戚交並，有不能已於言者七事焉。

古人有言：名世之生，期以五百；神物出，世數且倍之。即時會幸至，而我生不辰。今則大卜所掌若詔，予以典守，荒裔寶藏，亦並世而重開。此可欣者一也。盩冢簡冊載以數車，而諸家寫定，僅得七十五篇，今則簡册盈千，卷帙逾萬，兹編所刊，千不逮一，數已相埒。此可欣者二也。秘藏既啓，遺書西邁，東土人士末由沾溉。博士念我所自出，亟許以傳寫，言之諾，三歲不渝，郵使屢通，異書薦至。此可欣者三也。

敦煌之遊，斯丹前驅，伯氏繼武，故英倫所藏，殆逾萬軸，法京所弆，數亦略等。吾友狩野君山近自歐歸，爲言諸國典守森嚴，不殊秘閣，苟非其人，不得縱覽。英倫古簡，法儒沙畹考釋已竟，行將刊布，其餘卷軸撿理未完，刊行無日。此可戚者一也。往者伯君告予，石室卷軸取攜之餘尚有存者，予亟言之學部，移牘甘隴，乃當道惜金，濡滯未決。予時備官大學，護陝甘總督者，適爲毛實君方伯慶蕃，予之姻舊，總監督劉幼雲京卿廷琛與同鄉里，與議購存大學，既有成説，學部争之。比既運京，復經盜竊，然其所存，尚六七千卷，歸諸京師圖書館。及整比既終，而滔天告警，此六七千卷者，等於淪胥。回憶當時，自悔多事，此可戚者二也。遺書竊取，頗留都市，然或行剪字析，以易升斗，其佳者，或挾持以要高價，或藏匿不以示人。遇此傖荒，何殊覆瓿？此可戚者三也。往與伯君訂約寫影，初冀合力，已乃無助。予爲涇陽端忠敏公言之，忠敏亦謂前約已定，義不可爽，因慨任所費。然時公已罷職，力實未逮。滬上書估某適遊京師，予爲購合，償忠敏金，約以估任剞劂，予任考訂。顧時逾數年，未出一紙，乃復由予贖回自任刊布，而既竭吾力，成未及半。此可戚者四也。

嗚呼！天不出神物於乾、嘉隆盛之時，而見於國勢淩遲之日，今且赤縣崩淪，禮亡樂，澄清之事期以百年。而予顧汲汲爲此，急若捕亡，揆以時勢，無乃至愚，而冥行孤往，志不可奪。此編既成，將如孔鮒所謂“藏之以待其求，無寧守之以慰幽獨”。苟天不使我餧死海外，尚當移書博士，更求寫影，節嗇衣食之資，賡續印行，以償夙願。知我笑我，非所計也！

## 梁啓超論輯佚

梁啓超

梁啓超在《中國近三百年學術史》的“清代學者整理舊學之總成績”中，將輯佚與校注古籍、辨别僞書並列，給予三者同等的地位，並對爲什麽要進行輯佚、輯佚起源於何時、輯佚的取材、如何鑒定輯佚書的優劣以及輯佚的價值等理論問題進行了探討，奠定了輯佚學的理論基礎。同時，梁啓超系統總結了清代的輯佚成果，認爲清代參與輯佚的學者人數衆多，體例嚴謹規範，考證精詳，肯定了清代學者的輯佚貢獻。

書籍遞嬗散亡，好學之士，每讀前代著録，按索不獲，深致慨惜，於是乎有輯佚之業。最初從事於此者爲宋之王應麟，輯有《三家詩考》《周易鄭氏注》各一卷，附刻《玉海》中，傳於今。明中葉後，文士喜摭拾僻書奇字以炫博，至有造僞書以欺人者，時則有孫瑴輯《古微書》，專搜羅緯書佚文，然而範圍既隘，體例亦復未善。入清而此學遂成專門之業。

輯佚之舉，本起於漢學家之治經。惠定宇不喜王、韓《易》注而從事漢《易》，於是有《易漢學》八卷之作。從唐李鼎祚《周易集解》中剌取孟、京、干、鄭、荀、虞諸家舊注，分家疏解，後又擴充爲《九經古義》十六卷，將諸經漢人佚注益加網羅。惠氏弟子余仲林蕭客用其師法，輯《古經解鉤沈》三十卷，所收益富。此實輯佚之嚆矢，然未嘗別標所輯原書名，體例仍近自著。

《永樂大典》者，古今最拙劣之類書也。其書以洪武韻目按字分編。每一字下往往將古書中凡用該字作書名之頭一字者全部録入；例如一東韻下之“東”字門，則將當時所存之《東觀漢記》全部録入。而各書之一部分，亦常分隸人名、地名等各字之下。其體例固極蕪雜可笑，然稀見之古書賴以保存者頗不少。其書本貯内府，康熙間因編官書，移置翰林院供參考。此後蛛網塵封，無人過問者數十年。此書爲明成祖命胡廣、王洪等所編，計六萬二千八百七十七卷，目録六十卷，裝一萬一千九十五册，清乾嘉間存九千八百八十一册，直至清末猶貯翰林院。義和團之亂，爲八國聯軍瓜分以盡。除當時踐踏毁失外，現存歐、美、日本各國圖書館中，每館或百數十册，或一兩册不等。雍、乾之交，李穆堂、全謝山同在翰林，發現此中秘籍甚多，相約鈔輯。兩君皆貧士，所鈔無幾，時范氏天一閣、馬氏小玲瓏山館，亦託全氏代抄。而此書廢物利用的價值，漸爲學界所認識。乾隆三十八年，朱笥河筠奏請開四庫館，即以輯《大典》佚書爲言，故《四庫全書》之編纂，其動機實自輯佚始也。館即開，即首循此計劃以進行，先後從《大典》輯出之書，著録及存目合計凡三百七十五種，四千幾百二十六卷。其部屬如下：

經部六十六種

史部四十一種

子部一百零三種

集部一百七十五種

觀上表所列，則當時纂輯《大典》之成績實可驚。以卷帙論，最浩博者，如李燾《續資治通鑒長編》之五百二十卷、薛居正《五代史》之百五十卷、郝經《續後漢書》之九十卷、王珪《華陽集》之七十卷、宋祁《景文集》之六十五卷……其餘二三十卷以上之書，尚不下數十種。其中於學術界有重要關係者頗不少。例如東漢班固、劉珍等之《東觀漢紀》，元代已佚。其書爲范蔚宗所不采，而足以補《後漢書》闕失者頗不少，今輯得二十四卷，可以存最古的官修史書之面目。又如《五代史》，自歐書出後，薛書寖微，遂至全佚，然歐史摹仿《春秋》筆法，文務簡奥，重要事實多從刊落，今重裒薛史，然後此一期之史跡稍得完備。又如漢至元古數學書——《九章算術》《孫子算經》、晉劉徽《海島算經》《五曹算經》《夏侯陽算經》、北周甄鸞《五經算術》、宋秦九韶《數學九章》、元李冶《益古演段》等，皆久佚。四庫館從《大典》輯出，用聚珍版刊布，喚起學者研究算術之興味實非淺鮮。亦有其書雖存而篇章殘缺，據《大典》葺而補之；例如《春秋繁露》。或其書雖全，而訛脱不可讀，據《大典》讎而正之。例如《水經注》。凡此之類，皆纂輯《大典》所生之良結果也。

纂輯《大典》所費功力，有極簡易者，有極繁難者。極簡易者，例如《續通鑒長編》五百餘卷，全在"宋"字條下，不過一鈔胥迻録之勞，只能謂之鈔書，不能謂之輯書。極繁難者，例如《五代史》，散在各條，篇第淩亂，搜集既備，佐以他書，苦心排比，乃克成編。提要云：臣等謹就《永樂大典》各韻中所引薛史，甄録條系，排纂先後，檢其篇第，尚得十之八九；又考宋人書之徵引薛史者，每條采取，以補其闕，遂得依原本卷數，勒成一編。非得邵二雲輩深通著述家法，而赴以精心果力，不能蕆事。薛史編輯全出二雲手，見阮雲《國史儒林傳稿》。此種工作，遂爲後此輯佚家模範。

《永樂大典》所收者，明初現存書而已，然古書多佚自宋、元，非《大典》中所能搜得，且《大典》往往全書連載，迻鈔較易，舍此以外，求如此便於撮纂者，更無第二部。清儒好古成狂，不肯以此自甘，於是更爲向上一步之輯佚。

向上一步之輯佚，乃欲將《漢書・藝文志》《隋書・經籍志》中曾經著録而今已佚者，次第輯出。其所憑借之重要資料，則有如下諸類：

一、以唐、宋間類書爲總資料——如《北堂書鈔》《藝文類聚》《初學記》《白帖》《太平御覽》《册府元龜》《山堂考索》《玉海》等。

二、以漢人子、史書及漢人經注爲輯周、秦古書之資料——例如《史記》

《漢書》《春秋繁露》《論衡》等所引古子家説;鄭康成諸經注、韋昭《國語注》所引緯書及古系譜等。

三、以唐人義疏等書爲輯漢人經説之資料——例如從《周易集解》輯漢諸家《易》注;從孔賈諸疏輯《尚書馬鄭注》《左氏賈服注》等。

四、以六朝唐人史注爲輯逸文之資料——例如裴松之《三國志注》、裴駰以下《史記注》、顔師古《漢書注》、李賢《後漢書注》、李善《文選注》等。

五、以各史傳注及各古選本、各金石刻,爲輯遺文之資料——古選本如《文選》《文苑英華》等。

其在經部,則現行《十三經注疏》中其注爲魏、晉以後人作者,清儒厭惡之,務輯漢注以補其闕。

《易》注,排斥王弼,宗鄭玄、虞翻等。自惠氏輯著《易漢學》之後,有孫淵如輯《孫氏周易集解》十卷;續李鼎祚。有盧雅雨見曾輯《鄭氏易注》十卷;有丁升衢傑輯《周易鄭注》十二卷;有張皋文輯《周易虞氏義》九卷、《鄭氏義》二卷、《荀氏九家義》一卷、《易義别録》十四卷;孟喜、姚信、翟子元、蜀才、京房、陸績、干寶、馬融、宋衷、劉表、王肅、董遇、王廙、劉瓛、子夏。有孫步升堂輯《漢魏二十一家易注》三十三卷。子夏、鄭玄、陸績、孟喜、京房、馬融、荀爽、劉表、宋衷、虞翻、王肅、姚信、王廙、張璠、向秀、干寶、蜀才、瞿元、九家集注、劉瓛。尚有馬竹吾國翰所輯家數太多,不具録。

《尚書》注,排斥僞孔傳,推崇馬融、鄭玄,漸及於西漢今文,江艮庭之《集注音疏》,王西莊之《後案》,孫淵如之《今古注疏》,前經學章有專論。其大部分功臣皆在輯馬、鄭注也。而淵如於仝疏外,復輯有《尚書馬鄭注》十卷。馬竹吾亦輯《尚書馬氏傳》四卷。今文學方面,則有陳樸園喬樅《今文尚書經説考》三十二卷、《歐陽夏侯遺説考》二卷;馬竹吾則輯《尚書》歐陽、大夏侯、小夏侯章句各一卷;而《尚書大傳》輯者亦數家。看前校勘章。

《詩》注,毛傳、鄭箋皆完,待輯者少。惟今文之魯、齊、韓三家師説久佚,則有馬竹吾輯《魯詩故》三卷、《齊詩傳》二卷;有邵二雲輯《韓詩内傳》一卷,宋綿初《韓詩内傳徵》四卷;有嚴鐵橋可均輯《韓詩》二十卷;有馬竹吾輯《韓詩故》《韓詩薛君章句》各二卷,《韓詩内傳》《韓詩説》各一卷;有馮雲伯登府《三家詩異文疏證》六卷;有陳左海輯《三家詩遺説考》十五卷,其子樸園輯《四家詩異文考》五卷,著《齊詩翼氏學疏證》二卷。

三《禮》皆鄭注，精博無遺憾，故可補者希。然《周禮》之鄭興、鄭衆、杜子春、賈逵、馬融、王肅諸注，《儀禮》之馬融、王肅諸注，《禮記》之馬融、盧植、王肅諸注，馬竹吾亦各輯爲一卷。又有丁儉卿晏之《佚禮抉微》，則輯西漢末所出《儀禮》逸篇之文。

《春秋三傳》注，《公羊》宗何氏，別無問題。《穀梁》范寧注，頗爲清儒所不滿，故邵二雲輯《穀梁古注》。未刊。《左傳》則排斥杜預，上宗賈逵、服虔，故馬宗槤有《賈服注輯》，未見。李貽德有《春秋左傳賈服注輯述》十二卷，臧壽恭有《春秋左氏古義》六卷。

《論語》《孝經》《爾雅》，今注疏本所用皆魏、晉人注，故宋于庭翔鳳輯《論語鄭注》十卷，劉申受逢禄輯《論語述何》二卷；鄭子尹珍輯《論語三十七家注》四卷；臧在東庸、嚴鐵橋各輯《孝經鄭氏注》一卷；在東又輯《爾雅漢注》三卷，黄右原奭輯《爾雅古義》十二卷。

緯書自明人《古微書》所輯已不少，清儒更增輯之，最備者爲趙在翰所輯《七緯》三十八卷。《玉函山房》《漢學堂》兩叢書皆有專輯。

清儒最尊鄭康成，競輯其遺著。黄右原輯《高密遺書》十四種。《六藝論》《易注》《尚書注》《尚書左傳注》《毛詩譜》《箴膏肓、起廢疾、發墨守》《喪服變除》《駁五經異義》《答臨孝存周禮難》《三禮目録》《魯禘祫義》《論語注》《鄭志》《鄭記》。孔叢伯廣森輯《通德遺書》十七種。《箴膏肓》《起廢疾》《發墨守》分爲三種，增《尚書中候注》《論語弟子篇》二種，無《鄭志》《鄭記》，餘目同黄輯。袁鈞輯有《鄭氏佚書》二十一種。增《尚書五行傳注》《尚書略説注》二種，有《鄭志》《鄭記》，餘目同孔輯。而陳仲魚鱣又别輯《六藝論》，錢東垣、王復等又先後别輯《鄭志》。其《尚書大傳注》《駁五經異義》，有多數輯本，已詳前。

——以上經部。

史部書輯之目的物，一爲古史，一爲兩晉六朝人所著史。

古史中以《世本》及《竹書紀年》爲主要品。

《世本》爲司馬遷所校以作《史記》者，《漢書·藝文志》著録十五卷。其書蓋佚於宋、元之交。因鄭樵、王應麟尚及徵引。清儒先後輯者有錢大昭、孫馮翼、洪飴孫、雷學淇、秦嘉謨、茆泮林、張澍七家。秦本最豐，凡十卷，餘家皆二卷或一卷。然秦將《史記》世家及《左傳》杜注、《國語》韋注，凡涉及世系之文皆歸於《世本》，原書既無明文，似太涉泛濫。茆、張兩家似最翔實。秦嘉謨輯本乃盗竊洪孟慈（飴孫）者，見洪用懃《授經堂未刊書目》。

汲冢《竹書紀年》，亦出司馬遷前，而爲遷未見，在史部中實爲鴻寶。明以來刻本既出僞撰，故清儒亟欲求其真。先後輯出者，有洪頤煊、陳逢衡、張宗泰、林春溥、朱右曾、王國維諸家。王輯最後最善。

史家著作，以兩晉六朝爲最盛，而其書百不存一，學者憾焉。清儒乃發憤，從事搜輯。其用力最勤者爲章逢之宗源，著有《隋書經籍志考證》。今所存者僅史部，爲書十三卷。餘三部不知已成否。名雖似踵襲王應麟之《漢書藝文志考證》，而内容不同。彼將《隋志》著録各書，每書詳考作者履歷及著述始末，與夫後人對於此書之批評。除現存書外，其餘有佚文散見群籍者，皆備輯之，雖皆屬片鱗殘甲，亦可謂宏博也已。

其後則有姚氏之駰輯八家《後漢書》，東觀、謝承、薛瑩、張璠、華嶠、謝沈、袁山松、司馬彪。汪氏文臺輯七家《後漢書》，謝承、薛瑩、司馬彪、華嶠、謝沈、袁山松、張璠及失名氏一種。湯氏球輯兩家《漢晉春秋》，習鑿齒、杜延業。兩家《晉陽秋》，孫盛、檀道鸞。五家《晉紀》，干寶、陸機、曹嘉之、鄧粲、劉謙之。十家《晉書》，臧榮緒、王隱、虞預、朱鳳、謝靈運、蕭子雲、蕭子顯、史約、何法盛及晉諸公别傳。十八家霸史。蕭方等《三十國春秋》、武敏之《三十國春秋》、常璩《蜀李書》、和苞《漢趙紀》、田融《趙書》、吴篤《趙書》、王度《二石傳》、范亨《燕書》、車頻《秦書》、王景暉《南燕書》、裴景仁《秦記》、姚和都《後秦記》、張諮《涼記》、喻歸《西河記》、段龜龍《涼記》、劉丙《敦煌實録》、張詮《南燕書》、高閭《燕志》。而張介侯澍以甘肅之特注意甘涼掌故，專輯鄉邦遺籍，所輯有趙岐《三輔決録》、失名《三輔故事》、辛氏《三秦記》、李孚《涼州異物志》、張諮《涼州記》、失名《西河舊事》、喻歸《西河記》、失名《沙州記》。皆兩晉、六朝史籍碎金也。

地理類書，則有畢秋帆輯王隱《晉書地道記》《太康三年地志》，有張介侯輯闞駰《十三州志》。政書類則有孫淵如輯《漢官》六卷。王隆《漢官》及《漢官解詁》，衛宏《漢舊儀》及補遺，應劭《漢官儀》，蔡質《漢官典職儀式選用》，丁孚《漢儀》。譜録則有錢東垣輯王堯臣《崇文總目》等。

——以上史部。

子部書，有唐馬總《意林》所抄漢以前古子，其書爲今已佚者，加以各種類書、各種經注等所徵引，時可資采摭，然所輯不多。稍可觀者，如嚴可均輯《申子》，章宗源、任兆麟輯《尸子》，章宗源《燕丹子》，嚴可均輯補《商子》《慎子》，張澍輯補《司馬法》,茆泮林輯《計然萬物録》,孫馮翼、茆泮林輯《淮南萬畢術》等。馬氏國翰《玉函山房叢書》所輯《漢志》先秦佚子,則儒家十五種,《漆雕子》《宓子》《景子》《世子》《魏文侯書》《李克書》《公孫尼子》《内業》《讕言》《寧子》《王孫子》《董子》(董無心)《徐子》《魯連子》《虞氏春秋》。農家三種,《神農書》《野老》《范子計然》。道家書七種,《伊尹書》《辛甲書》《公孫牟子》《田子》《老萊子》《黔婁子》《鄭長者書》。法家一種,《申子》。名家一種,《惠子》。墨家五種,《史佚書》《田俅子》《隨巢子》《胡非子》《纏子》。縱横家二種,《蘇子》《闕子》。黄氏奭《子史鉤沉》中之周、秦部分,亦有五種。《六韜》《李悝法經》《范子計然》《神農本草經》《淮南萬畢術》。黄氏以周輯逸子未刊,其序見《儆季雜著》。之周秦部分,亦有六種。《太公金匱》《魯連子》《范子計然》《隨巢子》《王孫子》《申子》。

現存各子書輯其佚文者,則有孫仲容之於《墨子》、王石臞之於《荀子》、王先慎之於《韓非子》等。《孟子外書》,林春溥有注本,但此書趙岐已明辯爲僞託。

現存古子輯其佚注者,則有孫馮冀輯司馬彪《莊子注》、許慎《淮南子注》。

等以吾所見,輯子部書尚有一妙法。蓋先秦百家言多散見同時人所著書。例如從《孟子》《墨子》書中輯告子學説;從《孟子》《荀子》《莊子》輯宋鈃學説;從《莊子》書中輯惠施、公孫龍學説;從《孟子》《荀子》《戰國策》書中輯陳仲學説;從《孟子》書中輯許行、白圭學説……諸如此類,可輯出者不少,惜清儒尚未有人從事如此也。

——以上子部。

集部之名,起於六朝,故考古者無所用其輯。然搜集遺文,其工作之繁重亦正相等。晚明張溥之《漢魏百三家集》,事實上什九皆由裒輯而成,亦可謂之輯佚。但其書不注明出處,又各家皆題爲"某人集",而其人或本無集,其集名或並不見前代著録。任意錫名,非著述之體也。清康熙間官修《全唐文》《全唐詩》《全金詩》,其性質實爲輯佚。與《唐文粹》《宋文鑒》等書性質不同。彼乃選本,立一標准以爲去取;此乃輯本,見一篇收一篇,務取其備。集部輯佚,實昉於此。

張月霄金吾輯《金文最》百二十卷,凡費十二年始成。李雨村調元輯《全五代詩》一百卷,某氏輯《金遼詩》若干卷,其書未見,其名偶忘。繆小山輯《遼文存》六卷,其工作頗艱辛。其最有價值者,有嚴鐵橋之《全上古三代兩漢三國兩晉六朝文》七百四十六卷，凡經、史、子、傳記、專集、注釋書、類書、舊選本、釋道藏、金石文、六朝以前之文，凡三千四百九十七家，自完篇以至零章斷句，搜輯略備；每家各爲小傳，冠於其文之前，可謂藝林淵海也已。《吴山尊日記》謂此書實孫淵如輯而鐵橋攘之，吾謂鐵橋決非攘書者，况淵如貴人，鐵橋寒士，鐵橋依淵如幕府，以所著贈名淵如則有之耳。張紹南作《淵如年譜》，謂晚年與鐵橋同輯此書。或淵如發起，且以藏書資鐵橋，斯可信也。（楊星吾《晦明軒稿》論此案，與吾意略同。）劉孟瞻文淇《揚州文徵》，鄧湘臯顯鶴《沅湘耆舊集》等，性質亦爲輯佚，蓋對於一地方人之著作搜采求備也。此類書甚多，當於方志章别論之。

——以上集部。

嘉、道以後，輯佚家甚多，其專以此爲業而所輯以多爲貴者，莫如黄右原奭、馬竹吾國翰兩家。今舉其輯出種數。

黄氏《漢學堂叢書》：經解八十六種，通緯五十六種，子史鈎沉七十四種。

馬氏《玉函山房輯佚書》：經部四百四十四部（内緯書四十種），史部八種，子部一百七十八種。

上兩家所輯雖富，但其細已甚，往往有兩三條、數十字爲一種者，且其中有一部分爲前人所輯，轉録而已，不甚足貴。馬氏書每種之首冠以一簡短之提要，説明本書來歷及存佚沿革，頗可觀。

鑒定輯佚書優劣之標准有四：（一）佚文出自何書，必須注明；數書同引，則舉其最先者。能確遵此例者優，否者劣。（二）既輯一書，則必求備。所輯佚文多者優，少者劣。例如《尚書大傳》，陳輯優於盧、孔輯。（三）既須求備，又須求真。若貪多而誤認他書爲本書佚文則劣。例如秦輯《世本》劣於茆、張輯。（四）原書篇第有可整理者，極力整理，求還其書本來面目。雜亂排列者劣。例如邵二雲輯《五代史》，功等新編，故最優。此外更當視原書價值何如。若尋常一俚書或一僞書，搜輯雖備，亦無益費精神也。

總而論之，清儒所做輯佚事業甚勤苦，其成績可供後此專家研究資料者亦不少，然畢竟一抄書匠之能事耳。末流以此相矜尚，治經者現成的三禮鄭注不讀，而專講些什麽《尚書》《論語》鄭注；治史者現成之《後漢書》《三國志》不讀，而專講些什麽謝承、華嶠、臧榮緒、何法盛；治諸子者現成幾部子書不讀，而專講些什麽佚文和什麽僞妄的《鬻子》《燕丹子》。若此之徒，真未可本

末倒置，大惑不解。善夫章實齋之言曰："今之俗儒，逐於時趨，誤以擘績補苴，謂足盡天地之能事。幸而生後世也。如生秦火未毁以前，典籍具存，無事補輯，彼將無所用其學矣。"

（選自《中國近三百年學術史》）

## 輯佚書糾繆

劉咸炘

清代是文獻輯佚活動最興盛的時期。自乾隆時期編修《四庫全書》對《永樂大典》進行輯佚後，王謨《漢魏遺書鈔》、馬國翰《玉函山房輯佚書》等大量的輯佚叢書陸續出現，爲中華典籍的保存與傳承做出了巨大貢獻。同時，清代輯佚工作當中也存在一些問題。民國學者劉咸炘在其《推十書》中，總結了輯佚中存在的弊端——"漏""濫""誤""陋"，進一步完善了輯佚理論。

輯書非易事也，非通校讎，精目録，則訛舛百出。近世此風大盛，而佳者實少，其最多者爲章逢之、馬從吾、黄右原，世稱馬竊章，而黄書亦多取孫氏，然章氏《隋志考證》今存者頗審備，馬、黄則多疏矣。取而論之，以明輯書之弊。

第一曰漏。

此弊人皆知之，而能免者實少。如馬輯顔廷之《庭誥》，泛采逸文而不録本傳。所載長篇，輯《古今樂録》於《樂府詩集》，所引半取半不取，則最不可解者也。

第二曰濫。凡有三端。

此弊最易犯而最隱。如馬氏《繹史》載《吕覽》《農書》四篇，謂蓋古農家野老之言，本是疑詞，馬氏遂據録以當野老書。因《别録》稱尹都尉書有種瓜、芥、葵、蓼諸篇，遂全録《齊民要術》種瓜、芥諸篇爲尹都尉書。《漢書・律曆志》引《易傳》，有"辰有五子"之語，馬遂録其文，以當《古五子》；且並録其下文《易》九厄、《傳》九厄之説，實與推五子無關也。又如因《漢書・天文志》載十八妖星有五殘，遂録其文，當《五殘雜變星書》，餘星因非五殘也。因鄒衍論五德相勝，遂取《吕覽·應同》言五德語爲鄒書，不知論五德者安可勝取耶？又如以匡衡疏説《孝經》爲後氏説，古經説本師弟不別，後説不必爲後著文，此固可通。至於《孝經》邢疏所引舊説與諸家説則本無主名時代，而悉以當安昌侯説，何也？又《通典》所引六朝諸人議禮之文，多出《禮論》，故止標名，馬氏則概取以充所著書，譙周則入《然否論》，束晳則入《五經通論》，袁準則入《正書》，此名實不相符者也。《易》，孟、虞二氏各有異文，《釋文》甚明白，以虞氏本皆爲孟氏本，亦未可也。

宓子有書，景子亦説宓子語，以古書記宓子言行皆爲《宓子》，而獨取《韓外傳》淮南二條入《景子》，又不知何以別之也。又如《韓詩》有《故》，有《内傳》，有《説》。諸書引《韓詩》多無從分別。馬氏所輯《内傳》，猶限於明標《傳》者，《故》《説》則全爲臆斷矣。又《魯詩》悉歸於《故》，黄氏則悉歸於《傳》。安知其無《説》文？《齊詩》悉歸於《傳》，安知其無《故》文。《吕覽》引《李子》，安知不爲悝而以當《李氏春秋》？馬氏所輯太多，徒充種數，此弊最甚，黄氏差少，然如顔真卿《韻海鏡源》，逸文不存，黄氏乃以干録《字書分韻》以當之，雖云父子，而字書、韻書已各成體，寧得斷爲彼此相同，且以字書分韻列之，而全無訓説，則輯如未輯耳。

二曰本非書文。

馬輯何承天《禮論》，以《通典》所載駁難入之，輯荀萬秋《禮論抄略》，以《通典》所載議郊廟樂制入之。按：《禮論》者，乃是纂集舊説删定之事，非國有禮事議奏之文，以此當彼，殆不免誤。《國策》《説苑》本輯群書古子之文，非輯者自撰。《賈子新書》本其疏草，賈、徐二嚴對策，即書以之當逸文，猶可説也。至於朱建説籍閎孺，寥寥數語，而當《平原君書》，已覺未安。東京以後，書皆自作，乃以《魏志》所載王肅對問當《正論》，王基對問當《新書》，此皆隨口之語，非如他書答問之成文，以當書篇，殆不可也。其尤可笑者，《三國志》裴注引陸氏《異林》載一怪事，云從父清河太守説如此。説謂口説耳，馬氏遂以入陸雲《新書》，直欺人矣。

又有本非專書，目録不見，而徒誇多種，遂妄言名目者，如束晳校《汲冢書》，撮叙大略，而馬氏名之爲《汲冢書抄》，並以諸書引古文紀年者皆入之。

常景《鑒戒象贊》、李謐《明堂制度論》、元行沖《釋疑論》，本非一書。虞溥《厲學》雖見《御覽引用書目》，彼目固兼數單篇也，盡列爲書，無乃太張皇乎？

三曰臆定次序。

馬輯《韓氏易傳》謂蓋寬饒引五帝官天下一語，當是《繫詞》苟非其人二句下説。余蕭客《古經解鉤沉》以褚少孫引《春秋大傳》説社語屬莊公二十五年鼓用牲於社下。按：古傳説依經起義，不必專説某句，強配者不知體例者也。餘書此弊尤甚。馬輯《聖證論》，置五帝色及孟子字、火浣布三事於末，云不知於經何屬，附載於後，不悟《聖證論》本非依經之作也。

第三曰誤。此弊生於不考。

一曰不審時代。

《索隱》引《魯連子》有衛州共城縣之稱，此顯不合。《藝文類聚》引劉向《别録》《尹都尉書》有《種葱篇》，下云曹公既與先主言云云，顯係又引一書，馬氏遂連抄入《尹都尉書》。《宋書·州郡志》連引稱《太康地記》，王隱云蓋合二書言之。黄氏輯《太康地記》，悉抄入之，遂使太康三年之書而有太康七年改合浦屬國都尉爲寧浦之事。《續漢書·補注》引唐蒙《博物記》，其名不見隋、唐《志》，殆有誤文，而馬氏輯之，以爲是漢武時之唐蒙，不悟所引諸文乃有曲城相劉洪及中興以來都官從事之河南之語。又如邯鄲淳《笑林》之後，復有一《笑林》，而《御覽》《廣記》及《殷芸小説》引邯鄲書，乃記吴沈珩、張温事二條，非淳所及見也。又有云漢人適吴，亦似三國末語。孫星衍謂漢、唐之律，綱目本於李悝，因以《唐律》條文抄充法經，不悟綱目雖沿，而條文已改，遂使李悝書中有制使、刺史、天尊、菩薩之名，此尤可笑者也。陰陽書者本是統名，諸書甄引多不詳著，馬氏乃以諸稱陰陽書及曆法者統爲一編，而冠以唐吕才所定諸篇之序，亦太混矣。

二曰據誤本。

俗本《意林》《傅子》與楊泉《物理論》互譌，孫氏、黄氏輯《物理論》，據而不察，則《傅子》入之矣。

《御覽》傳寫多譌，尤不可恃，如《古今樂録》，陳沙門智匠撰，而《御覽》引其文，稱隋文帝云云。若斯之類，所在有之。

第四曰陋。此弊生於無識，凡有二端。

一曰不審體例。

《藝文類聚》八十一五引《漢書》董仲舒説上重粟語，閻若璩《困學紀聞箋》以爲是《春秋》決獄遺文，馬氏從之，不悟決獄遺文皆設甲乙之事，此自《繁露》諸篇之佚耳。又如魏、晉以還，子集分編，議禮之作，又別纂集，非如西漢子家無所不入，馬氏以王蜀、袁准議禮語當正論，非也。

欒資《春秋後傳》本紀事之書，《玉海》引《春秋後傳》皆説經語，必別一書，而黄氏《漢學堂》牽入欒書，亦非也。

《隋志》雜家有沈約《俗説》三卷，小説家又云《俗説》一卷。蓋是兩書。雜家之書必是記故實者，而《書抄》《類聚》所引，皆與《世説》《世語》體例相同，必是小説家之書，馬氏乃題爲沈約，誤也。

又如諸家《後漢書》《晉書》各有體例，何紀何傳，今猶可考大略，而汪氏、湯氏所輯，則止以人名標條，略不考證，反有混易原書體例之嫌，亦大疏也。

二曰不考源流。

馬輯譙周《五經然否論》，以諸書所引譙周《禮祭集志》及諸論禮之文入之，不知譙周曾繼蔡邕、董巴而撰，諸文或是彼文，不盡《然否論》也。至於復異不删併，猶其小耳。

近世趙聖傳輯《左傳》服注，謂《公羊》《周官》《儀禮疏》皆六朝舊本，引《左傳注》多是服注。

# 第六章　小學經典選讀

## 説文解字序

許　慎

《説文解字》對先秦、秦漢時期的文字學成果进行了總結，是中國第一部系統研究漢字的專著。該書首次按照偏旁部首對漢字進行排列，系統闡述了"六書理論"，不僅保存了古代漢字的形、音、義，而且爲研究古代社會的歷史、文化等提供了可靠的材料，是研究文字、音韻、訓詁的必讀之書。清代學者王鳴盛曾言："《説文》爲天下第一種書。讀遍天下書，不讀《説文》，猶不讀也。但能通《説文》，餘書皆未讀，不可謂非通儒也。"

古者庖犧氏之王天下也，仰則觀象於天，俯則觀法於地，觀鳥獸之文與地之宜，近取諸身，遠取諸物，於是始作易八卦，以垂憲象。及神農氏，結繩爲治，而統其事，庶業其繁，飾僞萌生。黄帝之史倉頡，見鳥獸蹏迒之跡，知分理可相别異也，初造書契。百工以乂，萬品以察，蓋取諸夬。"夬揚於王庭"，言文者宣教明化於王者朝庭，君子所以施禄及下，居德則忌也。

倉頡之初作書也，蓋依類象形，故謂之文。其後形聲相益，即謂之字。文者，物象之本；字者，言孳乳而浸多也。著於竹帛謂之書，書者，如也。以迄五帝三王之世，改易殊體，封於泰山者七十有二代，靡有同焉。

周禮：八歲入小學，保氏教國子，先以六書。一曰指事。指事者，視而可識，察而見意，上、下是也。二曰象形。象形者，畫成其物，隨體詰詘，日、月是也。三曰形聲。形聲者，以事爲名，取譬相成，江、河是也。四曰會意。會意，比類合誼，以見指撝，武、信是也。五曰轉注。轉注者，建類一首，同意相受，考、老是也。六曰假借。假借者，本無其事，依聲託事，令、長是也。及宣王太史籀著大篆十五篇，與古文或異。至孔子書六經，左丘明述春秋傳，皆以古文，厥意可得而說也。

其後諸侯力政，不統於王。惡禮樂之害己，而皆去其典籍。分爲七國，田疇異畝，車塗異軌，律令異法，衣冠異制，言語異聲，文字異形。秦始皇帝初兼天下，丞相李斯乃奏同之，罷其不與秦文合者，斯作《倉頡篇》，中車府令趙高作《爰曆篇》，太史令胡毋敬作《博學篇》，皆取史籀大篆，或頗省改，所謂小篆也。是時，秦燒滅書籍，滌除舊典，大發吏卒，興戍役。官獄職務繁，初有隸書，以趣約易，而古文由此而絶矣。自爾秦書有八體：一曰大篆，二曰小篆，三曰刻符，四曰蟲書，五曰摹印，六曰署書，七曰殳書，八曰隸書。

漢興有草書。《尉律》：學童十七以上始試，諷籀書九千字，乃得爲史。又以八體試之，郡移太史並課，最者以爲尚書史。書或不正，輒舉劾之。今雖有《尉律》不課，小學不修，莫達其說久矣。

孝宣皇帝時，召通《倉頡》讀者，張敞從受之。涼州刺史杜業、沛人爰禮、講學大夫秦近亦能言之。孝平皇帝時，徵禮等百餘人，令說文字未央廷中，以禮爲小學元士。黄門侍郎揚雄采以作《訓纂篇》。凡《倉頡》以下十四篇，凡五千三百四十字，群書所載，略存之矣。

及亡新居攝，使大司空甄豐等校文書之部。自以爲應制作，頗改定古文。時有六書：一曰古文，孔子壁中書也。二曰奇字，即古文而異也。三曰篆書，即小篆，秦始皇帝使下杜人程邈所作也。四曰佐書，即秦隸書。五曰繆篆，所以摹印也。六曰鳥蟲書，所以書幡信也。

壁中書者，魯共王壞孔子宅，而得《禮記》《尚書》《春秋》《論語》《孝經》。又北平侯張蒼獻《春秋左氏傳》，郡國亦往往於山川得鼎彝，其銘即前代之古文，皆自相似。雖叵復見遠流，其詳可得略說也。而世人大共非訾，以爲好奇者也，故詭更正文，鄉壁虚造不可知之書，變亂常行，以耀於世。諸生競逐說字解經誼，稱秦之隸書爲倉頡時書，云："父子相傳，何得改易！"乃猥曰："馬頭人爲長，人持十爲斗，蟲者，屈中也。"廷尉說律至以字斷法，苛人受錢，苛之字止句也。若此者甚衆，皆不合孔氏古文，謬於史籀。鄙夫俗儒，玩其所習，蔽所希聞,不見通學,未嘗睹字例之條,怪舊藝而善野言,以其所知爲秘妙,究洞聖人之微旨。又見《倉頡篇》中“幼子承詔”,因曰:“古帝之所作也,其辭有神仙之術焉。”其迷誤不諭,豈不悖哉!

《書》曰:“予欲觀古人之象。”言必遵修舊文而不穿鑿。孔子曰:“吾猶及史之闕文,今亡矣夫。”蓋非其不知而不問。人用己私,是非無正,巧説邪辭,使天下學者疑。蓋文字者,經藝之本,王政之始,前人所以垂後,後人所以識古。故曰:“本立而道生。”知天下之至嘖而不可亂也。今叙篆文,合以古籀,博采通人,至於小大,信而有證,稽撰其説,將以理群類,解謬誤,曉學者,達神旨,分别部居,不相雜廁也。萬物咸睹,靡不兼載,厥誼不昭,爰明以喻。其稱《易》孟氏、《書》孔氏、《詩》毛氏、禮《周官》《春秋左氏》《論語》《孝經》,皆古文也。其於所不知,蓋闕如也。

## 契文舉例序

孫詒讓

《契文舉例》爲我國第一部系統考訂甲骨文的專著。清末,王懿榮首次發現甲骨文的存在,很快引起了當時學界的重視;劉鶚搜集、收藏了大量的甲骨,提出甲骨文應當是“殷人刀筆文字”,並將他所藏的部分甲骨以石印的形式刊行,編爲《鐵雲藏龜》。後來孫詒讓對《鐵雲藏龜》進行了專門的研究,釋讀出甲骨文一百八十五字,將甲骨文分爲月日、貞卜、卜事、鬼神、卜人、官氏、方國、典禮、文字、雜例十類,並對歷史人物、職官、地理、典禮制度等進行研究。該書爲甲骨文研究的開山之作,邵子風曾説:“草創條例,審釋殷文,在殷契著述中,首具披荆斬棘之功,後賢有作,皆此書啓導所致也。自殷契出土以來,此中國近代學術史上别創領域之作,其有裨與殷虚文字之學,尤未可估量也。”

文字之興,原始於書契。契之正字爲栔,許君訓爲刻,蓋鍥刻竹木以著法數,斯謂之栔。契者,其同聲假借字也。《周禮·小宰》:“八成聽取予以書契。”乃契券之一種,與《易》書契小異。《詩·大雅·綿》云:“爰始爰謀,爰契我龜。”毛公訓契爲開。開、刻義同，是知栔刻又有施之龜甲者。《周禮·華氏》："掌共燋契，以待卜事。"又云："遂吹其焌契，以授卜師。"杜子春云："契謂契龜之鑿也。"亦舉《綿》詩以證義。鄭君則謂："契即《士喪禮》之楚焞，所用灼龜也。"綜覯杜、鄭之義，知開龜有金契，有木契。杜據金契，用以鑽鑿；鄭據木契，用以然灼。二者蓋同名異物。金契即刻書之刀鑿，將卜開甲，俾易兆，卜竟紀事以徵吉，殆皆有契刻之事，《詩》《禮》所述，義據焯然。

商、周以降，文字繁孳，竹帛漆墨，日趨簡易，而栔刻之文，猶承用不廢。漢承秦燔之後，所存古文舊籍，如淹中古經，西州牘簡，皆漆書也。汲冢竹書出晉太康初，亦復如是。然則栔刻文字，自漢時已罕覯，迄今數千年，人間殆絶矣。邇年河南湯陰古羑里城，掊土得古龜甲甚夥，率有文字。丹徒劉君鐵雲集得五千版，甄其略明晰者千版，依西法拓印，始傳於世。劉君定爲殷人刀筆書。余謂《考工記·築氏》爲削，鄭君訓爲書刀。刀筆書即栔刻文字也。甲文既出於刀筆，故庯峭古勁，觚折渾成，恍若讀古史手札。唯瑑畫纖細，拓墨漫漶，既不易辨仞，甲片又率爛闕，文義斷續不屬，劉本無釋文，苦不能啓讀也。

蒙治古文大篆之學四十季，所見彝器款識逾二千種，大抵皆出周以後。賞鑒家所櫫楬爲商器者，率肊定，不能塙信。每憾未獲見真商時文字。頃始得此册，不意衰年睹兹奇跡，愛玩不已。輒窮兩月力校讀之，以前後復緟者參互審繹，乃略通其文字。大致與金文相近，篆畫尤簡省，形聲多不具，又象形字頗多，不能盡識，所稱人名號，未有謚法，而多以甲乙爲紀，皆在周以前之證。羑里於殷屬王畿，於周爲衛地。據《周書·世俘篇》，殷時已有衛國，故甲文亦有商、周、衛諸文。以相推論，知必出於商、周之間，劉君所定爲不誣。至其以𢍏爲子，以𢀨爲系，間涉籀文，或疑其出周宣以後，斯則不然。夫《史籀》十五篇，不必皆其自作，猶之許書九千字，雖爲秦篆，而承用倉、沮舊文者十幾七八，斯固不足以獻疑爾。甲文多紀卜事，一甲或數段，從横反正，交错糾互無定例。蓋卜官子弟應時記識，以備官成，本無雅辭奥義。要遠古栔刻遺文，耤存辜較，朽骼畸零，更三四千年，竟未漫滅，爲足寶耳。今就所通者，略事甄述，用補有商一代書名之佚，兼以尋究倉後籀前文字流變之跡。其所不知，蓋闕如也。

抑余更有舉證者,《尚書・洪範》原本洛書,漢劉子駿、班孟堅舊説,咸謂“初一曰五行”至“畏用六極”六十五字,爲洛水所出龜書,禹得之以爲九疇。馬、鄭所論略同。後儒疑信參半,遂滋異議。顧彪、劉焯、劉炫、孔穎達之倫,雖依用劉、班,猶致疑於字數繁簡之間。今所見龜文殘版,徑一二寸者,刻字輒數十計。元龜全甲尺二寸,必可容百名以上,以相推例,洛水龜書殆亦猶是。蓋本邃古之遺文,賢達寶傳,刻著龜甲,用代簡畢,大禹浮洛,適爾得之。要其事實,不過如此,自緯候詭託以爲神龜負書,文瑑天成,後儒矜飾符瑞,遂若天璽、神讖、祥符、天書,同兹誣誕。實則契龜削甲,古所恒覩,不足異也。此似足證經義,輒附記之以諗學者。

## 殷虚書契考釋序

羅振玉

羅振玉《殷虚書契考釋》分爲都邑、帝王、人名、地名、文字、卜辭、禮制、卜法八個部分,初印本考釋四百八十五字,增訂本考釋五百七十一字。羅氏利用《説文》上溯金文、金文上溯至甲骨的方式研究甲骨文的字形與偏旁,並結合字、詞在卜辭中的位置和作用來進行考釋,釋讀出大量甲骨文,使得部分卜辭得以通讀,奠定了甲骨文研究的基礎。

宣統壬子冬,予既編印《殷虚書契》,欲繼是而爲考釋。人事乖午,因循不克就者歲將再周,感莊生吾生有涯之言,乃發憤鍵户者四十餘日,遂成考釋六萬餘言。既竟,爰書其端曰:

予讀《詩》《書》及周秦之間諸子、《太史公書》,其記述殷事者蓋寥寥焉;孔子學二代之禮,而曰杞、宋不足徵,殷商文獻之無徵,二千餘年前則已然矣。吾儕生三千年後,乃欲根據遺文補苴往籍,譬若觀海,茫無津涯。予從事稍久,乃知兹事實有三難:史公最録商事,本諸《詩》《書》,旁攬《系本》,顧考父所校僅存五篇,書序所録亡者過半,《系本》一書今又久佚,欲稽前古,津逮莫由,其難一也。卜辭文至簡質,篇恒十餘言,短者半之,又字多假借,誼益難知,其難二也。古文因物賦形,繁簡任意,一字异文每至數十,書寫之法時有淩獵，或數語之中倒寫者一二，兩字之名合書者七八，體例未明，易生炫惑，其難三也。

今欲祛此三難，勉希一得，乃先考索文字以爲之階，由許書以溯金文，由金文以窺藩契，窮其蕃變，漸得指歸，可識之文，遂幾五百。循是考求典制，稽證舊聞，途徑漸啓，扃鐍爲開。稽其所得，則有六端：一曰帝系。商自武湯逮於受辛，史公所録爲世三十，見於卜辭者二十有三。史稱太丁未立，而卜辭所載祀禮儼同於帝王。又太乙、羊甲、卜丙，卜壬，校以前史，並與此异。而庚丁之作康祖丁，武乙之稱武祖乙，文丁之稱文武丁，則言商系者之所未知，此足資考訂者一也。二曰京邑。商之遷都，前八後五，盤庚以前，具見《書》序，而小辛以降，衆説多違。洹水故墟舊稱亶甲，今證之卜辭，則是徙於武乙，去於帝乙。又史稱盤庚以後，商改稱殷，而遍搜卜辭，既不見殷字，又屢言入商。田游所至，曰往曰出，商獨言入，可知文丁、帝乙之世，國尚號商，《書》曰"戎殷"，乃稱邑而非稱國，此可資考訂者二也。三曰祀禮。商之祀禮，夐异周京，名稱實繁，義多難曉。人鬼之祭，亦用柴寮，牢鬯之數，一依卜定。王賓之語，爲《洛誥》所基，騂牡之薦，非鎬京始創，此可資考訂者三也。四曰卜法。商人卜祀，十干之日，各依祖名，其有奭者，則依奭名。又大事貞龜，餘事骨卜，凡斯异例，先儒未聞，此可資考訂者四也。五曰官制。卿事之名同於《雅》《頌》，大史之職，亦載《春官》，爰及近臣，並符周制。乃知姬旦六典，多本殷商，此可資考訂者五也。六曰文字。召公之名，是奭非奭，烏鳴之字，從鷄非烏，隹烏不分，子𢍰殊用，牝牡等字，牛羊任安，牢牧諸文，亦同斯例。又藉知大小二篆，同乎古文，古文之真，間存今隸，如此之類，未遑僂數，此可資考訂者六也。

予爰始操翰，訖於觀成，或一日而辨數文，或數夕而通半義，譬如冥行長夜，乍睹晨曦，既得微行，又蹈荆棘，積思若痗，雷霆不聞，操觚在手，寢饋或廢，以兹下學之資，勉幾上達之業，而既竭吾才，時亦弋獲。意或天啓其衷，初非吾力能至，但探頤索隱，疑蕴尚多，覆簣爲山，前修莫竟，繼是有作，不敢告勞，有生之年，期畢此志，訂訛補闕，俟諸後賢，它山攻錯，跂予望之。

# 切韻序

陸法言

《切韻》是中國目前可知的最早的韻書，爲隋代陸法言所撰。全書以韻目爲綱，共分一百九十五韻，每韻又分平、上、去、入四部分，同韻的字又以聲類、等呼排序，每一音前標以韻紐，第一字下以反切注音，而且每字均有釋義。陸法言撰《切韻》的目的在於建立一個可以廣泛應用的音韻規範，以推行全國通行的雅音。《切韻》開創了韻書修撰的體例，其歸納的語音體系，也爲《唐韻》《廣韻》《集韻》等所繼承和增補。

昔開皇初，有劉儀同臻、顔外史之推、盧武陽思道、李常待若、蕭國子該、辛咨議德源、薛吏部道衡、魏著作彦淵等八人，同詣法言門宿。夜永酒闌，論及音韻。古今聲調既自有别，諸家取舍亦復不同。吴楚則時傷輕淺，燕趙則多涉重濁，秦隴則去聲爲入，梁益則平聲似去。又“支”“脂”“魚”“虞”共爲一韻，“先”“仙”“尤”“侯”俱論是切。欲廣文路，自可清濁皆通；若賞知音，即須輕重有别。吕静《韻集》、夏侯該《韻略》、陽休之《韻略》、李季節《音譜》、杜臺卿《韻略》等，各有乖互。江東取韻與河北復殊。因論南北是非，古今通塞，欲更捃選精切，除削疏緩。顔外史、蕭國子多所决定。魏著作謂法言曰：“嚮來論難，疑處悉盡，何爲不隨口記之，我輩數人，定則定矣。”即燈下握筆，略記綱紀。後博問英辯，殆得精華。於是更涉餘學，兼從薄宦，十數年間，不遑修集。今返初服，私訓諸弟，凡有文藻，即須聲韻。屏居山野，交遊阻隔，疑惑之處，質問無從。亡者則生死路殊，空懷可作之歎；存者則貴賤禮隔，已報絶交之旨。遂取諸家音韻，古今字書，以前所記者定爲《切韻》五卷。剖析毫釐，分别黍累；何煩泣玉，未可懸金。藏之名山，昔怪馬遷之言大；持之蓋醬，今歎揚雄之口吃。非是小子專輒，乃述群賢遺意，寧敢施行人世，直欲不出户庭。於時歲次辛酉大隋仁壽元年也。

# 中原音韻序

周德清

《中原音韻》爲元代周德清所撰的一部曲韻學著作。元代是雜劇的發展時期，作曲必須要符合格律，當時《廣韻》是標准韻書，但隨著時代的發展變化，漢語語音已經發生了變化，必須對韻書進行相應的修改，才能滿足當時語音的需求。周德清認爲："欲作樂府，必正言語；欲正言語，必宗中原之音。"故編纂了《中原音韻》，包括曲韻韻譜、正語作詞起例兩部分，大體上反映了近代語音的面貌，同時對北曲創作也有一定的推動作用，成爲音韻學研究的重要資料。

青原蕭存存，博學工於文詞，每病今之樂府，有遵音調作者，有增襯字作者。有《陽春白雪集·德勝令》"花影壓重簷，沉煙裊繡簾。人去青鸞杳，春嬌酒病懨。眉尖，常瑣傷春怨。忺忺，忺的來不待忺"。"繡"唱爲"羞"，與"怨"字同押者。有同集《殿前歡》"白雪窩"二段，俱八句，"白"字不能歌者。有板行逢雙不對，襯字尤多，文律俱謬，而指時賢作者。有韻腳用平上去，不一一云也唱得者。有句中用入聲，不能歌者。有歌其字，音非其字者。令人無所守。

泰定甲子，存存託友張漢英，以其説問作詞之法於予。予曰："言語一科，欲作樂府，必正言語；欲正言語，必宗中原之音。樂府之盛、之備、之難，莫如今時。其盛，則自搢紳及閭閻歌詠者衆。其備，則自關、鄭、白、馬一新制作，韻共守自然之音，字能通天下之語，字暢語俊，韻促音調，觀其所述，曰忠曰孝，有補於世。其難，則有六字三韻，'忽聽一聲猛驚'是也。諸公已矣，後學莫及。何也？蓋其不悟聲分平、仄，字别陰、陽。夫聲分平、仄者，謂無入聲，以入聲派入平、上、去三聲也。作平者最爲緊切，施之句中，不可不謹，派入三聲者，廣其韻耳，有才者本韻自足矣。字别陰、陽者，陰、陽字平聲有之，上、去俱無。上、去各止一聲，平聲獨有二聲，有上平聲，有下平聲。上平聲非指一東至二十八山而言，下平聲非指一先至二十七咸而言。前輩爲《廣韻》平聲多，分爲上下卷，非分其音也。殊不知平聲字字俱有上平、下平之分，但有有音無字之别，非一東至山皆上平，一先至咸皆下平聲也。如‘東紅’二字之類，‘東’字下平聲屬陰，‘紅’字上平聲屬陽。陰者，即下平聲；陽者，即上平聲。試以‘東’字調平仄，又以‘紅’字調平仄，便可知平聲陰、陽字音，又可知上、去二聲各止一聲，俱無陰陽之别矣。且上、去二聲，施於句中，施於韻腳，無用陰、陽，惟慢詞中僅可曳其聲爾。此自然之理也。妙處在此，初學者何由知之。乃作詞之膏肓，用字之骨髓，皆不傳之妙，獨予知之，屢嘗揣其聲病於桃花扇影而得之也吁！

考其詞音者，人人能之；究其詞之平仄、陰陽者，則無有也。彼之能遵音調而有協音俊語，可與前輩頡頏，而謂‘成文章曰樂府’也，不遵而增襯字、名樂府者，自名之也。《德勝令》‘繡’字、‘怨’字，《殿前歡》八句‘白’字者，若以‘繡’字是‘珠’字誤刊，則‘煙’字唱作去聲，爲‘沉宴裊珠簾’，皆非也，‘呵呵忺忺’者，何等語句，未聞有如此平仄、如此開合韻腳《德勝令》，亦未聞有八句《殿前歡》。此自己字之開合、平仄，句之對偶、短長，俱不知而又妄編他人之語，奚足以知其妍媸歟。

嗚呼！言語可不究乎。以板行謬語而指時賢作者，皆自爲之詞，將正其己之是，影其己之非，務取媚於市井之徒，不求知於高明之士，能不受其惑者幾人哉！使真時賢所作，亦不足爲法。取之者之罪，非公器也。韻腳用三聲，何者爲是。不思前輩某字、某韻必用某聲，卻云‘也唱得’，乃文過之詞，非作者之言也。平而仄，仄而平，上去而去上，去上而上去者，諺云‘鈕折嗓子’是也，其如歌姬之喉咽何？入聲於句中不能歌者，不知入聲作平聲也。歌其字、音非其字者，合用陰而陽、陽而陰也。此皆用盡自己心，徒快一時意，不能傳久，深可哂哉！深可憐哉！惜無有以訓之者。予甚欲爲訂砭之文，以正其語，便其作而使成樂府，恐起争端，矧爲人之學乎。因重張之請，遂分平聲陰、陽，及撮其三聲同音，兼以入聲派入三聲，如‘碑’字，次本聲後，葺成一帙，分爲十九，名之曰《中原音韻》，並《起例》以遺之，可與識者道者。”

# 古詩無叶音

顧炎武

顧炎武爲明末清初的著名學者，在音韻學方面貢獻極大，著有《音學五書》，包括《音論》《詩本音》《易音》《唐韻正》《古音表》。顧氏吸收了前人的研究成果，认为一代自有一代之音，故其考訂《詩經》古音，將古音分爲十部，在理論與實踐上均否認了"叶音說"，促進了清代古音學的發展。

宋徐蕆序吴才老《韻補》曰："自《補音》之書成，然後《三百篇》始得爲詩；從而考古箴銘、誦歌、謡諺之類，莫不字順音叶。而腐儒之言曰：'《補音》所據，多出於《詩》後，殆後人因詩以爲韻，不當以是韻詩也。'殊不知音韻之正，本諸字之諧聲，有不可易者，如霾爲亡皆切，而當爲陵之切者，因其以貍得聲。之、皆二韻本通，不必改爲貍音。浼爲每罪切，而當爲美辨切者，因其以免得聲。有爲云九切，而賄、洧、洧、鮪皆以有得聲，則當爲羽軌切矣。今按，當爲羽鬼切。皮爲蒲麋切，而波、坡、頗、跛皆以皮得聲，則當爲蒲禾切矣。又如，服之爲房六切，其見於《詩》者凡十有七，皆當爲蒲北切，而無與房六叶者。友之爲云九切，其見於《詩》者凡十，皆當爲羽軌切，今按，亦當爲羽鬼切。而無與云九叶者，以是類推之，雖無以他書爲證可也，腐儒尚安用譊譊焉。"

元戴侗《六書故》曰："經傳，行皆户郎切，未嘗有協生韻者。慶皆去羊切，未嘗有協敬韻者。如野之上與切，下之後五切，皆古正音，非叶韻也。"

陳第字季立《毛詩古音考序》曰："夫《詩》，以聲教也，取其可歌、可詠、可長言嗟歎，至手足舞蹈而不自知，以感動其興觀群怨，事父事君之心，且將從容以紬繹夫鳥獸草木之名義，斯其所以爲《詩》也。若其意深長而於韻不諧，則文而已矣。故士人篇章，必有音節；田野俚曲，亦各諧聲。豈以古人之詩而獨無韻乎？蓋時有古今，地有南北，字有更革，音有轉移，亦勢所必至。故以今之音讀古之作，不免乖剌而不合，於是悉委之叶。夫其果出於叶也，作之非一人，采之非一國，何以母必讀米，非韻杞韻止，則韻祉韻喜矣；馬必讀姥，非韻組韻黼,則韻旅韻土矣;京必讀疆,非韻堂韻將,則韻常韻王矣;福必讀偪,按:福字方墨反,非偪也。非韻食韻翼,則韻德韻亿矣。厥類實繁,難以殫舉。其矩律之嚴,即《唐韻》不啻。此其何故耶?又《易》《象》《左》《國》《楚辭》、秦碑、漢賦,以至上古歌、謡、箴、銘、贊、誦,往往韻與《詩》合,實古音之證也。或謂三百篇,詩辭之祖,後有作者,規而韻之耳。不知魏、晉之世,古音頗存,至隋、唐澌盡矣。唐、宋名儒,博學好古,間用古韻以炫異耀奇,則誠有之。若讀垤爲侄,以與日韻,堯戒也;讀明爲芒,以與良韻,皋陶歌也。是皆前於《詩》者,夫又何放?且讀皮爲婆,宋役人謳也;讀丘爲欺,齊嬰兒語也;讀兄爲荒,晉輿人謡也;按:兄字虚王反,非荒也。讀裘爲其,魯朱儒謔也;讀作爲詛,蜀百姓辭也;讀口爲苦,漢白渠誦也。又家,姑讀也,秦夫人之占;懷,回讀也,魯聲伯之夢。按:懷、回即是一音。旂,斤讀也,晉滅虢之徵;瓜,孤讀也,衛良夫之譟。彼其閭巷贊毁之間,夢寐卜筮之頃,何暇屑屑模擬,若後世吟詩者之限韻邪?愚少受《詩》家庭,竊嘗留心於此。晚年獨居海上,惟取三百篇日夕讀之,懼子侄之學《詩》而不知古音也,於是稍爲考據,列本證、旁證二條。本證者,《詩》自相證也;旁證者,采之他書也。二者俱無,則宛轉以審其音,參錯以諧其韻,無非欲便於歌詠,可長言嗟歎而已矣。嗟夫!古今一意,古今一聲,以吾之意而逆古人之意,其理不遠也;以吾之聲而調古人之聲,其音不遠也。患在是今非古,執字泥音,則支離日甚,孔子所删幾於不可讀矣。愚也聞見孤陋,考究未詳,故藉之以請正明達君子。"

《讀詩拙言》曰:"説者謂,自五胡亂華,驅中原之人入於江左,而河淮南北,間雜夷言,聲音之變,或自此始。然一郡之内,聲有不同,系乎地者也;百年之中,語有遞轉,系乎時者也。況有文字而後有音讀。由大小篆而八分,由八分而隸,凡幾變矣,音能不變乎?所貴誦《詩》讀《書》尚論其當世之音而已矣。《三百篇》,詩之祖,亦韻之祖也,作韻書者宜權與於此。遡源沿流,部提其字,曰古音某,今音某。則今音行而古音庶不泯矣。自周至後漢,音已轉移,其未變者實多。愚考《説文》之中,多《毛詩》合者,乃徐铉修《説文》,概依孫愐之《切韻》,是以唐音而反律古矣。厥後諸韻書,引古詩如晨星,而於唐、宋名家之辭,每數數焉。無亦譜子孫而忘宗祖乎?"

又曰:"愚编旁證,采易獨详,以時世近而聲音同也。如天如行,如慶如明，凡五十馀字，悉载之首矣。此實周代之音，非叶也。歷數彖象，行凡四十有四，明凡一十有七，慶凡一十有二，無不同音者。又如當字，诗無所附，六十四卦位當、不當，凡二十有七，皆讀平聲，决其爲古音無疑也。沈括云：慶，古人叶音羌，諸儒據以爲然。故注《詩》者，一則曰叶，再则曰叶。近有易本，於當字注云：'本去，叶平。'亦襲沈括之説也。夫後世如淮西之碑、聖德之颂，説者謂間用叶音以慕古耳。孔子何慕乎？乃其贊《易》，字無正音，而一取諸叶，胡爲者也？且叶或一二用、三四用多矣，五六用至多矣，蔓衍數十，更無一不叶，又胡爲者也？注者宜云：慶，古本讀羌，而今讀如磬；當，古本讀瑺，而今讀如党。庶得之矣。胡爲以今之讀爲正，而以古之正焉叶也？是以楷書爲正字，篆、隸爲摹楷而作矣。颠倒古今，反覆倫類，莫此甚也。倡自一人，天下群而和之；誤自一世，後世踵而從之。智者不敢生疑，賢者不敢致詰，若安之而爲固然，遵之爲谟训者，九原可作，不啞然而笑乎？"

《屈宋古音義序》曰："夫《毛诗》《易象》之音，若日月中天，耿然不可易矣。今考之屈、宋，其音往往與《詩》《易》合，其《詩》《易》所無者，又往往與周、秦、漢、魏之歌謡、詩赋合，其爲上世之音何疑？自唐颜师古、太子賢注兩《漢書》，於長卿、子雲、孟坚、平子諸赋，音有與時乖者，直以合韻叶音當之。後儒相缘，不復致思，故自《毛诗》《易象》、楚辭、漢賦與凡古昔有韻之篇，悉委於叶之一字矣。余實深慨而歎息之。竊念少好《楚辭》《楚辭》之中，尤好屈、宋，一一以古音讀之，聲韻頗諧，故復集此一篇，公之同好。"

已上皆季立之論，其辨古音非叶，極爲精當。然愚以古詩中間有一二與正音不合者，如興、蒸之屬也，而《小戎》末章與音爲韻，《大明》七章與林、心爲韻；戎、東之屬也，而《常棣》四章與務爲韻，《常武》首章與祖、父爲韻。又如箕子《洪範》則以平與偏爲韻；孔子系《易》，於屯、於比、於恒，則以禽與窮、中、終、容、凶功爲韻；於蒙於泰，則以實與順、巽、願、亂爲韻。此或出於方音之不同，今之讀者不得不改其本音而合之，雖謂之叶亦可，然特百中之二一耳。

# 爾雅注序

郭　璞

《爾雅》爲儒家的《十三經》之一，是我國現存最早的一部專門訓解詞義的著作。早在漢武帝時期便有學者爲其作注，至三國時已經多達十餘家，較爲知名的有劉歆、孫炎等。郭璞在爲《爾雅》作注時，使用了“釋古以今，釋雅以俗”的方法，態度嚴謹，有疑則闕，並且在研究中，提出了聯綿詞不分訓等影響後世的觀點。由於郭注水平極高，故其面世後，他注悉廢，該書亦成爲研究語言學、訓詁學的重要典籍。

夫《爾雅》者，所以通詁訓之指歸，叙詩人之興詠，揔絶代之離詞，辯同實而殊號者也。誠九流之津涉，六藝之鈐鍵。學覽者之潭奥，摛翰者之華苑也。若乃可以博物不惑，多識於鳥獸草木之名者，莫近於《爾雅》。《爾雅》者，蓋興於中古，隆於漢氏，豹鼠既辯，其業亦顯。英儒贍聞之士，洪筆麗藻之客，靡不欽玩耽味爲之義訓。璞不揆檮昧，少而習焉，研鈷極二九載矣。雖注者十餘，然猶未詳備，多紛謬有所漏略，是以復綴集異聞，會稡舊説，考方國之語，采謡俗之志，錯綜樊、孫，博關群言，剟其瑕礫，搴其蕭稂，事有隱滯，援據徵之。其所易了，闕而不論，別爲音圖，用袪未寤，輒復擁篲清道、企望塵躅者，以將來君子爲亦有涉乎此也。

# 廣雅疏證序

段玉裁

《廣雅》爲三國時期魏國學者張揖仿照《爾雅》體例編纂的一部訓詁學專著。張揖認爲《爾雅》所集訓詁不全，故博采秦、漢典籍中“文同音異，音轉失讀，八方殊語，庶物易名”等未被《爾雅》收録者，對《爾雅》進行增補，是研究三國之前詞彙的重要文獻。王念孫認爲《廣雅》解説較爲簡略，遂博引大量文獻對其進行注解，並采用了聲音通訓詁的研究方法，揭示漢語音、義之間的聯系，完善了訓詁學的研究體系。

小學有形、有音、有義，三者互相求，舉一可得其二；有古形、有今形、有古音、有今音、有古義、有今義，六者互相求，舉一可得其五。古今者，不定之名也。三代爲古，則漢爲今；漢、魏、晉爲古，則唐、宋以下爲今。聖人之制字，有義而後有音，有音而後有形。學者之考字，因形以得其音，因音以得其義。治經莫重於得義，得義莫切於得音。

《周官》六書：指事、象形、形聲、會意四者，形也；轉注、假借二者，馭形也，音與義也。三代小學之書不傳，今之存者：形書，《説文》爲之首，《玉篇》以下次之；音書，《廣韻》爲之首，《集韻》以下次之；義書，《爾雅》爲之首，《方言》《釋名》《廣雅》以下次之。《爾雅》《方言》《釋名》《廣雅》者，轉注、假借之條目也。義屬於形，是爲轉注；義屬於聲，是爲假借。

稚讓爲魏博士，作《廣雅》。蓋魏以前經傳謡俗之形、音、義彙綷於是。不孰於古形、古音、古義，則其説之存者無由甄綜，其説之已亡者，無由比例推測。形失，則謂《説文》以外字皆可廢；音失，則惑於字母七音，猶治絲棼之；義失，則梏於《説文》所説之本義，而廢其假借，又或言假借，而昧其古音，是皆無與於小學者也。

懷祖氏以三者互求，以六者互求，尤能以古音得經義，蓋天下一人而已矣。假《廣雅》以證其所得，其注之精粹，再有子雲，必能知之。敢以是質於懷祖氏，並質諸天下後世言小學者。

# 第七章　文史經典選讀

## 十三經注疏優劣考

劉壽曾

“十三經”，即《易》《詩》《書》《周禮》《禮記》《儀禮》《公羊傳》《穀梁傳》《左傳》《孝經》《論語》《爾雅》《孟子》十三部儒家重要經典，内容博大精深，對中國社會各方面影響深遠。爲了更好地幫助世人學習、理解《十三經》，漢代學者開始爲諸經作注釋，即“傳”“注”與“箋”，唐宋時期，學者除了對經書正文進行注釋外，還要對當時已經難以理解的前人注釋進行闡釋，這些内容被稱作“疏”與“正義”。雖然注釋《十三經》的學者較多，但是由於時代學風、個人學識等因素的影響，注釋水平參差不齊，再加之清代學者在乾嘉樸學風氣的影響下，對《十三經》進行重新注釋需要明確舊注的得失，故劉壽曾對前人的注釋進行了評析，指明了其優劣與價值。

十三經者，宋人增補唐人《九經正義》之名也。六朝義疏之學最盛，其師法猶淵源於漢儒。唐人之作正義，多取六朝義疏而没其名。然掩復之過與存古之功，各不相蔽，其優劣當以所取注爲斷焉。唐人於《易》，棄馬、鄭、荀、虞諸家，而用王弼、韓康伯注。王、韓注《易》，多參清言，故《易》疏亦多空語。非其考訂之疏，乃本原之舛也。於《書》則兼用僞古文。棄馬、鄭古誼，而用梅賾《傳》，亦失裁斷。惟疏中於名物訓詁尚詳備耳。於《左氏傳》則棄賈、服、鄭、穎諸家，而用杜預《集解》。疏中凡杜氏不用舊注者，每駁舊注而曲傅杜氏，亦其一蔽。此三疏皆出孔氏穎達手，《書》疏爲上，《左氏》疏次之，《易》疏則最下也。於三《禮》取注較精,故疏亦較善。《毛詩》亦然,《詩》用毛《傳》、鄭《箋》,亦孔氏疏之。《周禮》《儀禮》《禮記》,皆用鄭注,乃賈氏公彦疏之。《詩》疏惟於毛、鄭之誼,分析多歧淆,而精密處致多。《儀禮》《禮記》疏最精,今爲説禮家之淵海。《周禮》疏多引緯書,則鄭氏之學本如此,宋人譏之,非知言也。《公羊》用何休注,注多誇大。《穀梁》用范寧《集解》《集解》多矜慎。此乃師派之異,未可論優劣。至徐彦之疏《公羊》,楊士勳之疏《穀梁》,皆近冗沓,不及孔、賈矣。宋人補唐正義之缺,凡四經邢昺之疏,《孝經》用唐玄宗注,玄宗用今文而棄古文,致鄭注不傳,深爲可惜。昺又疏《論語》,用何晏《集解》,晏猶多見古書,馬、王諸家注,賴此以存。邵武士人之疏《孟子》,用趙岐注,趙注雖多駁雜,而師説猶近古。《爾雅》疏亦邢昺作,用郭璞注。郭注所取,亦非一家,中多舊注。四經之注,雖有短長,而疏則蕪淺已甚。故爲《論語》之學者,尚取蕃舶之皇侃疏以資考證,以其勝於邢氏也。

## 漢書叙例

顔師古

班固所著《漢書》是我國第一部紀傳體斷代史,與時代稍前的司馬遷《史記》相比,《漢書》較爲晦澀難懂,因班固在撰寫時爲了追求典雅,多用古字古詞,喜歡省字,善用對偶,故爲便於閲讀,後世多有注釋《漢書》者。顔師古本身極爲擅長文字、音韻、訓詁、校勘之學,其在參考了前人二十三家注的基礎上,進行了一系列注釋、考證工作,折衷衆説,重新撰成《漢書注》,成爲現存最早最爲通行的《漢書》注本。

儲君體上哲之姿,膺守器之重,俯降三善,博綜九流。觀炎漢之餘風,究其終始;懿孟堅之述作,嘉其宏贍。以爲服、應囊説疏紊尚多,蘇、晉衆家剖斷蓋鮮,蔡氏纂集尤爲抵牾,自兹以降,蔑足有云。悵前代之未周,湣將來之多惑。顧召幽仄,俾竭芻蕘;匡正睽違,激揚鬱滯。將以博喻胄齒,遠覃邦國;弘敷錦帶,啓導青衿。曲稟宏規,備蒙嘉惠;增榮改觀,重價流聲。斗筲之材,徒思罄力;駑蹇之足,終慚遠致。歲在重光,律中大吕;是謂塗月,其書始就。不恥狂簡，輒用上聞；粗陳指例，式存揚推。

《漢書》舊無注解，唯服虔、應劭等各爲音義，自別施行。至典午中朝，爰有晉灼，集爲一部，凡十四卷，又頗以意增益，時辯前人當否，號曰《漢書集注》。屬永嘉喪亂，金行播遷，此書雖存，不至江左，是以爰自東晉，迄於梁、陳，南方學者皆弗之見。有臣瓚者，莫知氏族，考其時代，亦在晉初，又總集諸家音義，稍以己之所見，續廁其末，舉駁前説，喜引《竹書》，自謂甄明，非無差爽，凡二十四卷，分爲兩帙。今之《集解音義》則是其書，而後人見者不知臣瓚所作，乃謂之應劭等《集解》。王氏《七志》，阮氏《七録》，並題云然，斯不審耳。學者又斟酌瓚姓，附著安施，或云傅族，既無明文，未足取信。蔡謨全取臣瓚一部，散入《漢書》，自此以來，始有注本。但意浮功淺，不加隱括，屬輯乖舛，錯亂實多，或乃離析本文，隔其辭句，穿鑿妄起。職此之由，與未注之前大不同矣。謨亦有兩三處錯意，然於學者竟無弘益。

《漢書》舊文多有古字，解説之後屢經遷易，後人習讀，以意刊改，傳寫既多，彌更淺俗。今則曲核古本，歸其真正，一往難識者，皆從而釋之。

古今異言，方俗殊語，末學膚受，或未能通，意有所疑，輒就增損，流遁忘返，穢濫實多。今皆删削，克復其舊。

諸表列位，雖有科條，文字繁多，遂致舛雜。前後失次，上下乖方，昭穆參差，名實虧廢。今則尋文究例，普更刊整，澄蕩愆違，審定阡陌，就其區域，更爲局界，非止尋讀易曉，庶令轉寫無疑。

禮樂歌詩，各依當時律吕；修短有節，不可格以恒例。讀者茫昧，無復識其斷章；解者支離，又乃錯其句韻。遂使一代文采，空韞精奇，累葉鑽求，罕能通習。今並隨其曲折，剖判義理，歷然易曉，更無疑滯，可得諷誦，開心順耳。

凡舊注是者，則無間然，具而存之，以示不隱。其有指趣略舉，結約未伸，衍而通之，使皆備悉。至於詭文僻見，越理亂真，匡而矯之，以祛惑蔽。若泛説非當，蕪辭競逐，苟出異端，徒爲煩冗，祇穢篇籍，蓋無取焉。舊所闕漏，未嘗解説，普更詳釋，無不洽通。上考典謨，旁究《蒼》《雅》，非苟臆説，皆有援據。六藝殘缺，莫睹全文，各自名家，揚鑣分路。是以向、歆、班、馬、仲舒、子雲所引諸經，或有殊異，與近代者訓義弗同，不可追駁前賢，妄指瑕纇，曲從後説，苟會扃塗。今則各依本文，敷暢厥指，非不考練，理固宜然。亦猶康成注

《禮》，與其《書》《易》相背；元凱解傳，無係毛、鄭《詩》文。以類而言，其意可了。爰自陳、項，以訖哀、平，年載既多，綜緝斯廣，所以紀傳表志，時有不同。當由筆削未休，尚遺秕稗，亦爲後人傳授，先後錯雜，隨手率意，遂有乖張。今皆窮波討源，構會甄釋。

字或難識，兼有借音，義指所由，不可暫闕。若更求諸別卷，終恐廢於披覽。今則各於其下，隨即翻音。至如常用可知，不涉疑昧者，衆所共曉，無煩翰墨。

近代注史，競爲該博，多引雜説，攻擊本文，至有詆訶言辭，擿摭利病，顯前修之紕僻，騁己識之優長，乃效矛盾之仇讎，殊乖粉澤之光潤。今之注解，翼贊舊書，一遵軌轍，閉絶歧路。

諸家注釋，雖見名氏，至於爵里，頗或難知。傳無所存，具列如左：

荀悦，字仲豫，潁川人，後漢秘書監。撰《漢紀》三十卷，其事皆出《漢書》。

服虔，字子慎，滎陽人，後漢尚書侍郎，高平令，九江太守。初名重，改名祇，後定名虔，

應劭，字仲瑗，一字仲援，一字仲遠。汝南南頓人，後漢蕭令，御史營令，泰山太守。

伏儼，字景宏，琅邪人。

劉德，北海人。

鄭氏，晉灼《音義》序云不知其名，而臣瓚《集解》輒云鄭德。既無所據，今依晉灼，但稱鄭氏耳。

李斐，不詳所出郡縣。

李奇，南陽人。

鄧展，南陽人，魏建安中爲奮威將軍，封高樂鄉侯。

文穎，字叔良，南陽人，後漢末荆州從事，魏建安中爲甘陵府丞。

張揖，字稚讓，清河人，一云河間人。魏太和中爲博士。止解《司馬相如傳》一卷。

蘇林，字孝友，陳留外黄人，魏給事中領秘書監，散騎常侍，永安衛尉，太中大夫，黄初中遷博士，封安成亭侯。

張晏，字子博，中山人。

如淳，馮翊人，魏陳郡丞。

孟康，字公休，安平廣宗人，魏散騎常侍，弘農太守，領典農校尉，勃海太守，給事中，散騎侍郎，中書令，後轉爲監，封廣陵亭侯。

項昭，不詳何郡縣人。

韋昭，字弘嗣，吴郡雲陽人，吴朝尚書郎，太史令，中書郎，博士祭酒，中書僕射，封高陵亭侯。

晉灼，河南人，晉尚書郎。

劉寶，字道真，高平人，晉中書郎，河内太守，御史中丞，太子中庶子，吏部郎，安北將軍。侍皇太子講《漢書》，别有《駁義》。

臣瓚，不詳姓氏及郡縣。

郭璞，字景純，河東人，晉贈弘農太守。止注《相如傳序》及遊獵詩賦。

蔡謨，字道明，陳留考成人，東晉侍中五兵尚書，太常領秘書監，都督徐、兖、青三州諸軍事，領徐州刺史，左光禄大夫開府儀同三司，領揚州牧，侍中司徒不拜，贈侍中司空，謚文穆公。

崔浩，字伯深，清河人，後魏侍中，特進撫軍大將軍，光禄大夫，司徒，封東郡公。撰荀悦《漢紀》音義。

## 史通·六家

劉知幾

《史通》是唐代史學家劉知幾所撰的史學理論著作，對史書的體裁與内容、編纂方法、史官的設置沿革等進行了系統論述，包括内篇三十九篇、外篇十三篇。其中，内篇的《體統》《紕繆》《弛張》已失傳，今存四十九篇。内篇之《六家》爲全書綱領，總結了唐前史書的體裁，並對《尚書》《春秋》《左傳》《國語》《史記》《漢書》各體的發展源流、價值意義、優劣得失進行總結。劉知幾認爲，史書體裁要適應時代的變化，故《尚書》《春秋》《國語》《史記》四家"其體久廢"，《左傳》《漢書》則成爲當時編史所堪祖述的範本。

自古帝王編述文籍,《外篇》言之備矣。古往今來,質文遞變,諸史之作,不恒厥體。榷而爲論,其流有六:一曰《尚書》家,二曰《春秋》家,三曰《左傳》家,四曰《國語》家,五曰《史記》家,六曰《漢書》家。今略陳其義,列之於後。

《尚書》家者,其先出於太古。《易》曰:“河出《圖》,洛出《書》,聖人則之。”故知《書》之所起遠矣。至孔子觀書於周室,得虞、夏、商、周四代之典,乃删其善者,定爲《尚書》百篇。孔安國曰:“以其上古之書,謂之《尚書》。”《尚書璿璣鈐》曰:“尚者,上也。上天垂文舄,布節度,如天行也。”王肅曰:“上所言,下爲史所書,故曰《尚書》也。”推此三説,其義不同。蓋《書》之所主,本於號令,所以宣王道之正義,發話言於臣下,故其所載,皆典、謨、訓、誥、誓、命之文。至如《堯》《舜》二典直序人事,《禹貢》一篇唯言地理,《洪範》總述災祥,《顧命》都陳喪禮,兹亦爲例不純者也。

又有《周書》者,與《尚書》相類,即孔氏刊約百篇之外,凡爲七十一章。上自文、武,下終靈、景,甚有明允篤誠,典雅高義,時亦有淺末恒説,滓穢相參,殆似後之好事者所增益也。至若《職方》之言,與《周官》無異;《時訓》之説,比《月令》多同。斯百王之正書,《五經》之别録者也。

自宗周既殞,《書》體遂廢,迄乎漢、魏,無能繼者。至晉廣陵相魯國孔衍,以爲國史所以表言行,昭法式,至於人理常事,不足備列。乃删漢、魏諸史,取其美詞典言,足爲龜鏡者,定以篇第,纂成一家。由是有《漢尚書》《後漢尚書》《漢魏尚書》,凡爲二十六卷。至隋秘書監太原王劭,又録開皇、仁壽時事,編而次之,以類相從,各爲其目,勒成《隋書》八十卷。尋其義例,皆准《尚書》。

原夫《尚書》之所記也,若君臣相對,詞旨可稱,則一時之言,累篇咸載。如言無足紀,語無可述,若此故事,雖有脱略,而觀者不以爲非。爰逮中葉,文籍大備,必剪截今文,摸擬古法,事非改轍,理涉守株。故舒元所撰《漢》《魏》等書,不行於代也。若乃帝王無紀,公卿缺傳,則年月失序,爵里難詳,斯並昔之所忽,而今之所要。如君懋《隋書》,雖欲祖述商、周,憲章虞、夏,觀其所述,乃似《孔子家語》、臨川《世説》,可謂畫虎不成反類犬也。故其書受嗤當代,良有以焉。

《春秋》家者,其先出於三代。案《汲冢瑣語》記太丁時事,目爲《夏殷春秋》。孔子曰:“疏通知遠,《書》教也。”“屬辭比事,《春秋》之教也。”知《春秋》

始作，與《尚書》同時。《瑣語》又有《晉春秋》，記獻公十七年事。《國語》云：晉羊舌肸習於春秋，悼公使傅其太子。《左傳》昭二年，晉韓宣子來聘，見《魯春秋》曰："周禮盡在魯矣。"斯則春秋之目，事匪一家。至於隱没無聞者，不可勝載。又案《竹書紀年》，其所紀事皆與《魯春秋》同。《孟子》曰："晉謂之乘，楚謂之檮杌，而魯謂之春秋，其實一也。"然則乘與紀年、檮杌，其皆春秋之别名者乎！故《墨子》曰"吾見百國春秋"，蓋皆指此也。

逮仲尼之修《春秋》也，乃觀周禮之舊法，遵魯史之遺文；據行事，仍人道；就敗以明罰，因興以立功；假日月而定曆數，籍朝聘而正禮樂；微婉其説，志晦其文；爲不刊之言，著將來之法；故能彌歷千載，而其書獨行。

又案儒者之説春秋也，以事系日，以日系月；言春以包夏，舉秋以兼冬，年有四時，故錯舉以爲所記之名也。苟如是，則晏子、虞卿、吕氏、陸賈，其書篇第，本無年月，而亦謂之春秋，蓋有異於此者也。

至太史公著《史記》，始以天子爲《本紀》，考其宗旨，如法《春秋》。自是爲國史者，皆用斯法。然時移世異，體式不同。其所書之事也，皆言罕褒諱，事無黜陟，故馬遷所謂整齊故事耳，安得比於《春秋》哉！

《左傳》家者，其先出於左丘明。孔子既著《春秋》，而丘明受《經》作《傳》。蓋傳者，轉也，轉受經旨，以授後人。或曰傳者，傳平也，所以傳示來世。案孔安國注《尚書》，亦謂之傳，斯則傳者，亦訓釋之義乎。觀《左傳》之釋經也，言見經文而事詳傳内，或《傳》無而《經》有，或《經》闕而《傳》存。其言簡而要，其事詳而博，信聖人之羽翮，而述者之冠冕也。

逮孔子云没，經傳不作。於時文籍，唯有《戰國策》及《太史公書》而已。至晉著作郎魯國樂資，乃追采二史，撰爲《春秋後傳》。其書始以周貞王續前傳魯哀公後，至王赧入秦，又以秦文王之繼周，終於二世之滅，合成三十卷。當漢代史書，以遷、固爲主，而紀傳蓴出，表志相重，於文爲煩，頗難周覽。至孝獻帝，始命荀悦撮其書爲編年體，依《左傳》著《漢紀》三十篇。自是每代國史，皆有斯作，起自後漢，至於高齊。如張璠、孫盛、干寶、徐賈、裴子野、吴均、何之元、王劭等，其所著書，或謂之春秋，或謂之紀，或謂之略，或謂之典，或謂之志。雖名各異，大抵皆依《左傳》以爲的准焉。

《國語》家者，其先亦出於左丘明。既爲《春秋内傳》，又稽其逸文，纂其别説，分周、魯、齊、晉、鄭、楚、吴、越八國事，起自周穆王，終於魯悼公，別爲《春秋外傳・國語》，合爲二十一篇。其文以方《内傳》，或重出而小異。然自古名儒賈逵、王肅、虞翻、韋曜之徒，並申以注釋，治其章句，此亦《六經》之流，《三傳》之亞也。

暨縱横互起，力戰争雄，秦兼天下，而著《戰國策》。其篇有東西二周、秦、齊、燕、楚、三晉、宋、衛、中山，合十二國，分爲三十三卷。夫謂之策者，蓋録而不序，故即簡以爲名。或云，漢代劉向以戰國遊士爲之策謀，因謂之《戰國策》。

至孔衍，又以《戰國策》所書，未爲盡善。乃引太史公所記，參其異同，刪彼二家，聚爲一録，號爲《春秋後語》。除二周及宋、衛、中山，其所留者，七國而已。始自秦孝公，終於楚、漢之際，比於《春秋》，亦盡二百三十餘年行事。始衍撰《春秋時國語》，復撰《春秋後語》，勒成二書，各爲十卷。今行於世者，唯《後語》存焉。按其書《序》云："雖左氏莫能加。"世人皆尤其不量力，不度德。尋衍之此義，自比於丘明者，當謂《國語》，非《春秋傳》也。必方以類聚，豈多嗤乎！

當漢氏失馭，英雄角力。司馬彪又録其行事，因爲《九州春秋》，州爲一篇，合爲九卷。尋其體統，亦近代之《國語》也。

自魏都許、洛，三方鼎峙；晉宅江、淮，四海幅裂。其君雖號同王者，而地實諸侯。所在史官，記其國事，爲紀傳者則規模班、馬，創編年者則議擬荀、袁。於是《史》《漢》之體大行，而《國語》之風替矣。

《史記》家者，其先出於司馬遷。自《五經》間行，百家競列，事跡錯糅，前後乖舛。至遷乃鳩集國史，采訪家人，上起黄帝，下窮漢武，紀傳以統君臣，書表以譜年爵，合百三十卷。因魯史舊名，目之曰《史記》。自是漢世史官所續，皆以《史記》爲名。迄乎東京著書，猶稱《漢記》。

至梁武帝，又敕其群臣，上自太初，下終齊室，撰成《通史》六百二十卷。其書自秦以上，皆以《史記》爲本，而別采他説，以廣異聞；至兩漢已還，則全録當時紀傳，而上下通達，臭味相依；又吴、蜀二主皆入世家，五胡及拓拔氏列於《夷狄傳》。大抵其體皆如《史記》，其所爲異者，唯無表而已。

其後元魏濟陰王暉業，又著《科録》二百七十卷，其斷限亦起自上古，而終於宋年。其編次多依放《通史》，而取其行事尤相似者，共爲一科，故以《科録》爲號。皇家顯慶中，符璽郎隴西李延壽抄撮近代諸史，南起自宋，終於陳，北始自魏，卒於隋，合一百八十篇，號曰南、北《史》。其君臣流例，紀傳群分，皆以類相從，各附於本國。凡此諸作，皆《史記》之流也。

尋《史記》疆宇遼闊，年月遐長，而分以紀傳，散以書表。每論家國一政，而胡、越相懸；叙君臣一時，而參、商是隔。此其爲體之失者也。兼其所載，多聚舊記，謂采《國語》《世本》《國策》等。時采雜言，故使覽之者事罕異聞，而語饒重出。此撰録之煩者也。況《通史》以降，蕪累尤深，遂使學者寧習本書，而怠窺新録。且撰次無幾，而殘缺遽多，可謂勞而無功，述者所宜深誡也。

《漢書》家者，其先出於班固。馬遷撰《史記》，終於今上，自太初已下，闕而不録。班彪因之，演成《後記》，以續前編。至子固，乃斷自高祖，盡於王莽，爲十二紀、十志、八表、七十列傳，勒成一史，目爲《漢書》。昔虞、夏之典，商、周之誥，孔氏所撰，皆謂之書。夫以書爲名，亦稽古之偉稱。尋其創造，皆准子長，但不爲世家，改書曰志而已。自東漢以後，作者相仍，皆襲其名號，無所變革，唯《東觀》曰記，《三國》曰志。然稱謂雖別，而體制皆同。歷觀自古，史之所載也，《尚書》記周事，終秦穆，《春秋》述魯文，止哀公，《紀年》不逮於魏亡，《史記》唯論於漢始。如《漢書》者，究西都之首末，窮劉氏之廢興，包舉一代，撰成一書。言皆精練，事甚該密，故學者尋討，易爲其功。自爾迄今，無改斯道。

於是考門六家，商榷千載，蓋史之流品，亦窮之於此矣。而樸散淳銷，時移世異，《尚書》等四家，其體久廢，所可祖述者，唯《左氏》及《漢書》二家而已。

## 章學誠論方志

章學誠

章學誠在《方志立三書議》《州縣請立志科議》《修志十議》中提出了一套較爲完整的修志理論，論述了方志的編纂體例、資料來源的考查、編寫機構的設置等，並編纂了《湖北通志》《和州志》等方志。章學誠的理論與實踐，爲方志學的形成奠定了基礎。梁啓超認爲："方志學之成立，實自實齋始也。”他还推崇章氏所撰之《湖北通志》爲“史界獨有千古之作品，不獨方志之聖而已”。

凡欲經紀一方之文獻，必立三家之學，而始可以通古人之遺意也。仿紀傳正史之體而作志，仿律令典例之體而作掌故，仿《文選》《文苑》之體而作文徵。三書相輔而行，闕一不可；合而爲一，尤不可也。懼人以謂有意創奇，因假推或問以盡其義。

（選自《文史通義·方志立三書議》）

且有天下之史，有一國之史，有一家之史，有一人之史。傳狀志述，一人之史也；家乘譜牒，一家之史也；部府縣志，一國之史也；綜紀一朝，天下之史也。比人而後有家，比家而後有國，比國而後有天下，惟分者極其詳，然後合者能擇善而無憾也。譜牒散而難稽，傳志私而多諛，朝廷修史，必將於方志取其裁；而方志之中，則統部取於諸府，諸府取於州縣，亦自下而上之道也。然則州縣志書，下爲譜牒傳志持平，上爲部府徵信，實朝史之要删也。

（選自《文史通義·州縣請立志科議》）

修志有二便：地近則易核，時近則跡真。有三長：識足以斷凡例，明足以決去取，公足以絶請託。有五難：清晰天度難，考衷古界難，調劑衆議難，廣征藏書難，預杜是非難。有八忌：忌條理混雜，忌詳略失體，忌偏尚文辭，忌妝點名勝，忌擅翻舊案，忌浮記功績，忌泥古不變，忌貪載傳奇。有四體：皇恩慶典宜作紀，官師科甲宜作譜，典籍法制宜作考，名宦人物宜作傳。有四要：要簡，要嚴，要核，要雅。

（選自《文史通義·修志十議》）

蓋文墨之事，無論精粗大小，各有題目，古人所謂文質相宜，題日即質之謂也。如考試詩文，命題詩文，稍不如題，即非佳文。修書亦如是也。如修統部通志，必集所部府、州而成，然統部自有統部志例，非但集諸府、州志可稱通志，亦非分拆統部通志之文即可散爲府、州志也。諸府之志，又有府志一定義例，既非可以上分通志而成，亦不可以下合州、縣屬志而成。苟通志及府、州縣志，可以互相分合爲書，則天下亦安用此重見疊出之綴旒爲哉！至直隸之州，其體視府，爲其轄諸縣也，其志不得視府志例，以府境皆州、縣境，州、縣既各有志，府志自應於州、縣志外，別審詳略之宜。直隸之州，除屬縣外，別有本州之境，義與縣境無異，如以府志之例載屬縣事，而以縣志之法載本州事，則詳略不倫，如皆用府志之例，則以州境太疏，如皆用縣志之例，則於屬縣重複，惟於疆域沿革，備載屬縣，以見州境之全，其餘門類，一切存州去縣，以見專治之界度。古人制度，方伯國史，未必具屬國之文，節度大府，未必兼屬郡之載，此亦擬於相體裁衣之得當者矣。或問今之志直隸州者，未聞如是之分別也。曰：今之通志，與府州縣志皆可互相分合者也，既可互相分合，亦可互相有無；書苟可以互相有無，即不得爲書矣。

（節選自《文史通義·方志辨體》）

## 金石萃編序

王　昶

《金石萃編》共一百六十卷，主要以彙集石刻文字爲主，銅器銘文僅有十餘條，收録時代上溯周朝，下至宋、金。該書詳細著録了碑石與青銅器的形製、尺寸、存地，摹録原文，並彙集了前人考釋與王氏按語，對文獻的考證、校勘與輯佚等研究具有重要作用。後世學者多有續之者，如陸耀遹《金石續編》、王言《金石萃編補略》、方履籛《金石萃編補正》等。

宋歐、趙以來，爲金石之學者衆矣。非獨字畫之工，使人臨摹把玩而不厭也。跡其囊括包舉，靡所不備，凡經史、小學，暨於山經、地志、叢書、別集，皆當參稽會萃，核其異同，而審其詳略，自非輇材末學能與於此。且其文亦多瑰偉怪麗，人世所罕見，前代選家所未備。是以博學君子，咸貴重之。

歐、趙所采，止於五代，後之著録者，取以爲法焉。然歐公上至五代僅及百年，《金石録》以劉跂作序之歲數之，亦百有五十年耳，而宋末、遼、金迄今至歷五百餘年之久，其未可引歐、趙之例，斤斤以五代爲斷明矣。且宋、遼、金三史，皆成於託克託之手，卒以時日迫促，載者有所弗詳，重者有所未削。方藉碑碣文字正其是非，而可置而不録歟？古金石之書，具目録，疏年月，加考證焉爾。録全文者，惟洪氏《隸釋》《隸續》爲然。而明都氏穆、近時吴氏玉搢等繼之。然洪氏隸書之外，篆與行、楷屏而不載，都氏止六十八通，吴氏止一百二十餘通，愛博者頗以爲憾焉。

余弱冠即有志於古學，及壯遊京師，始嗜金石。朋好所贏，無不丐，蠻陬海澨，度可致，無不索也。兩仕江西，一仕秦，三年在滇，五年在蜀，六出興桓而北，以至往來青、徐、兗、豫、吴、楚、燕、趙之境，無不訪求也。蓋得之之難如此。然方其從軍於西南徼也，留書篋於京師，往往爲人取去；又遊宦輒數千百里，攜以行，間有失者，失則復搜羅以補之。其聚之之難又如此。而後自三代至宋末、遼、金，始有一千五百餘通之存。

夫舊物難聚而易散也，後人能守者少，而不守者多也。使瑰偉怪麗之文，銷沉不見於世，不足以備通儒之采擇，而經史之異同詳略，無以參稽其得失，豈細故哉？於是因吏牘之暇，盡取而甄録之。缺其漫漶陊剝不可辨識者，其文間見於他書，則爲旁注，以記其全。秦、漢、三國、六朝篆隸之書，多有古文别體，摹其點畫，加以訓釋。自唐以後，隸體無足異者，仍以楷書寫定。凡額之題字，陰之題名，兩側之題識，胥詳載而不敢以遺。碑制之長短、寬博，則取漢建初慮俿尺度其分寸，並志其行字之數，使讀者一展卷，而宛見古物焉。至題跋見於金石諸書及文集所載，删其繁複，悉著於編。前賢所未及，始援據故籍，益以鄙見，各爲案語，總成書一百六十卷，名《金石萃編》。

嗚呼！余之爲此，前後垂五十年矣。海内博學多聞之彦，相與摩挲參訂者，不下二十餘人。咸以爲欲論金石，取足於此，不煩他索也。然天下之寶，日出不窮，其藏於嗜古博物之家，余固無由盡睹，而叢祠破塚，繼自今爲田父野老所獲者，又何限？是在同志之士，爲我續之已矣。

## 避諱所用之方法

陳　垣

舊時為了表示尊敬，在寫文章時，不直接寫出君主或尊者的名號，稱為“諱”。朝代不同，避諱字也不同，避諱的方法亦有不同之處。這就給文史研究帶來的一定的困難。陳垣在前代學者研究的基礎之上，撰寫了《史諱舉例》一書，系統分析了研究避諱的目的、歷代避諱所用的方法、避諱的種類、因避諱而産生的各種問題等，言簡意賅，深入淺出，爲文史研究必備之書。

## 避諱改字例

避諱常用之法有三：曰改字，曰空字，曰缺筆。

改字之例顯於秦，《史記·秦始皇本紀》："二十三年，秦王復召王翦使將擊荆。"《正義》曰："秦號楚爲荆者，以莊襄王名子楚，諱之，故言荆也。"又《秦楚之際月表》端月注，《索隱》曰："秦諱正，謂之端。"《琅邪臺刻石》曰"端平法度""端直敦忠"，皆以端代正也。然《史記·李斯傳》，趙高詐爲始皇書賜公子扶蘇，有曰"蒙恬與扶蘇居外不匡正"，是不諱正。李斯獄中上二世書，有曰"北逐胡貉"，是不諱胡。

漢承秦制，亦有改字法。《漢書·高帝紀》注引荀悦曰："諱邦之字曰國。"師古曰："臣下所避以相代也。"其後各紀均引荀悦説。《後漢書》各紀注，自質帝以前，則引伏侯《古今注》説，各諱皆有一同義互訓之字以相代。故《史記》恒山作常山，微子啓作微子開，盈數作滿數。《隸釋》十四引漢石經殘碑：《論語》"邦君爲兩君之好""何必去父母之邦"，《尚書》"安定厥邦"，皆書邦作國。又《周易》蹇卦："以正邦也。"《釋文》曰："荀、陸本作正國，爲漢朝諱。"荀、陸，荀爽、陸績也。《張遷碑》："詩云舊國，其命維新。"《開母廟石闕》，以開爲啓，則避諱改字之見於現存漢碑者。然《隸釋》引漢石經《尚書》殘碑，保字志字仍不避，其他東漢碑中之邦、盈、恒、啓等字尤數見，猶可謂建武以前，親盡不諱也。今將建武以後諸諱字之見於現存諸碑者列下：

建寧四年《孔靈碑》曰"睿其玄秀"，光和四年《逢盛碑》曰"苗而不秀"，中平五年《張納功德敘》曰"旌甄秀異"，是不避秀。

和平元年《嚴訢碑》曰"兆自楚莊"，延熹三年《孫叔敖碑》曰"莊王置酒以爲樂"，中平元年《郭究碑》曰"嚴莊可畏"，是不避莊。

延熹六年《平輿令薛君碑》曰"我君肇祖"，建安十年《樊敏碑》曰"肇祖宓戲"，是不避肇。

元嘉元年《丁魴碑》曰"隆平"，永壽二年《韓敕碑》陰曰"袁隆"，光和二年《華山亭碑》曰"大華優隆"，是不避隆。

建寧二年《史晨奏銘》曰“玄德焕炳”，是不避炳。

熹平四年《帝堯碑》曰“纘堯之緒”，熹平六年《尹宙碑》曰“克纘祖業”，中平三年《張遷碑》曰“纘戎鴻緒”，是不避纘。

建寧四年《劉修碑》曰“志曒拔葵”，熹平三年《婁壽碑》曰“岐嶷有志”，中平二年《曹全碑》曰“先意承志”，是不避志。

建寧元年《衡方碑》曰“攬英接秀”，曰“肇先蓋堯之苗”，曰“□隆寬慓”，曰“保障二城”，於秀、肇、隆、保四字皆不避。

則漢時避諱之法亦疏，六朝而後，始漸趨嚴密耳。馬衡曰：“《開母廟闕》，亦廟名因避諱而改，後人因之，非書碑者避諱改字也。”然則《張遷碑》之“詩云舊國”亦所據傳本如此，非書碑時避諱所改。

## 避諱空字例

有因避諱，空其字而不書，或作空圍，或曰“某”，或徑書“諱”字，其例亦古。《書・金縢》曰：“惟爾元孫某。”《孔傳》：“元孫武王，某名，臣諱君故曰某。”《史記・孝文本紀》：“子某最長，請建以爲太子。”某謂景帝啓也。《史記》《漢書》於漢諸帝紀皆不書名。許氏《説文》於禾部光武諱、艸部明帝諱、火部章帝諱、戈部和帝諱、示部安帝諱，皆注曰“上諱”，空其字不注。

《南齊書》爲梁武父順之諱，凡順字皆改爲從，遇順之名則空之。汲古閣本猶存其舊，於《豫章文獻王嶷傳》宋從帝下，注“北雍本作順，宋本諱”，其下載嶷《上武帝啓》，有“前侍幸□宅 ”語，□下汼“順之，宋本諱”，此乃幸蕭順之宅，故子顯直空其字耳。《魚復侯子響傳》，蕭順之則作□，而其下注一順字，又加一圈云“宋本諱”，凡此今本皆直書，蓋據《南史》改。

《宋書・武帝紀》，於書檄詔策等，稱劉裕名曰劉諱，而其間亦有稱裕者。數行之中，忽諱忽裕，皆後人校改。又永初元年六月，書“立彭城公義隆爲宜都王”，八月則書“荆州刺史宜都王諱進號鎮西將軍”。義隆，文帝也。忽稱義隆，忽稱諱，亦後人校改。

《文帝紀》，元嘉十三年九月，書“立第三皇子諱爲武陵王”。第三皇子，即孝武帝駿。《孝武帝紀》，孝建二年正月“以冠軍將軍湘東王諱爲中護軍”。湘東王即明帝彧，皆諱而不名。

《順帝紀》,升明三年正月"新除給事黄門侍郎蕭諱爲邕州刺史",謂文惠太子長懋也。同年三月"以中軍大將軍諱爲南豫州刺史",謂齊武帝蕭賾也。《蕭思話傳》"南漢中太守蕭諱",蕭諱者,蕭道成之父承之,追謚宣帝者也。《略陽清水氏傳》"思話使司馬蕭諱先驅進討",亦謂承之。

《舊唐書・睿宗紀》"臨淄王諱",臨淄王即玄宗。《舊唐書》於太宗、高宗、中宗紀,皆直書高、中、睿三宗之名,此紀於玄宗獨稱諱。蓋五朝之史,成於玄宗之世,後史承襲其文,未及改正耳。

《金石萃編》摹刻碑文,遇清諱,輒書"廟諱"二字,令人暗索,有如射覆,甚不應也。

## 避諱缺筆例

避諱缺筆之例始於唐。唐以前刻石,字多別體,不能定何者爲避諱。北齊顔之推《家訓・風操篇》,言當時避諱之俗甚詳,亦只云"凡避諱者皆須得其同訓以代换之",可見當時尚無缺筆之例。今將唐碑中之與避諱有關者列下:

貞觀三年《等慈寺塔記》,稱王世充爲王充。

貞觀四年《豳州昭仁寺碑》,用世字凡五處。

貞觀五年《房彦謙碑》,有世字民字,惟書虎賁爲武賁。

貞觀十四年《姜行本碑》"愍彼蒼生",避太宗諱,借愍爲湣。

貞觀十六年《段志玄碑》,文内王世充不避世字。

貞觀十八年《蓋文達碑》,有"世子"字。

永徽二年《馬周碑》"持書侍御史",改治爲持。

顯慶四年《大唐紀功頌》,王世充俱作王充。

乾封元年《贈泰師孔宣公碑》,兩引"生民以來",俱作生人。"愚智齊泯",泯作泜。此爲唐碑避諱缺筆始見,以後缺筆之字漸多。

乾封元年《于志寧碑》,"世武,"世字作卅。

儀鳳二年《李勣碑》,本名世勣,因避諱但名勣。而王世充世字特缺中一筆,未去世字。

萬歲登封元年《封祀壇碑》,虎字不避,葉作桒。

據右表,避諱缺筆,當起於唐高宗之世。《册府元龜・帝王部・名諱門》,

載顯慶五年正月詔曰："孔宣設教，正名爲首，戴聖貽範，嫌名不諱。比見鈔寫古典，至於朕名，或缺其點畫，或隨便改換，恐六籍雅言，會意多爽；九流通義，指事全違，誠非立書之本意。自今以後，繕寫舊典文字，並宜使成，不須隨義改易。"

由此可見顯慶初年已有避諱缺筆之事。《舊唐書・高宗紀》："顯慶二年十二月，改昬葉宫。"《十七史商榷》七十，疑"宫"字爲"字"字之訛，謂："必是以昬字之上民字、葉字之中世字犯諱，故改昬從氏，改葉從云。"其説近是。宫字蓋承上文洛陽宫而訛也。

《野客叢書》十七云，世謂昬字合從民，今有從氏者，避太宗諱故爾，僕觀《唐三藏聖教序》，正太宗所作，褚遂良書，其間'重昬之夜'則從民，初未嘗改民從氏也。謂避諱之説謬矣，蓋俗書則然云。然此正可證其時尚無缺筆之法，不得謂昬之從氏，爲非避諱。

《雪堂校刊群書叙録》下云："往在武昌，於楊星吾舍人許，見所藏古寫本《春秋集解》桓公殘卷，舍人跋稱是北齊人書。然觀桓公十八當作十六年傳，冬城向，注引詩'定之方中'及'此未正中也'，二中字作凷，缺末筆之下半，避隋諱，乃隋寫本，非出北齊，舍人未之知也。"又跋敦煌本《文選》云："《王文憲集》序内，衷字缺筆作哀，爲隋代寫本，尤可珍。"是須先考定唐以前有無缺筆之例爲主，似不能以六朝别體，或一時訛誤之字，爲避諱之證也。

## 避諱改音例

避諱改音之説，亦始於唐。然所謂因避諱而改之音，在唐以前者多非由諱改，在唐以後者，又多未實行，不過徒有其説而已。

《史記・秦始皇本紀》《正義》曰："正音政，周正建子之正也，後以始皇諱，故音徵。"宋張世南《遊宦紀聞》九，孫奕《示兒編》十一，均爲是説。然正本有徵音，《詩・齊風》："猗嗟名兮，美目清兮，終日射侯，不出正兮。"《釋文》："正音徵。"《小雅・節南山》，正與平寧爲韻，《大雅・雲漢》，正與星贏爲韻，其非爲秦諱明矣。

昭有韶音，唐人以爲避晉諱，亦非也。《漢書・韋玄成傳》，顔師古注："晉室諱昭，故學者改昭爲韶。"李涪《刊誤》下云："按《禮記》：昭，明也，穆，美也。

蓋光揚先祖之德，著斯美號。至晉武帝以其父名昭，改爲韶音，歷代已遠，豈宜爲晉氏之諱，而行於我唐哉！今請復爲昭穆。”郭忠恕《佩觿》上則曰：“李祭酒涪説，爲晉諱昭，改音韶，失之也。案《説文》自有佋穆之字，以昭爲佋，蓋借音耳。”《説文系傳》佋字下亦云：“説者多言晉以前言昭，自晉文帝名昭，故改昭穆爲佋穆，據《説文》則爲佋。”音作韶，非晉以後改明矣。《詩・魏風・汾沮洳釋文亦云：“昭，紹遥反，《説文》作佋。”然段玉裁乃信避諱説，至欲删《説文》佋字，實爲武斷。

甄之有真音，宋人以爲避孫堅諱，亦非也。莊綽《雞肋編》中云：“甄，三國以前未有音之人切者。孫權即位，尊堅爲帝，江左諸儒爲吴諱，故改音真。”《示兒編》十八則云：“甄有二音，學者皆押在先韻，獨真韻反未嘗押。《文選》張華《女史箴》云‘散氣流形，既陶且甄，在帝包羲，肇經天人。’則已押入真韻矣。”張澍《姓氏辯誤》九駁之，謂“《女史箴》在三國後，孫氏未詳考”云。今考《晉書・張華傳》：“華，范陽方城人。始仕魏，司馬炎謀伐吴，華與羊祜實贊成其計。及吴滅，封廣武縣侯。”誠如《雞肋編》言，則華固北人，與江左何涉！《女史箴》以甄與人爲韻，則河北早有是音，非爲吴諱矣。

《宋史》一〇八《禮志》：“紹興二年十一月，禮部太常寺言：淵聖皇帝御名桓見於經傳義訓者，或以威武爲義，或以回旋爲義，又爲植立之象，又爲姓氏，當各以其義類求之。以威武爲義者，今欲讀曰威；以回旋爲義者，今欲讀曰旋；以植立爲義者，今欲讀曰植；若姓氏之類，欲去木爲亘。又緣漢法，邦之字曰國，盈之字曰滿，止是讀曰國曰滿，其本字見於經傳者，未嘗改易。司馬遷，漢人也，作《史記》曰：‘先王之制，邦内畿服，邦外侯服。’又曰：‘盈而不持則傾。’於邦字盈字，亦不改易。今來淵聖皇帝御名，欲定讀如前外，其經傳本字，即不當改易，庶幾萬世之下，有所考證，推求義類，别無未盡 ”云。宋人苦於避諱之苛例，欲爲改讀之法，以救改字之失，其立意本善，然奈不能實行何。乃至曲解漢法以護其説，過矣！

《茶香室續鈔》三引葉名灃《橋西雜記》云：“雍正三年上諭：孔子諱理應回避，令九卿會議。九卿議以凡係姓氏，俱加阝爲邱；凡係地名，皆改易他名；書寫常用，則從古體作㐀。上諭：今文出於古文，若改用㐀字，是未嘗回避也。此字本有期音，查《毛詩》古文作期音甚多，嗣後除四書五經外，凡遇此字，並加阝爲邱，地名亦不改易，但加阝旁，讀作期音，庶乎允協。按加阝作邱，至今通行，至讀期音，則世鮮知者。”可見避諱改音之例，始終未嘗實行也。

# 流通古書約

曹　溶

《流通古書約》是清初藏書家曹溶針對典籍流通提出的倡議。古代藏書家收藏大量的善本、孤本，往往秘不示人，一旦發生天災人禍，則書籍便有亡佚之虞。曹溶針對這種現象，提倡藏書家互相傳抄彼有我無之書籍作爲交換，或是將珍稀典籍刊刻行世，以更好的保存典籍，促進典籍的流通。雖然曹溶的此觀點與後世圖書館仍舊存在較大差異，但也反映了其相對開放的藏書思想。

自宋以來，書目十有餘種，燦然可觀，按實求之，其書十不存四五，非盡久遠散佚也。不善藏者，護惜所有，以獨得爲可矜，以公諸世爲失策也。故入常人手，猶有傳觀之望，一歸藏書家，無不綈錦爲衣，旃檀作室，扃鑰以爲常，有問焉則答無有，舉世曾不得寓目，雖使人致疑於散佚，不足怪矣。

近來雕板盛行，煙煤塞眼，挾貲入賈肆，可立致數萬卷。於中求未見籍，如采玉深崖，旦夕莫覬。當念古人竭一生心力辛苦成書，大不易事。渺渺千百歲，崎嶇兵攘刼奪之餘，僅而獲免，可稱至幸。又幸而遇賞音者，知蓄之珍之，謂當繡梓通行，否亦廣諸好事。何計不出此，使單行之本寄篋笥爲命，稍不致慎，形蹤永絶，只以空名掛目録中。自非與古人深仇重怨，不應若爾。然其間有不當專罪吝惜者。時賢解借書，不解還書，改“一瓻”爲“一癡”，見之往記，即不乏忠信自秉、然諾不欺之流；書既出門，舟車道路，摇摇莫定，或僮僕狼藉，或水火告災，時出意料之外。不借未可盡非，特我不借人，人亦決不借我，封己守株，縱累歲月無所增益，收藏者何取焉？

今酌一簡便法。彼此藏書家各就觀目録，標出所缺者，先經注，次史逸，次文集，次雜説，視所著門類同，時代先後同，卷帙多寡同，約定有無相易，則主人自命門下之役，精工繕寫，較對無誤，一兩月間，各齎所鈔互換。此法有數善:好書不出户庭也,有功於古人也,己所藏日以富也,楚南、燕北皆可行也。敬告同志,鑒而聽許。

或曰:此貧者事也,有力者不然。但節宴遊玩好諸費,可以成就古人,與之續命。出未經刊布者,壽之棗梨,始小本,迄巨編,漸次恢擴,四方必有聞風接響,以表章散帙爲身任者。山澘冢秘,羨衍人間,甚或出十餘種目録外。嗜奇之子,因之覃精力學,充拓見聞。右文之代,宜有此禎祥。予矯首跂足俟之矣。

## 藏書紀事詩序

王頌蔚

《藏書紀事詩》爲清末學者葉昌熾所撰,主要以詩歌與案語相結合的形式,收録了中國歷史上自五代至清末的七百三十九名藏書家,共七百三十九人,按照時代所編次,記載了關於刻書、抄書、校書的資料,可謂是藏書史研究的開山之作,被稱作爲"書林之掌故,三代之詩史"。在葉昌熾的影響下,陸續出現了吴則虞《續藏書紀事詩》、倫明的《辛亥以來藏書紀事詩》、徐信符的《廣東藏書紀事詩》等。

三代方策,遐哉邈矣。炎漢初興,書皆竹帛。班《志》所謂"篇,竹書也;卷,則帛書也"。後世書不用竹帛,皆冒篇、卷之名,失其旨矣。《風俗通義》:"劉向典校書籍,先書竹,改易寫定,可繕寫者以上素。"蓋西京之末,猶用竹爲多,故歐陽、大小夏侯《尚書》多脱簡,而班《志》所載,亦篇多於卷也。後漢宦者蔡倫,因縑貴簡重,不便於人,以意造爲紙,史稱"莫不從用"。然考獻帝西遷,圖書縑帛,軍人取爲帷囊。吴恢爲南海太守,欲殺青以寫經書。是東京之世,紙猶不甚行矣。《抱樸子》自叙家貧乏紙,所寫皆反覆有字。《世説》戴安道從范宣學所爲,宣鈔紙亦鈔紙。然則廢縑而用紙,其在魏、晉間乎?《書序・正義》引顧氏曰:"策長二尺四寸,簡長一尺二寸。"《聘禮疏》引鄭君《論語序》:"《易》《詩》《書》《禮》《樂》《春秋》皆二尺四寸,《孝經》謙半之,《論語》八寸,策者三分居一又謙焉。"此古簡策之制。《隋書・經籍志》:"宋武入關,收其圖籍，府藏所有，才四千卷，赤軸青紙，文字古拙。煬帝即位，秘閣之書，分爲三品：上品紅琉璃軸，中品紺琉璃，下品漆軸。”《舊唐書・經籍志》：“凡四部庫書，皆以益州麻紙寫。其集賢院御書：經庫皆鈿白牙軸，黄縹帶，紅牙籤；史庫鈿青牙軸，縹帶，緑牙籤；子庫雕紫檀軸，紫帶，碧牙籤；集庫緑牙軸，朱帶，白牙籤。”此古卷軸之制。夫筆行而書刀廢，紙行而縑帛廢，日趣便易，造述愈滋。故向、歆著録，才萬三千，至唐臣修《隋志》，則幾六七倍焉。開元時，兩京書庫所儲，則幾十倍之焉。唐以前書皆寫本，放失最易，故世傳唐籍，只有釋氏寫經，絶無儒家言。近獨山莫氏得《説文・木部》，又日本澀江全善等《訪古志》中所載卷子本甚夥，皆未可盡信也。

書有模印，權輿於鄭覃之壁經。迨唐長興三年，國子監刻《九經》，漢乾祐二年，刻《儀禮》《周禮》《公羊》《穀梁》，周顯德二年，刻《經典釋文》，而其風始暢。夫以線裝代卷軸，便已；以鏤板代寫官，則更便焉。士大夫占誦，家置一編，省傳録之煩，流播寖廣。五季而後，亡書較少，繄雕本是賴。獨是書經復刻，訛踳滋多，帝虎陶陰，所在皆是。宋初，胄監刻經史，命儒臣校正，號稱精審。然宋景文校監本《漢書》，中脱兩行。岳倦翁稱“監本經史，多仍五季之舊，與俗本無大相遠”，則亦未爲善本也。

宋時官私刊刻，不勝僂指，監本外，大端約略可數：一曰家塾本，相臺岳氏、剡川姚氏、瞿源蔡氏之類是也。一曰書棚本，臨安府棚北大街睦親坊南陳道人書籍鋪、太廟前尹家書籍鋪之類是也。一曰州郡官刻本，宋諸道監、帥、司及州軍邊縣戎帥，皆有公使庫，詳《朝野雜記》。《朱子集・按唐仲友狀》云：“據蔣輝供，斷配台州牢城差，每日開書籍供養。去年三月，唐仲友叫上輝，就公使庫開雕《揚子》《荀子》印板。”又紹興本《太平聖惠方》卷末云：“福建路轉運司，今將國子監《太平聖惠方》一部，修改開板於本司公使庫印行。”蓋宋時州郡准用公使庫錢，因就庫開局刻書，故今時有台州、泉州、撫州公使庫本。此外官本，或稱漕臺，或稱郡齋、郡庠，凡不言公使庫者，當是捐資自刻耳。南渡以後，所至郡府，多刊文籍。故吴明可帥會稽，獨不傳書，王明清以爲異也。葉石林謂“福建本遍天下”，考今時所傳閩本，以建安余氏爲最著。有宋有余仁仲、余恭禮、余唐卿、余彦國，元有余志安勤有堂及雙桂書堂。然元之勤有堂刻書雖多，不逮仁仲萬卷堂遠甚。他若建安虞氏及黄善夫、阮仲猷之屬，亦皆精好。蓋宋刻惟麻沙鎮本最傳劣耳。元又有高氏日新堂、鄭氏宗文書堂、劉氏南澗書堂,名雖家刻,實則坊場,此閩本之大概也。元時官刻,内則興文署,外則諸路儒學及書院,咸稱精善。余所見元刻之佳者,以《茅山志》及《張伯雨集》爲最。綜而論之,北宋字體方勁,純是率更筆法。紹興以後,疏放之中仍含遒古。元則圭棱盡去,一覽無餘矣。宋刊宋印,大都用公私簿賬,以余所見,若《爾雅》單疏、《宋文鑒》《洪氏集驗方》《北山小集》皆是也。宋、元舊槧,明代傳世尚多,故鈐山堂著録以數千部計。至明季變亂,而古刻始漸就散逸,以蒙叟、遵王兩世之勤搜宋刻,不及百種。述古、延令書目,均別出“宋板”,而汲古藏書,至以“宋本”二字鈐卷端,其珍貴可知矣。三百年來,凡大江南北以藏書名者,亡慮數十家,而既精且富,必以黄氏士禮居爲巨擘。蕘翁之書,有竹汀、澗蘋爲之考訂,香巖、壽皆、仲魚諸君與之通假,故自模刻以及校鈔,靡不精審。洪北江論藏書家次第,斥蕘翁爲賞鑒家,列傳是、瓶花之次,非篤論也。蕘翁晚年,其書歸汪氏藝芸書舍,繼又歸昭文瞿氏,最後歸聊城楊氏。今士禮精本,大半在瞿、楊兩家,其餘各家所得,不過一鱗片甲而已。

光緒初元,余與管子操敉、葉子緣督爲瞿氏編校書録,鐵琴銅劍樓之藏,無不寓目。既而葉子館潘氏滂喜齋,凡文勤公所藏,又遍窺之。葉子自恨家貧力薄,不能多得異書,又歎自來藏書家節食縮衣,鳩集善本,曾不再傳,遺書星散,有名姓翳如之感。因網羅前聞,捃摭逸事,竭八九年之力,由宋、元迄今,得詩二百餘首。貴如明代衡、徽諸藩,微如安麓村暨錢聽默之屬,無不備載,采集可謂富矣!蕘翁所見古書録,今既無傳,澗翁擬擷藏書家精華,彙著一録,亦未克就。乃君書竟及身寫定,夫非藝林絶業乎?世有竹垞其人,必當爲珍裘之賺矣。君著書宗旨,意在搜揚潛逸,故於考槃幽懿,鄉曲遺聞,纂述尤具。吾吴先哲如柳安愚、吴方山、陸聽雲、王蓮涇之屬,皆生不越窪巷,名不絓通人。君一一考其生平,采摭甚備。又如糾雁里草堂之誤,補璜川吴氏之世系,訂墜蒐殘,裨益志乘非細。昔顧俠君選元詩,夢古衣冠人來拜,君闡章之功,什百秀野,其亦有冥通之異夫?

# 王靜安先生遺書序

陳寅恪

王國維爲清代末年的著名學者，著作等身，在目録、版本、校勘、辨僞、輯佚以及相關的文史研究中，皆取得了不凡的成就，往往發前人所未發，有啓蒙後學之功。王國維去世後，其著述總爲《王静安先生遺書》，陳寅恪爲之作序。在序文中，陳寅恪將王國維的治學方法予以總結，即以地上文獻與地下文獻相印證，以異族之記載與本國之記載相印證，以外來學術思想研究本國文獻。王國維的治學方法影響極大，从方法論的角度指示了研究路徑，目前仍舊爲學界所奉行之圭臬。

王靜安先生既殁，羅雪堂先生刊其遺書四集。後五年，先生之門人趙斐雲教授，復采輯編校其前後已刊未刊之作，共爲若干卷，刊行於世。先生之弟哲安教授，命寅恪爲之序。寅恪雖不足以知先生之學，亦嘗讀先生之書，故受命不辭。謹以所見質正於天下後世之同讀先生之書者。

自昔大師巨子，其關系於民族盛衰、學術興廢者，不僅在能承繼先哲將墜之業，爲其託命之人，而尤在能開拓學術之區宇，補前修之未逮。故其著作可轉移一時之風氣，而示來者以軌則也。先生之學博矣，精矣，幾若無涯岸之可望，轍跡之可尋。然詳繹遺書，其學術内容及治學方法，殆可舉三目以概括之者。一曰取地下之實物與紙上之遺文互相釋證。凡屬於考古學及上古之作，如《殷卜辭中所見先公先王》及《鬼方昆夷玁狁考》等是也。二曰取異族之故書與吾國之舊籍相互補正。凡屬於遼、金、元史事及邊疆地理之作，如《萌古考》及《〈元朝秘史〉之主因亦兒堅考》等是也。三曰取外來之觀念與固有之材料相互參證。凡屬於文藝批評及小説戲曲之作，如《〈紅樓夢〉評論》及《宋元戲曲考》《唐宋大曲考》等是也。此三類之著作，其學術性質固有異同，所用方法亦不盡符會，要皆足以轉移一時之風氣，而示來著以軌則。吾國他日文史考據之學，範圍縱廣，途徑縱多，恐亦無以遠出三類之外。此先生之書所以爲吾國近代學術界最重要之産物也。

今先生之書，流布於世，世人大抵能稱道其學，獨於其平生之志事，頗多不能解，因而有是非之論。寅恪以謂古今中外志士仁人，往往憔悴憂傷，繼之以死。其所傷之事所死之故，不止局於一時間一地域而已。蓋別有超越時間、地域之理性存焉。而此超越時間、地域之理性，必非其同時間、地域之衆人所能共喻。然則先生之志事，多爲世人所不解，因而有是非之論者，又何足怪耶？嘗綜攬吾國三十年來，人世之巨變至異，等量而齊觀之，誠莊生所謂彼亦一是非，此亦一是非者。若就彼此所是非者言之，則彼此終古未由共喻，以其互局於一時間一地域故也。嗚呼，神州之外，更有九州。今世之後，更有來世。其間倘亦有能讀先生之書者乎？如果有之，則其人於先生之書，鑽味既深，神理相接，不但能想見先生之人，想見先生之世，或者更能心喻先生之奇哀遺恨於一時一地，彼此是非之表歟？